四川省社会科学重点研究基地"系统科学与企业发展研究中心"重大

四川大学经济学、商学教育与研究

(1902—1949)：

档案与期刊选编

王东杰　徐悦超 / 编

四川大学出版社

责任编辑:何　静
责任校对:周　颖
封面设计:墨创文化
责任印制:王　炜

图书在版编目(CIP)数据

四川大学经济学、商学教育与研究：1902—1949：
档案与期刊选编 / 王东杰，徐悦超编. —成都：四川
大学出版社，2017.12
ISBN 978−7−5690−1546−1

Ⅰ.①四… Ⅱ.①王… ②徐… Ⅲ.①四川大学−经
济学−教育史−研究−1902—1949 Ⅳ.①F-4

中国版本图书馆 CIP 数据核字（2017）第 329774 号

书名	四川大学经济学、商学教育与研究（1902—1949）：档案与期刊选编
编　者	王东杰　徐悦超
出　版	四川大学出版社
地　址	成都市一环路南一段24号（610065）
发　行	四川大学出版社
书　号	ISBN 978−7−5690−1546−1
印　刷	四川盛图彩色印刷有限公司
成品尺寸	185 mm×260 mm
插　页	6
印　张	18.25
字　数	455 千字
版　次	2018 年 5 月第 1 版
印　次	2018 年 5 月第 1 次印刷
定　价	96.00 元

◆读者邮购本书，请与本社发行科联系。
　电话:(028)85408408/(028)85401670/
　(028)85408023　邮政编码:610065
◆本社图书如有印装质量问题，请
　寄回出版社调换。
◆网址:http://www.scupress.net

经济题 八点至十点试验
普通丙一班 丙二班

(一)经济学之兴起何故如此迟缓若欲其现象发达
当如何而后可

(二)自然之关生产三小要素若何

(一)以经济学喻医学之说

经济题 八点至十点试验
普通甲班 乙班

(二)经济学与艺学之别

四川省城高等学堂第三学年第一学期考试学生题目——"经济题"（1909 年 6 月）

1

初等理财教科书	贸学新编	名 目		
	理财学部			
			清理部数 清理册数	
	二 一		共二	
经济学大意		十九	共十九	
财政四纲		一	四	
欧洲财政史		辛	共辛	
生利分利之别		一	一	
国政贸易相关书		一	二	
富国养民策		一	二	
富国策		一	三	

四川省城高等师范学堂清理前四川高等学堂书籍书目清册之"理财学部"（1919 年 3 月）

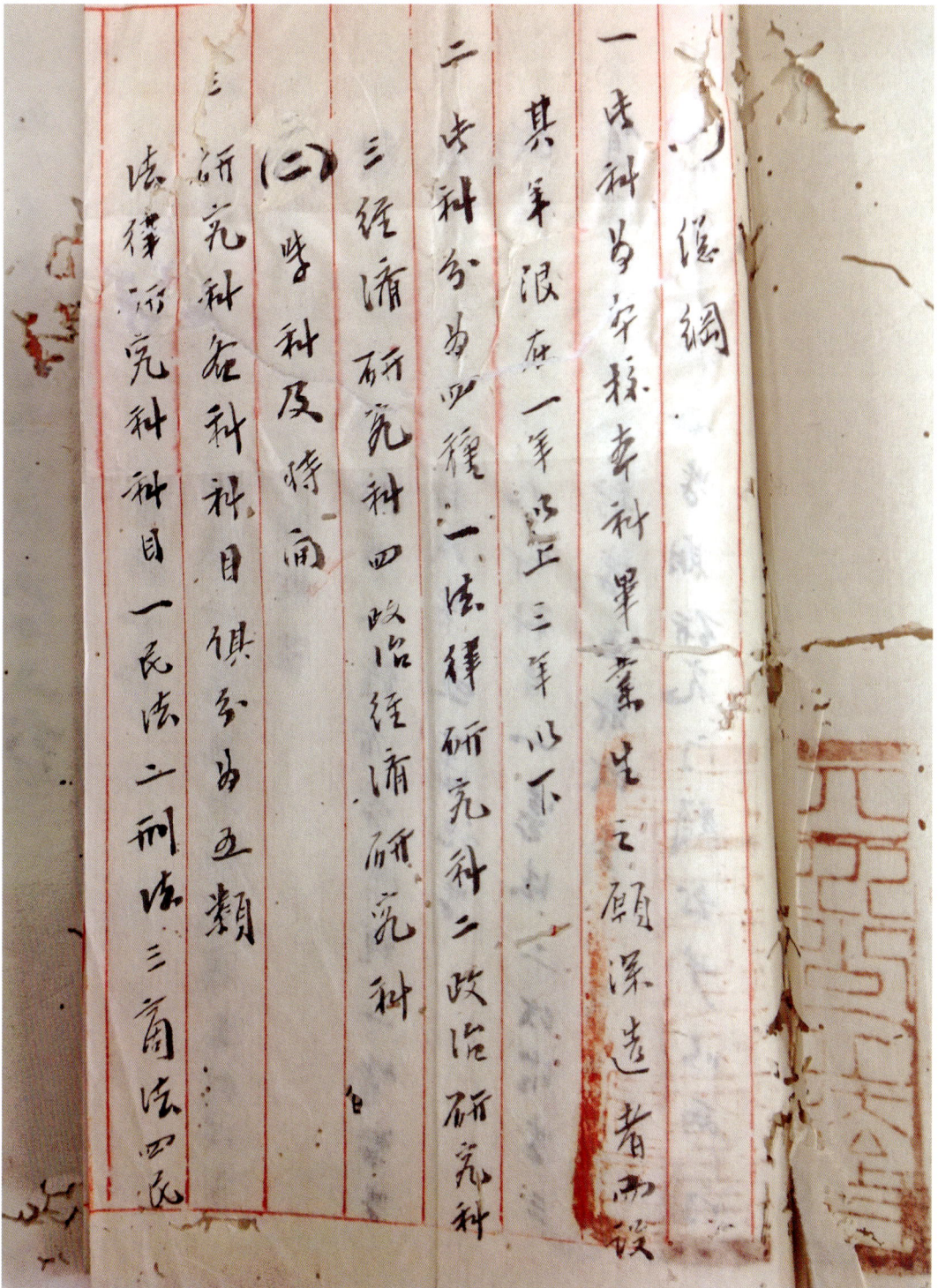

"四川公立法政专门学校拟设研究科详细规程"中设有"政治研究科"
"政治经济研究科"与"经济研究科"（1922 年 2 月）

教育部 訓令

事由　令增設經濟系一班由

中華民國
令國立四川大學

本部鑒於抗戰以來,農、工、商、醫等科專門人才,需要甚切,前經增設各種專修科在案,兹查本年度國立各院校統一招生結果,投考工科及經商學系學生人數甚多,為應社會需要預儲人才起見,除已指定各校充分利用原有設備,分別增設土木、機械、電機、化工、鑛冶、紡織等系班

教育部令国立四川大学增设经济系一班（1939 年 9 月）

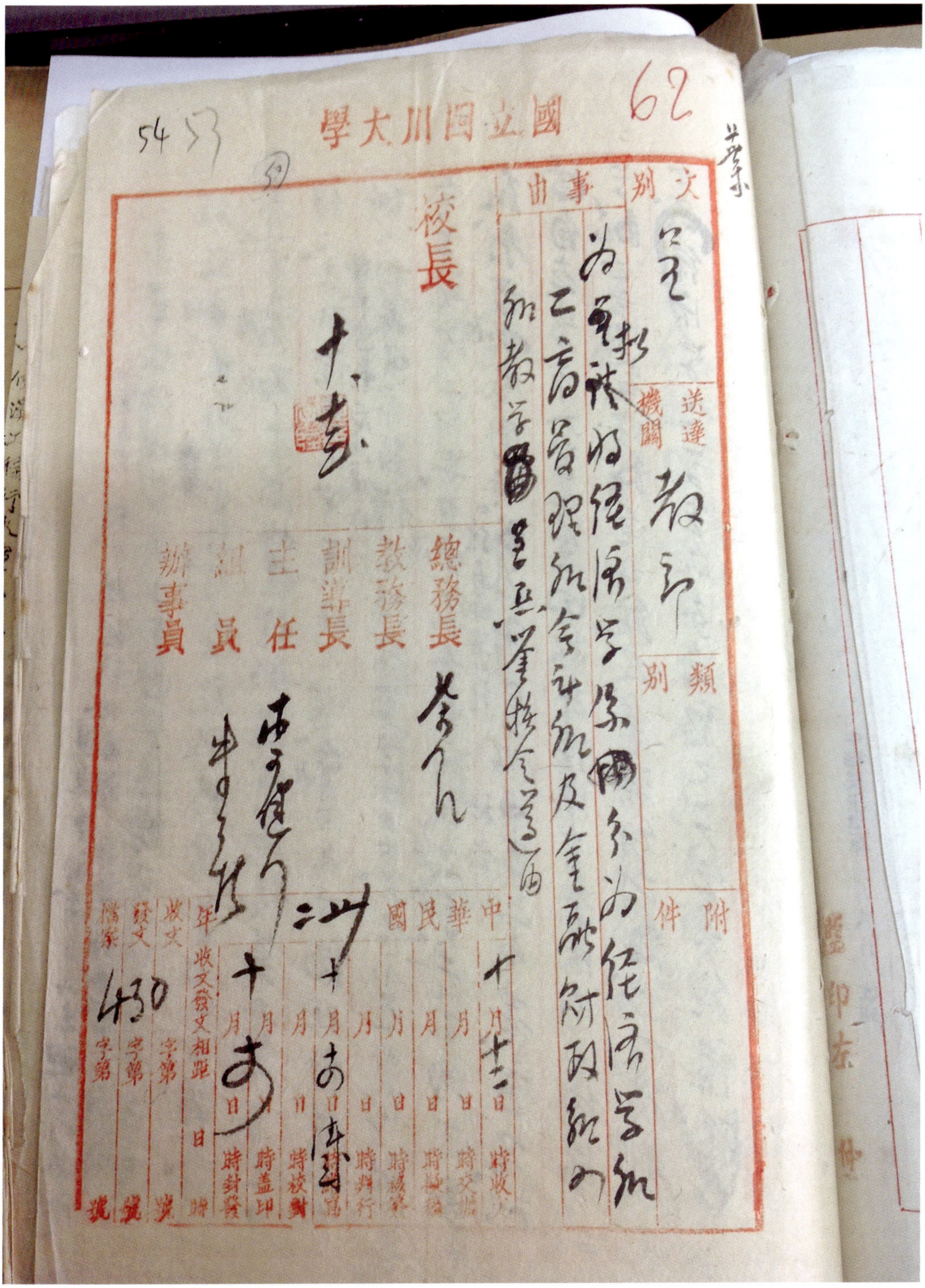

54 53

62

國立四川大學

文別 | 事由

送達機關 教育部

類別 呈

附件

校長

總務長
教務長
訓導長
主任
組長
辦事員

為擬將經濟學系分為經濟學組、工商管理組、會計組及金融財政組四組教學呈照鑒核令遵由

中華民國　三十　年十月十三日

收文發文字第　號
收文字第　號
發文字第　號
收發文相距日時
收文時
發文時蓋印時
擬稿時
核行時
收文時

430

國立四川大學為擬將經濟學系分為經濟學組、工商管理組、
會計組及金融財政組四組教學呈照鑒核令遵由（1943 年 10 月）

"周刊""校刊"原件

孔慶宗 四川長壽人 國立北京大學經濟系畢業，比國京都大學政治學博士，曾任國立中央大學教授，曾任京師地方檢查廳書記官，中國駐新義州領事館及駐丹麥公使館主事，駐比公使隨員兼副領事，現充二十四軍顧問及政治經濟討論會副委員長。

"纪事：新聘教授略历（续第二期）"（《四川大学周刊》1932 年第 1 卷第 2 期）

經濟學系之展望
趙人儁

經濟學問為治事之學，設立專系，卽所以訓練人材，使其對於公的經濟方面，能參預各項經濟行政之工作，或經深之研究與實際所得之閱歷，進而擘劃國民經濟建設之政策，對於私的經濟方面，凡屬商業性質之組織，無論其為公營或私營，悉能運用其知識，執業於某一部門，沒假而管理全局，依此方針，故將經濟系課目確定其性質，釐訂其先後，歸納其學程，就本校目前及最近之將來需要，劃為兩大類，一為偏重於一般經濟之訓練所需課目，一卽公私經濟之訓練所需課目，一為偏重於商業經濟之分野云耳。至於大學聲譽，非可朝夕之間，卽能崔起，讀書風氣，亦非少數之參力便可發成，必也校中各方面通力合

"经济学系之展望"（《国立四川大学校刊》1939 年 11 月 11 日）

川大所办经济学、商学期刊原件

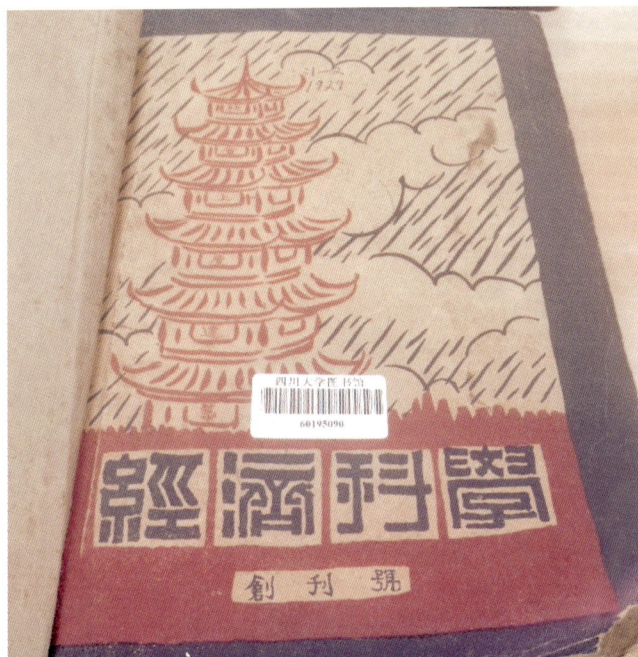

《经济科学》创刊号　封面

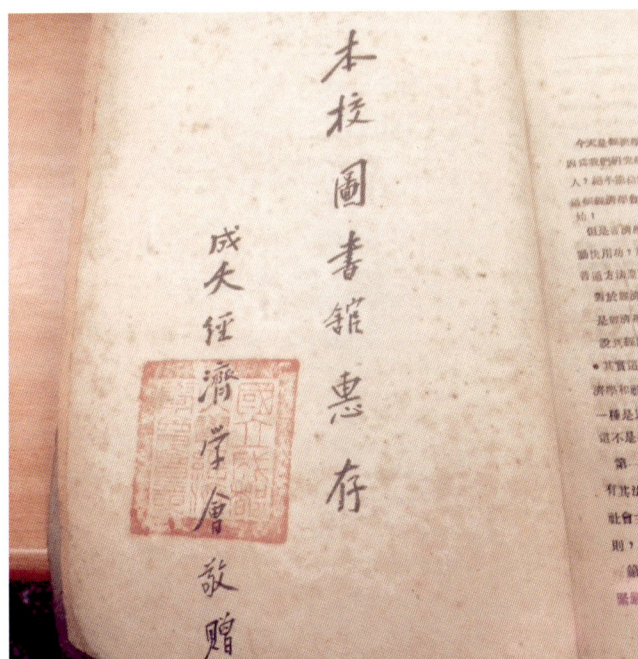

《经济科学》创刊号　扉页

孟壽椿題　政治經濟月刊

民國二十六年十二月十五日出版

發刊詞

時論
　中日第八次談判問題
　日德同盟與現勢……英意君子協定……劉主席兼川康綏靖
　主任（要求建設鐵路的意見；歡送川軍出川抗日簡言）

政治起源的氣濁因子

經濟科學與企業

罪律責之獨立問題

中山政綱改革之檢討

貨幣貶值與查川餉底之影響

新都外北鄉底土地調查

講演（四篇）

通訊……鄒基會等，霍昌祖遺詩

編後

胡鑑民
李崇惲
李培棻
張惠昌
朱咸熙
李春泉
純君
編委會

發行　政治經濟月刊社
編輯　政治經濟月刊社
編輯　編輯委員會
地址　四川大學法學院

價目表

訂閱辦法	冊數	價格
零售	一冊	五分
預訂半年	六	三角
預訂全年	十二	六角

《政治经济学月刊》创刊号　目录页

附錄

國立四川大學經濟系教學概況

一、概況

川大之經濟系，原屬政治經濟系，自二十七年度上學期起，政治經濟系取消，分設政治學系與經濟學系，本系始有今名，現任系主任金孔章先生，曾任金陵大學教育部經濟學院講座有年，對於經濟理論極有研究，本系自金主任主辦以來，對於教學研究極為致意，目前工作正集中於教學及研究工作二項，本學期有專任教授七人，廣欲合聘教授一人，兼任教授三人，助教二人，所開課程理論實用兼顧，計劃新殖大學課程共十四門，選修學程共二十門，完全依照部令新頒大學經濟系必修課程標準也設，委於研究所之設立者，育經濟學會，經濟研究室及巳出版之經濟季刊，在進行中者，省辦設經濟研究所及樂西公路經濟考察團，四川各縣特派經濟調查，物價調製，實行大學經濟叢書等工作。

二、課程

（乙）選修學程

	課程	每週時數	期間	學分	擔任教授	備
1.	國文	3	一學年	6	文學院	
2.	英文	4	一學年	8	文學院	
3.	中國通史	3	一學年	6	文學院	
4.	論理學	2	一學年	6	文學院	
5.	經濟學	1	一學年	6	金孔章	
6.	軍事學	2	一學年		軍事教官	
7.	軍事訓練	1	一學年		軍事教官	
8.	軍事看護	2	一學年		軍事教官	
9.	三民主義	1	一學年		程天放	
10.	體育	2	一學年		體育組	

	課程	每週時數	期間	學分	擔任教授	備
1.	微積分	3	一學年	6	理學院	
2.	物理	3	一學年	6	理學院	
3.	化學	3	一學年	6	理學院	
4.	生理學	3	一學年	6	理學院	
5.	生理學	3	一學年	6	理學院	
6.	地質學	3	一學年	6	理學院	
7.	政治學	3	一學年	6	文理學院	

彭迪先著

經濟思想史 第一冊

國立四川大學經濟系印行

《经济思想史》（彭迪先 著）封面

目　录

导言 ·· 1

第一部分　档案

中西学堂 ··· 3
四川省城高等学堂 ··· 5
四川通省师范学堂 ··· 15
成都高等师范学校 ··· 16
四川公立法政专门学校 ··· 17
国立成都师范大学 ··· 22
国立成都大学 ·· 23
公立四川大学 ·· 33
国立四川大学（1）··· 36
国立四川大学（2）··· 103
国立四川大学（3）··· 169

第二部分　校报校刊资料

《国立四川大学周刊》··· 181
《国立四川大学校刊》··· 201

第三部分　川大所办经济学、商学期刊选编

《经济科学》·· 215
《政治经济月刊》·· 238
《政经学报》·· 249
《经济季刊》·· 257

后　记 ··· 267

导　言

晚清以来，西力东渐，中国的政治、社会与文化开始了全面转型。商业活动及其对社会生活的影响，无疑是其中最引人注目的一个部分。大体来说，这方面出现了三个新的现象：

第一个现象是商业在整个社会经济体系中地位的提升。在 20 世纪之前，尤其是明清时期，中国商品经济的发达，与西欧相较，恐怕也不遑多让，而时人对商业的评价也大为提升，黄宗羲甚至有工商亦为国本之论。① 然而这些看法并未从结构上颠覆旧的经济价值系统，充其量乃是把工商提到与农业同等重要的水平。但自 19 世纪中期开始，由于中西之间的接触越来越密切，商业的重要性也极大地得到彰显。1862 年，曾国藩提出"商战"一词，并迅速风靡，成为晚清思想中最为活跃的概念之一。② 这样一来，商业乃成为关系天下安危的军国大业，其排名也逐渐提升到农业之前（具体也有很多曲折，惟与本文主题无关，不及详论），与此前的论述已大有不同。

第二个现象与此相连，那就是商人社会地位和自身使命感的增强，他们积极投身于各类社会事业和国家政治生活之中，并对 20 世纪以来的中国历史产生了根本性的影响。③

第三个现象，即是本书的主题：从知识社会学角度看，商业领域开始出现正式的专业性学问体系——"商学"。自然，对于商业活动和经商技术进行记录与思考的著作，在中国早已出现，但是，它们大体上缺乏系统性和专业性，更不能说形成现代意义上的学科体系。而我们今天所谓的商学，"是把新型商业活动在知识上的积累组织起来成为专业知识，作为培养新型企业人才的助力"。它的产生，是一个更为广阔的历史进程的一部分："现代化的工商业有别于传统做生意，需要一套不同的专业知识作为工具"。叶文心教授曾经指出，商学乃是中国现代工商业活动的三根基本支柱之一，它和商法、商会一起，"共同建构了民国以来新式企业运作的制度基础"。④ 不过，相较于前两个问

① 有关言论，大略可参考陆宝千：《清代思想史》，台北：广文书局，2006 年，第 91~95 页。

② 王尔敏：《商战观念与重商思想》，见《中国近代思想史论》，北京：社会科学文献出版社，2003 年，第198~322 页。

③ 关于商人的社会责任感与对公共事业和政治活动的参与，研究著作甚多，较早的比如马敏、朱英《传统与近代的二重变奏：晚清苏州商会个案研究》，成都：巴蜀书社，1993 年。近年来，冯筱才教授提出 20 世纪中国的"政商"现象，值得注意。见其《政商中国：虞洽卿与他的时代》，北京：社会科学文献出版社，2013 年。

④ 叶文心：《民国知识人：历程与图谱》，北京：生活·读书·新知三联书店，2015 年，第 104~105 页。

题，这方面的既存研究也是最为薄弱的。[①] 因此，了解晚清以来商学知识的研究和传播情况，有助于我们从一个新的角度考察中国近代工商业的发展状况。

本书是一部以 1902—1949 年间四川大学经济学、商学研究和教育发展状况为主题的史料集，主要有三个来源：一是川大档案馆藏有关校史档案；二是川大校刊（主要是1932 年 9 月创办的《国立四川大学周刊》，1939 年 6 月起，该刊改名为"国立四川大学校刊"）；三是川大所创办的经济学、商学期刊。我们编辑这部资料集，主要出于两个目的：一是为中国近代商学史的研究人员提供一点史料；二是对川大经济学、商学学科的发展历程做一个回顾。由于川大在历史上几经分合，沿革比较复杂，本书尽量包含了其前身各个学校的情况（为了表述方便起见，后文有时会将这些学校统称"川大"）。此外要说明的是，今天的川大商学院是 2012 年由原工商管理学院更名而来的，在此之前，川大并没有设立专门的商学研究和教学机构，但这不等于川大历史上不存在商学研究和教育，不过，其相关学术职能主要是由经济学科来承担的。事实上，即使只从学理来说，我们也很难完全将商学和经济学割裂开来。因此，本书把这两个学科的资料放在一起。

下面，我们简单勾勒出一条川大经济学、商学学科（包括研究与教育）发展的线索，以为读者理解书中的有关史料提供一个基本的背景。

整体来看，1949 年之前，经济学、商学学科在川大的发展，大致可以分为三个时期：第一个时期从清末新政时期到 20 世纪 20 年代中期，是学科的萌芽阶段；第二个时期从 20 年代中期到 30 年代中期，是学科的起步阶段；第三个时期是 30 年代中期以后，是学科的飞速发展阶段。

一

如上所述，商学是典型的"西学"。它在中国的出现，是近代教育和学术转型的结果。不过，必须指出的是，晚清士人虽然很早就意识到商业在国家经济生活中的重要性，但这并未立刻引起人们对商学的重视。事实上，它在最初的西学"课表"上所占据的地位，远远不能和数学、舆地、矿物以及声光电话诸学相比。在四川这样的内陆省份，更是如此。

今天的四川大学，可以追溯到 1896 年成立的中西学堂。这个学堂是为了培养"博通时务"的人才而设立的，其中的西学课程，主要是英文、法文、舆地、测算、各国史策等[②]，并无工商方面的课程。光绪二十四年六月二十五日（1898 年 8 月 12 日），时值戊戌变法期间，光绪帝颁旨开经济特科，"以内政、外交、理财、经武、格致、考工六门分途取士"。时四川督学"按试各属"，却发现"各属诸生通晓时事、贯彻中西之学者，尚属寥寥"。为此，令各府厅州县将当地各书院"官师月课一律改课时务策论"，而

---

① 笔者见到的似乎只有一部许康主编的《百年名校　商学弦歌——湖南大学商学 100 年》，长沙：湖南大学出版社，2011 年。

② 《四川中西学堂章程》，光绪二十二年（1896 年）鹿传霖审订，见党跃武主编：《川大记忆——校史文献选辑》（第二辑），成都：四川大学出版社，2011 年，第 31 页。

不再试以"时文试帖"。其中便明言，策论范围包括"商务"。① 但细读此通札文，其所提及的主要是天算舆地、泰西语文，有关商务内容只是一掠而过。

不过，进入 20 世纪，这一现象有了显著改变。1902 年，时任四川总督良俊将成都原有的尊经书院、锦江书院、中西学堂等合并起来，成立了四川通省大学堂，后改名为四川省城高等学堂。从现存档案看，高等学堂设置有经济类的教习。② 1908 年，高等学堂设立正科（本科），专业分为三类，其中文科类设有"理财学"课程。③ 曾为清末四川咨议局议员的陈崇基（日本法政学堂毕业）担任本课教员，以《李译经济学》为教科书。④ 该课讲授的内容，今日已很难看到，但我们不妨从几份试题中窥豹一斑。其中如宣统元年第二学期（1910 年 6 月 26 日）的一份考题："论议会与国家财政之关系"。⑤ 宣统二年第二学期（1911 年 8 月 29 日）几份试题："（一）国家经费不宜过大亦不宜过减，其理由如何？（二）何谓'特别会计'？""（一）不增加生产费而能增加数量之财货盍？举例以说明之。（二）何谓'跛行本位制'？"⑥

其他相关学科的教学也会涉及与经济学、商学相关的内容。比如，1904 年 6 月 19 日外国政治地理课的试题中就有一道："与俄国通商之国，以何国为最？且中国运往之货物如何？"而另外一份试题也问道："五口通商始自何时？陆路通商有几？何地通行？航路者有若干？公司以何公司最占优胜？"⑦ 1908 年 5 月份的中国地理试题中，有好几道与经济、商务有关的题目，既涉及历史，也涉及当代；既涉及对外贸易，也涉及国内贸易。⑧ 这里只是略举几例，类似的试题还可在本书内找到。从这些试题中我们不难看到，对外商务是高等学堂各科重视的一个重点，这显然是和"商战"思想分不开的。

经济学、商学知识传播的另一条渠道是图书。本书收入了几份高等学堂的图书目录。从中可以看到，政治法律学部、理财学部、外国文科学部、杂著部等都有相关图书。⑨ 而在一份书籍清册中，仅理财学部的图书就有 58 种，117 册，包括中、日、法三

---

① 四川洋务局："给各学堂讲求时务的命令及中西学堂的通告"（1898 年 8 月 12 日），四川大学档案馆藏"中西学堂档案"，第 2 卷。

② 1905 年，日本东京外国语学校教授吉田义静应聘法制经济教习，正月到堂，四月辞职。见四川省城高等学堂："本堂总理教员监学委员姓名年贯表"（1908 年 3 月），四川大学档案馆藏"四川高等学堂档案"，第 87 卷。从档案来看，高等学堂的优级师范科学生课表中有"法制经济"一门，不知吉田教习是否担任此门。见四川省城高等学堂："优级师范全级每周课程时间表册"（1908 年 3 月），第 87 卷。

③ 四川大学校史编写组：《四川大学史稿》，成都：四川大学出版社，1985 年，第 20 页。

④ 四川省城高等学堂："本堂一类三班、二类二班采用图书及编辑讲义一览表"（无具体时间），四川大学档案馆藏"四川高等学堂档案"，第 87 卷。

⑤ 四川省城高等学堂："宣统元年第二学期考试各科题目清册"（1910 年 6 月 26 日），四川大学档案馆藏"四川高等学堂档案"，第 59 卷。

⑥ 四川省城高等学堂："宣统二年第二学期考试各科题目清册"（1911 年 8 月 29 日），四川大学档案馆藏"四川高等学堂档案"，第 60 卷。

⑦ 两份试题均见四川高等学堂："为开办实业学堂请学务处转总督部堂的报告"（1904 年 10 月 1 日），"四川高等学堂档案"，第 6 卷。

⑧ 四川省城高等学堂："第四年第一学期考试学生各科题目清册"（1907 年 7 月 19 日），"四川高等学堂档案"，第 55 卷。

⑨ 四川省城高等学堂："本堂新学各图书目表册"（1905 年 9 月 21 日），"四川高等学堂档案"，第 185 卷。

种文字。①

1904 年 10 月，高等学堂第一任总理胡峻（1867—1909）还根据学部颁发的《奏定学堂章程》，呈请总督，开办实业学堂。呈文认为：

> 川省地大物博，号为陆海。发其山泽之藏，濬其人民之智，宜足抵制外来，角巧欧美。乃农事则绌于力，工艺则拘于墟，商务则有输入而无输出。千金盈橐，大盗觊觎。目前外人之争商埠、争藏卫者，所争以此；外人之要铁路、要矿权者，所要以此。为今之计，欲亟筹抵制之术，则惟有赶兴实业学堂之一法。实业发达，其益有三：无游民也，消隐患也，免利权也。蜀中据扬子江上游，轮廓五千里，生齿七千万，我不自治，人将生心，迩来现象，危机已露。

显然，胡氏此议，同样是在与西人"商战"的意识下展开的，同时也有现实社会危机的刺激。值得注意的是，呈文中还提到：地方上已经办理的实业学堂，"又专盼省城之升补"。② 可见他是把实业学堂视为与高等学堂同一级别的学堂。据云，为了开办实业学堂，胡峻还专门从高等学堂普通科中选派了 12 名川籍学生赴日本学习，以培训师资。③ 不过，实业学堂和高等学堂是何关系，从呈文中无法明确看出。

除了高等学堂之外，四川在清末新政中还设立了几所专门学堂。其中，1905 年成立的四川通省师范学堂开设了"经济法制"课，教习为黄赞元（字镜人，候选县丞，入民国后曾为国会议员）。④ 1906 年 8 月成立的四川法政学堂开设有"商法""经济学""财政学"等课程。⑤ 1916 年，四川通省师范学堂在几经周折后，定名为"国立成都高等师范学校"（简称"成都高师"）。由于四川高等学堂在同一年正式停办，成都高师遂一跃成为川中最高学府。尽管作为一所师范院校，其主要使命是培养中学师资，但仍然开设了"经济学"课程。⑥

事实上，这一时期四川经济学、商学高等教育的主要机构是四川公立法政专门学校。这个学校是 1916 年经四川法政学堂改名而成。学校设有预科，以及法律、政治、经济三个本科。这也是四川历史上第一个经济学本科，其课程包括经济史、货币论、银行论、财政学、财政史、农业政策、工业政策、商业政策、簿记学、商法、统计学、保

---

① 四川省城高等学堂："清理前四川高等学堂书籍书目清册"（无具体时间），"四川高等学堂档案"，第 190 卷。

② 四川省城高等学堂："为开办实业学堂请学务处转总督部堂的报告"（1904 年 10 月 1 日），"四川高等学堂档案"，第 6 卷。

③ 四川大学校史编写组：《四川大学史稿》，成都：四川大学出版社，1985 年，第 19 页。

④ 四川通省师范学堂："教员姓名底册"（1909 年 4 月），四川大学档案馆藏"四川通省师范学堂"档案，第 3 卷。按黄氏后为中华民国第一届国会众议院议员。

⑤ 1910 年的材料显示，经济学、财政学教师为周择，商法教师为周常昭（四川大学校史编写组：《四川大学史稿》，第 25 页）。按周择为留日学生（参见刘静：《留日人员与清末法制改革》，河北大学硕士学位论文），周常昭也是留日学生，曾任四川咨议局议员（参见隗瀛涛、赵清主编：《四川辛亥革命史料》上册，成都：四川人民出版社，1981 年，第 12 页）。

⑥ 每周两学时。教师洪楷，毕业于日本东京高等商业学校。成都高等师范学校："成都高等师范学校教员一览表"（1921 年 12 月），四川大学档案馆藏"成都高等师范学校档案"，第 40 卷。

险学、交易市场论、仓库税关论等。另外，法律本科、政治本科都有商法，预科亦开设经济原理一课。有关教员包括李辟（货币论、经济学）、陈崇基（商法）、盛宗培（公司条例）、罗学洙（商法）、沈翰（公司条例）等人。[①] 仅就课程表来看，比起法政学堂时代，学校在经济学、商学方面的力量扩充了不少。1922 年 2 月，学校还计划设置政治、政治经济与经济三个研究科。其中，政治研究科的科目除了宪法、政治学等外，还有财政学；经济研究科的科目有经济学原理、货币学、银行学、财政学和簿记学；政治经济研究科的科目包括宪法、政治学、货币学、银行学、财政学。[②] 不过，由于材料缺乏，目前我们尚无法知道研究科的性质、具体设想——事实上，这个计划大概最终只保留在纸面上。

大体来看，清末民初这段时间，川大的经济学、商学还只能说是处于萌芽阶段，学科在整个学制系统中处于边缘地位（直到法政专门学校时期才设立专门的经济学专业），活动以教学为主，根本谈不上研究。有关的教员多有留日背景（高等学堂还曾聘有日本教习），但在学术界和社会上都没有什么影响，其学术水平难以悬断，但揆之常理，恐怕不会太高。

二

中国 20 世纪经济学、商学学科的发展，在一定程度上是和高等教育事业的推进连在一起的，四川尤其如此。从上面的描述来看，有两类学校是这类知识生长的温室，一个是综合性院校（如四川高等学堂），一个是政法类的专业院校（如四川法政专门学校）——后者是因为其时经济学、商学学科常常被放在法学专业下的缘故。由于高等学堂停办后，川中一直没有一所综合性院校，因此，在经济学、商学人才培养方面，长期以来是法政专门学校一枝独秀。直到 1926 年国立成都大学成立后，才打破这一局面。

国立成都大学校长张澜一向思想开明，自其办学之初，就设立了经济系，并在1926 年招收了第一届本科生。按照《组织大纲》，经济学系属于法科（1930 年改为法学院），该科（院）还有政治学系和法律学系，格局基本与法政专门学校相同。其中，经济学系的课程由必修和选修科目组成。必修科目包括经济学、统计学、西洋经济史、民法、外国语经济学选读、宪法、会计学、保险学、货币及银行论、国际金融论、簿记学、农业政策及商业政策、商法、经济学史、财政学、社会主义之理论及其系统、交通政策及殖民政策。选修科目包括社会学、哲学、经济地理、政治学、刑法、行政法要论、国际公法要论、交易所论、市政论、中国经济史、中国财政史、劳动法及工场管理

---

① 四川大学校史编写组：《四川大学史稿》，成都：四川大学出版社，1985 年，第 39、40 页。此外，从档案中看，有关课程还包括英文经济原理、预算论、破产法、公债论等。见校长颜【编者按：颜楷】："关于经济本科别科己二班学生毕业试验科学日期表的牌示"（1916 年 5 月），四川大学档案馆藏 "公立四川法政学校档案"，第 6 卷；校长颜："关于派员选试四川公立法校经济本科、别科己二班毕业试验的呈"（1916 年 5 月），"公立四川法政学校档案"，第 6 卷。

② 四川法政学校："呈请备查本校拟设研究科规程的文及细则"（1922 年 2 月 22 日），"公立四川法政学校档案"，第 6 卷。

等。同时，政治学系和法律学系也都有经济学类的课程。①

比起此前各校，尤其是政法专门学校，成都大学经济学系的专业课程并没有太大的增加，但却呈现出三个突出的特点：一是注意培养学生较为宽阔的知识基础，特别注意跨学科的视野：除了同属法科的政治学、法学类课程，还包括社会学、哲学科目。二是特别突出经济学作为一门"西学"的性质："西洋经济史"乃是必修课，而"中国经济史"和"中国财政史"都是选修课程；"外国语经济学选读"一课要讲授两个学期，这一方面可以帮助学生了解"原汁原味"的经济学，另一方面也可以训练学生的外语水平。三是受到一定的社会主义思想的影响：其选修科目中有"社会主义之理论及其系统"一门，而系主任张籍本人也深受马克斯【思】主义的影响，著有《马克斯主义概观》等论文。② 在课堂上，他根据日本的社会主义思想家河上肇的著述，讲授马克思的剩余价值学说。③ 毕业于该系的王宜昌在后来的"中国社会性质问题论战"中，成为"中国经济派"的代表人物，自称其思想来自于马克思主义④，显然是渊源有自。这在一定程度上和校长张澜的倡导分不开。张澜曾在成都大学经济学会（详见后文）成立大会上，公开提出："资本主义经济学只能给我们一些经济常识，零碎的经济说明，并不能给我们以整个的生产法则、生产组织的系统知识。"而"社会主义经济学就恰恰与这个相反"。⑤

从师资来看，根据1929年的资料，国立成都大学经济系有三位教授，一位讲师：张籍（字与九，以字行），日本东京帝国大学经济学士，曾任北京法政大学教员；沈月书，日本东京商科大学商学士；王恩藩，美国士丹福大学文学士、美国加州大学经济硕士；讲师周燊元，日本庆应大学经济硕士。⑥ 从学术史上看，这几位的成就也不是很大，不过他们至少都得到过正式的经济学、商学学位，代表着专业程度的提升。

国立成都大学经济学系的另一个突破是对研究风气的提倡。这是和张澜以学术和思想自由为治校方针的办学理念是分不开的。1929年4月，经济系学生组织了"经济学会"，并出版了《经济科学》杂志。该刊以"持客观态度，用科学方法，研究经济学理，分析经济现象，及介绍一切经济学说"为宗旨⑦，本拟为季刊，但实际上只在1929年出版两期，就无疾而终。不过，这是四川的第一份经济学专业杂志，其象征意义不可低估。

该刊第1期发表了张澜的《怎样研究经济学》，就是他在"经济学会"成立会上的演说辞。我们从中不难看出张氏的办学思想。他在演说中提倡学生的"自动"研究风气，把经济学会的成立看作学生"求高深学问的开始"。这表明他不满意此前经济学、商学仅以单纯的教学为主的办学方向，力图把这一学科提升到"高深学问"的层次。至

---

① "国立成都大学一览"（1929年9月），四川大学档案馆藏"国立成都大学档案"，第1卷。
② 张与九：《马克斯主义概观》，《经济科学》第1期，1929年；《马克斯主义概观（续）》，《经济科学》第2期，1929年。
③ 四川大学校史编写组：《四川大学史稿》，成都：四川大学出版社，1985年，第107页。
④ 吴敏超：《"中国经济派"考》，《近代史研究》，2010年第6期。
⑤ 张澜：《怎样研究经济学》，《经济科学》第1期，1929年。
⑥ 国立成都大学："国立成都大学一览"（1929年9月），"国立成都大学档案"，第1卷。
⑦ 《编辑略例》，《经济科学》第1期，1929年。

于具体方面，张氏提出两大研究方向："第一是经济学的理论；第二是经济学的实际"。在理论方面，提出经济学说有资本主义和社会主义两种，而号召学生去研究马克思主义经济学说；在实际方面，要求学生去研究"当前世界经济现象和中国经济现象"以及它们之间的关系。他最后提出：

> 若是像这样去研究，对于这些问题都了解，那末，我们所研究的经济学，才是活的，真的，实在的，且非常合用。同时，我们还要知道现在是资本主义反对共产主义，共产主义反对资本主义最显著而激烈的时代，差不多像到短兵相接的阵势了。我们只有明白上面所说那些问题，才能够理解它们的曲直是非，世界情形，而决定我们自己的态度和中国的前途，使将来能够在一个光明大道上走，不致误入歧途或没有进步。倘若对于经济真理不完全知道，对于实际不懂，那就是把经济学古董化了。那种经济学者，只可说是一个经济学的考古家罢了，或者还简直配不上说经济学者咧！[①]

显然，张澜特别注重学术的经世致用功能，这正是他倡导学生去研究"经济学的实际"的一个主要原因；而在理论方面，他之所以注重社会主义学说，也与此密切有关，并不完全是纯理论的兴趣。

从《经济科学》上发表的文章来看，张澜的办学思想得到了较好的贯彻。刊物上的作者既有教师（张与九、沈月书等），也有学生（其中以王宜昌最为活跃，除了本名外，他还使用"凌空"的笔名在上面发表文章），在一定程度上体现出"学生自动研究"的精神。就内容来看，第1期较为注重理论性的探讨，但也有《关于中国土地分配的统计》（凌空著）、《外国汇兑价格变动的观察》（周子龙著）等贴近实际的文章；第2期同样以理论文章为主，但是研究实际问题的文章明显增加，包括《中国的失业者》（全良著）、《成都市的人力车夫》（松云著）、《成都市物价指数表》（王宜昌著）、《读了〈解决中国目前经济问题的着眼点〉以后》（何正明著）等。

1927年，成都市的五所专门学校合并组成公立四川大学，其中包括法政专门学校——更名为四川大学法政学院，仍设法律、政治、经济三科，后改科为系。到了1930年，又将政治学系和经济学系合并为政治经济系。[②] 从二系合并前的课表来看，经济学系设25门课程，其中专业课有经济史、货币论、银行论、财政学、财政史、农业政策、工业政策、商业政策、交通政策、殖民政策、统计学、保险学、簿记学、商法、商业史、商业地理、交易市场论、仓库及关税论，另外还有宪法、行政法、民法概论、刑法概论、政治学、国际公法及外国语。[③] 显然，这些课程设计依然秉持了此前法政专门学校的格局。不过，整体来看，公立四川大学的经济学科并无突出表现，与国立成都大学相比远远不如。

---

①　张澜：《怎样研究经济学》，《经济科学》第1期，1929年。
②　四川大学校史编写组：《四川大学史稿》，成都：四川大学出版社，第146页。
③　公立四川大学："公立四川大学规程"，四川大学档案馆藏"公立四川大学档案"，第1卷。

1931 年 11 月，国立成都师范大学（1927 年由成都高师升格而成）、国立成都大学和公立四川大学合并，组成国立四川大学，下设文、理、法等学院，在法学院中设立了法律系、政治系、经济系（张籍为系主任），延续了此前各校的格局。

这一时期，经济学系在师资方面有了进一步改善，这可以从《国立四川大学周刊》的有关报道中看出：黄永川（日本商科大学商学士，曾任安徽大学教授）、孔庆宗（国立北京大学经济系毕业，比利时京都大学政治学博士，曾任国立中央大学教授，京师地方检查厅书记官，中国驻新义州领事馆及驻丹麦公使馆主事，中国驻比公使随员兼副领事等）、翟士煊（日本九州帝国大学经济系毕业）、陈绍武（德国柏林大学经济系毕业，曾任上海法政学院教授）等。① 另外，如承担簿记学、统计学、经济地理课的黎学澄，承担财政学、货币、银行等科的陈觉民，承担票据法、公司法、民法债编的裴千昌（毕业于日本九州帝国大学法科，曾任安徽大学、中山大学等校教授，主治民商法学），承担会计、簿记、统计等科的邵毓麟（日本九州帝国大学政治学学士，后入东京帝国大学研究，历任国民政府外交部日俄科科长，中国驻横滨总领事，外交部情报司司长，中国驻韩国特命全权大使等）等②，都是新聘教授。此外，从《国立四川大学周刊》发表的图书馆新进图书目录（第 1 卷第 5～8 期，第 1 卷第 15 期，第 3 卷第 11～12 期）来看，经济学、商学类的书籍也较前大有增加。

在学生社团方面，1932 年 6 月，经济系学生发起成立了"国立四川大学中国经济研究学会"，"以研究中国经济为宗旨"。成立之初，学会非常活跃，尤其注重对国内经济情况的调查。7 月份，该学会向学校提出，上海为中国经济重心所在，但 1932 年初的"一·二八"事变，使得当地的工商业受到严重损害。为了了解"上海经济之实在现象及目前之恢复方针、将来发展之计划；更以此为根据，然后分查各省之经济状况，以定全国经济之政策，用备当道之采纳"，该学会自筹经费，组织了一个"国立四川大学战后经济调查团"，拟于暑假中前往上海进行实地调查"之后，又先后前往兵工厂、财政部成都造币分厂进行实地考察。③ 不过，自 1934 年之后，该学会就销声匿迹，不知所踪了。

国立四川大学的成立，终结了此前成都一地"三大"鼎立的格局，有利于学术资源的合理配置，也是川大正式迈入国内学术界一线阵容的开端，无论是在四川高等教育史上还是在川大的校史上，这都是一个重大转折。不过，毋庸讳言的是，由于此一时期四

---

① 《新聘教授略历》，《国立四川大学周刊》（以下简称《周刊》），第 1 卷第 2 期，1932 年；《新聘教授略历》，《周刊》第 1 卷第 3 期，1932 年；《本大学增聘教员》，《周刊》，第 1 卷第 14 期，1933 年；《本期新聘教授多人》，《周刊》第 3 卷第 2 期，1934 年。

② 《本期新聘教员担任科目》，《周刊》，第 2 卷第 7 期，1933 年；《新教授陈觉民抵省》，《周刊》第 2 卷第 25 期，1934 年；《本期新聘教授担任课程科目》，《周刊》第 3 卷第 12 期，1934 年。关于裴千昌的情况，参见《本校教授题名录：裴千昌》，《周刊》，第 15 卷第 4 期，1943 年；关于邵毓麟的情况，参看石源华《邵毓麟：民国首任驻韩大使》，《世界知识》2008 年第 22 期。

③ 均在国立四川大学。"李思道等呈请成立四川大学中国经济研究会简章等及联系去工厂参观的来往文件"（1932 年 6 月），四川大学档案馆藏"国立四川大学档案"，第 1553 卷。

川地方政治环境的影响，国立四川大学成立初期（1931—1934年）的发展条件并不理想。[①] 校方虽筚路蓝缕，尽力维持，也取得了一些成绩，但整体来看，学术面貌并没有得到根本性的改善。事实上，就某种程度而言，这一时期经济学、商学等学科的活跃程度甚至还不能跟成大时期相比。

三

1935年，四川大学迎来了历史上的一个新阶段。当年1月，"国民政府军事委员会委员长南昌行营参谋团"入川，拉开了四川"地方中央化"的序幕。8月6日，行政院任命"中华教育文化基金会董事会干事长"任鸿隽为四川大学校长。任氏是其时著名的自由主义知识分子，与胡适、翁文灏等人关系极佳，享有很高的社会声望。他在四川大学校长任上，提出"国立化"和"现代化"两大治校方案，使四川大学的学术水平迅速跨入国内前列。1937年，任鸿隽辞去校长职务，不过，这两大方针仍为其诸多后继者们（张颐、程天放、黄季陆）所接受。而到了40年代，四川大学已经成为当时国内规模最大，也是最重要的大学之一。

整个学校的改变无疑会对其内部的各个学科产生影响。事实上，这一时期，四川大学的经济学、商学的确进入了一个快速发展阶段。下面，我们试着从科系设置、师资阵容、课程安排、科研活动等几个方面对此略做一番考察。

（一）科系设置

1935年5月，教育部向四川大学派出视察专员。8月，根据视察报告，对四川大学进行整顿，其中涉及科系设置部分，认为法学院中政治、经济两系"班次未齐，原有班次学生人数过少"，要求合并为政治经济系。[②] 不过，仅仅经过两年，到了1937年9月，教育部就批准再次恢复政治系、经济系的建置。[③] 从中不难看出这两个系迅速发展的情况。抗战开始后，大批学术专家转入四川大学经济系（如著名经济学家蒋学模）。1939年9月，教育部鉴于"抗战以来，农、工、商、医等学科专门人才需要甚切"，而1939年度国立各院校统一招生中，投考工科和经济学系的学生人数增加，"为应社会需要，预储人才起见"，令四川大学增设经济学系一年级一班。[④] 这虽然是非常时期的举措，但仍然可以看作教育部对四川大学经济学系的再次肯定。

到了1942年，经济系学生已达近300人，成为全校最大的一个系。[⑤] 1943年10月，校方鉴于该系学生"逐年剧增，有加无已"，以致"人数众多"，向教育部提出，分

---

① 有关情况可参考王东杰：《国家与学术的地方互动：四川大学国立化进程（1925—1939）》，北京：生活·读书·新知三联书店，2005年，第108～127页。

② 教育部：《令知视察报告要点仰切实改进具报由》，"国立四川大学档案"，第6卷。

③ 代理校长张颐布告（1937年9月21日），"国立四川大学档案"，第9卷。

④ 教育部："令增设经济系一班"（1939年9月），"国立四川大学档案"，第8卷。

⑤ 启元：《国立四川大学经济系教学概况》，《经济季刊》第1卷第2期，1942年2月。

等。其《土地经济学原理》是我国研究土地经济问题的最早的专著）。[1] 其中，赵人俊、彭迪先、周伯棣、陶大镛、朱剑农、张先辰等，皆是中国经济学界赫赫有名之士。从这一名单中，我们不难看出40年代川大经济学、商学学科的空前盛况。而到了1949年，经济系的专任教授已经有10位。[2]

除了上面专门提到的之外，根据各种资料，还可以提供一份40年代曾任教于四川大学经济学系的名家的补充名单：梅远谋（巴黎大学经济学博士，曾任重庆大学商学院教授，云南大学教授，东北大学经济系主任，云南大学文学院院长。新中国成立后任四川财经学院教授等。著有《中国社会主义货币信用学》《货币学说史》等）、何士芳（著名的审计学家，著有《审计学》）[3]、邹念鲁（美国密苏里大学硕士，新中国成立后任甘肃教育学院教授）[4]、田克明（曾在巴黎大学、伦敦大学留学，曾任国民政府内政部统计长，政治大学教授。1949年后任台湾东海大学教授。著有《统计学》《统计学探源》等）、柯瑞麒（金融学家，新中国成立后任西南财经大学教授）、杨伯谦（美国密歇根大学博士，曾任成都师范大学校长、光华大学、上海法政学院教授）、林如稷（著名作家，曾在巴黎大学修习社会经济学专业，长期任四川大学中文系教授）[5]、杨东莼（著名历史学家，北京大学毕业，历任中山大学、武汉大学教授，新中国成立后任广西大学校长、华中师范学院院长、国务院副秘书长、中央文史研究馆馆长、全国政协文史委员会副主任等）、刘诗白等。

（三）课程安排

这里有一份1937年经济学系的课表。其中，除了一些公共课及政治学和法学的课程外，专业课程有：经济学、银行货币学、会计学、会计实习、统计学、统计实习、财政学、保险学、合作、农业经济、战时经济、西洋经济史、中国财政史、统制经济、土地经济、经济思想史等。[6]

把它跟十年前国立成都大学经济学系的课表做一下比较，我们就可以看出这十年来的变化。其中，经济学、银行货币学、会计学、统计学、财政学、保险学、农业经济、西洋经济史、中国财政史、土地经济、经济思想史等，是两份课表上都有的（农业经济则属于相近的课程）；会计实习、统计实习、合作、战时经济、统制经济属于新增课程；国立成都大学经济系原有的国际金融、簿记学、商业政策、交通政策、经济地理、交易所论、中国经济史、工场管理等课程的名目都看不到了；如果跟公立四川大学经济系的课

---

① 《本年度教授阵容一般》，《校刊》第17卷第6期，1945年。

② 四川大学校史编写组：《四川大学史稿》，成都：四川大学出版社，1985年，第296页。

③ 关于何士芳的统计学研究，参看方宝璋：《民国统计思想史》，第三章第五节，北京：中央编译出版社，2010年；方宝璋、余桔云：《民国时期中国审计思想的发展阶段及其启示》，《江西财经大学学报》，2011年第1期；方宝璋主编：《民国时期审计史料汇编》，第一辑第24册，北京：国家图书馆出版社，2015年。

④ 关于邹念鲁，参看奉新县教育志编纂小组编：《奉新县教育志》，第10编，1984年；张希仁编：《江西教育人物》，第2辑，南昌：江西教育出版社，1989年。

⑤ 关于林如稷，参看张放：《植扶浅草奏沉钟——纪念林如稷先生诞辰一百周年》，《四川大学学报》（哲学社会科学版），2002年第6期。

⑥ "国立四川大学法学院经济学系课程一览表"（1937年12月），"国立四川大学档案"，第222卷。

表相比，各种政策类的课程，如商业史、商业地理、交易市场、仓库及关税等名目已不见。

通过这番对比我们可以看到，1937年经济系的课表更加简洁，更有章法，突出了主干课程，有些课程（比如工业政策、商业政策、交通政策等）被取消；有些虽然在名目上看不到，但实际上应该被归并到相关课程中去了。这一课表的一个突出特点是，增加了两门实践课（会计实习、统计实习），在已有的理论性教学之外，弥补了应用性教学的内容；此外，战时经济和统制经济两门课，主要是针对抗战时期的特色需要而设立的。不过，另一方面，原来国立成都大学、公立四川大学所设的课程中，与商业相关的内容似乎更多一些。

赵人俊来校后不久，就担任了经济学系系主任，其间，他对该系的课程体系做过一番调整。他指出："经济学向为治事之学"，具体又可分为两类，一类属于"公"的方面，一类属于"私"的方面。因此，经济人才的培养，也不离这两个方向。在"公的经济方面"，学成者要"能参预各项经济行政之工作，或经济之研究与实际所得之阅历，进而擘划国民经济建设之政策"；在"私的经济方面"，则"凡属商业性质之组织，无论其为公营或私营"，学生"悉能运用其知识，执业于某一部门，浸假而管理全局"。按照这一方针，四川大学经济系的课目被划为两大类："一为偏重于一般经济之训练所需课目，一为偏重于商业经济之训练所需课目，亦即公、私经济之分野云耳。"[1]　显然，这番设想更具条理性，办学目标也更加明确。但是，整个40年代，国内的政治局势动荡不安，人员流动频繁，这个设想执行起来难度不小，恐怕很难完全落实。

1942年，四川大学经济系开设了14门必修课、20门选修课，"完全依照部令《新颁发大学经济系必、选修课程标准》而设"，以"理论、实用兼顾"为目标。其中的专业课程，必修部分为经济学、货币学、初级会计学、经济地理、财政学、统计学、银行学、西洋经济史、中国经济史、国际贸易与金融、公债税租、经济政策、经济思想史等，选修课程为合作经济、农业经济、高等经济学、成本会计、政府会计、高级会计、比较银行、战时经济、高级统计、经济调查等。[2]

1946年的必修课包括经济学、会计学、统计学、货币银行学、西洋经济史、中国经济史、经济思想史、财政学、经济政策等，选修课包括现代经济学说、高级经济学、英文经济名著选读、土地及农业政策、商事法概论、银行会计、高级会计、地方财政、会计报告分析等。此外，各年级的各种会计学课程，每周皆须各做练习一次，由助教二人负责批改；二年级的统计学亦需每周做练习一次，由助教一人负责批改。同一年，经济系添加计算机实习，意在使"人人均能运用纯熟"。[3]　另外，档案中也有一份1947年经济学系系务会议的记录，从中可以看到其时所设置课程的一些情况，其中专业课程包括会计实习、统计实习、会计学、西洋经济史、劳工问题、货币银行学、高级统计学、统计学、西洋经济史、英文经济名著、经济政策、国际贸易与金融、新□经济政策、现

---

①　赵人俊：《经济学系之展望》，《校刊》，1939年11月11日。

②　启元：《国立四川大学经济系教学概况》，《经济季刊》，第1卷第2期，1942年2月。

③　《经济学系现况报导》，《校刊》，第18卷第3期，1946年。

代货币理论、政府会计、高级会计、银行会计、成本会计等。①

1946 和 1947 年的材料都不是完整的课表。不过，我们结合 1942 年、1947 年的这两份材料，从中仍可看出若干信息。显然，比起 1937 年的课程设置，40 年代的课程体系更加细密，比如，除了会计学外，还有政府会计、高级会计、银行会计、成本会计等；在统计学之外，又有高级统计学。这无疑代表了程度更高的专业化水平。另一方面，"英文经济名著"一课再次出现在课表上——与此相类，政治系也开设了"英语政治学名著选读"，事实上，它们都是此一时期川大校方注重外语教学的表现。② 同时，实习类的课程进一步完善，在会计实习、统计实习之外，还增加了计算机实习，可知对学生的实践技能的重视，的确体现了"理论、实用兼顾"的原则。

（四）科研活动

对一个学科来说，教学固然重要，但其水平的真正提升，仍需通过科研活动：研究是教学的源头活水；而把科研提升到教学之上，也是 19 世纪以来新的大学观念的核心观点。自张澜署理国立成都大学以来，就已经在师生中倡导研究风气。30 年代中期以后，随着大批一流学者到来，经济学、商学学科的科研活动也跃上一个新台阶。这有如下几个表现：

1. 论文著述的出版

40 年代，四川大学的学者出版了一批高质量的学术著作，比如曹茂良的《经济学大纲》、朱剑农的《土地经济学原理》、曹锡光的《农业合作原理与实务》、李天富的《农场管理学》、李景清的《统计学大纲》等。③ 事实上，这一时期可算是四川大学经济学、商学学科创始以来，学术成果最为丰富的一个时期。

2. 图书资料的建设

1935 年，时任法学院院长的徐敦璋（美国威斯康辛大学经济学学士、硕士、哲学博士，在日内瓦国际法研究院研究国际法。曾任南开大学教授，新中国成立后任教于中国政法大学。徐氏也是一位经济学家，40 年代，财政部贸易委员会曾出版他编辑的《美国与各国所缔结之互惠贸易协定》）考虑到法学院没有图书分馆，学生必须到学校图书馆借书，遂开辟法学院图书参考室，"凡关于政治、经济、法律之书籍报章杂志，均由图书馆移置该室，并续购大批图书，以供学生参考"。④ 事实上，抗战爆发之后，东部地区大学的图书、仪器损失惨重，四川大学因地理之便，一跃而成为国内各大学中图书资料条件最好的学校。川大的条件一变而为国立大学中最好的。赵人俊在研究战时国内经济状况时就感到，"自抗战以还，交通阻碍，报纸所载，支离破碎。杂志则往往出版愆期，且事实寥寥。政府机关刊物范围较前狭小，重要事实因军事关系间多隐讳。差幸在川大此项报章杂志力为搜集，参阅便利。他处则并重要刊物亦不易见。此吾人对于

---

① 《四川大学法学院经济学系系务会议记录》（1947 年 8 月 21 日），"国立四川大学档案"，第 171 卷。
② 四川大学校史编写组：《四川大学史稿》，成都：四川大学出版社，1985 年，第 297 页。
③ 四川大学校史编写组：《四川大学史稿》，成都：四川大学出版社，1985 年，第 298 页。
④ 《法学院图书室开放》，《周刊》，第 4 卷第 16 期，1935 年。

今日之川大深为欣感者也"①。

　　3. 实地调研活动的开展

　　实地调研是社会科学创造力的原动力，也是现代学术区别于传统学术的一条重要的分界线。如前所述，早在国立四川大学成立之初，"中国经济学会"就举行了一些经济调研活动，但作为一个学生社团，其活动的规模不大，也没有看到调研结果的发表，持续时间也不是很长，只能算是练兵性质。真正由官方组织的经济调研活动是从 1935 年底开始的。

　　1935 年 12 月，为使学生"明了社会实际状况，及农村经济之确情"，农学院农村经济班的学生组织了一个农村经济调查团，由教师沈嗣庄率领，前往华阳县青羊场从事实际调查。② 而事实上，这只是一个更大计划——"四川农村经济调查"的一部分。这个调查计划分为两部分："一部份是四川省会近郊的农村，就是以成、华两县为中心；一部份是四川全体的。共有一百五十二个的县单位"。其中，成都、华阳两县的调查"又可以分为两部：一部是以华阳县得胜乡为基本区域，即六合保的一千二百个农家挨户调查；一部就是以靠近盛会近郊数十里以内的农村概况调查和抽象的农家经济调查"。为了获得更详尽的资料，该计划在学生中选派了数百位"临时调查员"③，分赴江津、资中、宜宾、犍为、新都、泸县、隆昌、温江等地调查农村经济状况。为此，校长任鸿隽分别给这些县政府写了公函，作为介绍。④

　　以这两次调查为序幕，1936 年上半年，一场大规模的农村经济调查活动在四川大学展开。3 月，任鸿隽致函四川省政府，介绍法学院学生朱咸熙等人前往抄录成都、华阳、温江、新都、江安、宜宾、泸县、隆昌、资中、犍为、江津、彭县等县的人口统计及耕地面积等数据，以为进一步的农村调查做准备。⑤ 同月，法学院又派经济调查委员会干事陈家骐前往四川省政府民政、财政、建设、县政人员训练所搜集四川田赋、财政、农村经济、工商材料。但档案中收录的县政人员训练所的一封回函却表示，该单位并无此项材料。至于其他几个单位的态度，因为史料阙如，并不清楚。⑥

　　如同这些材料表面所反映的，农村经济调查活动充分发挥了学生的作用。暑假期间，经济系三年级荣县籍学生朱咸熙携带数十份农村经济调查表返乡做调查，发现"因地方闭塞，人民顽固，非借政府力量不易进行"，便写信回校，请求学校致函荣县县政府转乐德镇、过水垻二地保长，令其"极力"提供帮助。⑦ 从这些事例中，我们一方面

　　① 赵人俊：《开战后我国经济之动态》，《周刊》，第 6 卷第 32 期，1938 年 5 月 30 日，第 1~2 页。

　　② 《本校法学院农村经济调查团在青羊场举行实际调查》，《周刊》第 4 卷第 16 期，1935 年 12 月。

　　③ 《杨礼恭先生四川农村经济调查报告》，《周刊》，第 4 卷第 18 期，1936 年。

　　④ 国立四川大学："函请协助本校农村经济调查团团员调查农村状况"（1935 年 12 月），"国立四川大学档案"，第 497 卷。

　　⑤ 国立四川大学："函知派学生朱咸熙等前往洽抄成都等十二县人口统计及耕地面积，请赐指导"（1936 年 3 月），"国立四川大学档案"，第 497 卷。

　　⑥ 国立四川大学："法学院函为拟请陈家骐赴民（政）厅等处搜集四川田赋等材料，请备公函由"（1936 年 3 月），"国立四川大学档案"，第 497 卷。

　　⑦ 国立四川大学："法学院为拟朱咸熙请转函请协助调查农村经济"（1936 年 7 月），"国立四川大学档案"，第 497 卷。

可以看到农村调查所遇到的实际困难，以及师生的努力；另一方面也可以看到，这次调查在很大程度上依赖于官方途径。

而在农村经济调查团之后，还有一个级别更高的组织。1936年1月，经四川大学行政会议决定，组建经济调查筹备委员会，聘请朱显祯（法学院代院长）、曾省之（农学院院长）、杨礼恭（农学院教授）、沈嗣庄（讲师）、张宗元（法学院教授）为委员。从名单看，这个筹建中的"经济调查委员会"似乎仍是以农村经济调查为主，不过，委员会的名称也提示出，它似乎还有更大的抱负。

这一点，也可以从它和"西南社会科学调查研究处"的关系中看出。1936年5月，四川大学成立了西南社会科学研究所（不久后改名"西南社会科学调查研究处"），"以研究西南部之经济及政治社会之症结，并重精密之调查，俾于实际上有所贡献"。研究所所长由法学院院长徐敦璋兼任，并设顾问委员会，由各学院院长及秘书长组成，且"特聘国际知名之劳工问题专家、现任国立清华大学教授陈通夫博士，国际公法专家、现任武汉大学教授周鲠生博士，生物学专家、现任中国科学社生物研究所所长胡先骕氏，及社会学专家、前北平社会调查所所长陶孟和氏等为顾问委员会委员；并聘经济学专家、现任南开大学商学院院长兼经济研究所所长何廉博士为顾问委员会委员长"[1]。研究所的基本成员、目标等都和经济调查筹备委员会相似，而又有所扩充，因此，可以将其看作"经济调查委员会"计划的扩展。事实上，4月份，研究所还未正式挂牌，校务会就通过了取消经济调查筹委会的决议[2]，更可以看出二者之间的替代关系。

西南社会科学调查研究处的成立是与南开大学合作计划的一部分，该所同时聘请南开大学经济调查团的鲍觉民、叶谦吉、张锡羊、谷源田为研究专员。[3] 同时，该处和南开大学经济研究所联合组织了四川经济考察团，花费8个月的时间，对四川地区的地理概况、土地人口、农业制度、林牧垦殖、工业生产、商品贸易、交通状况、地方财政、都市商埠等情况做了全面考察。[4] 在校际合作之外，按照任鸿隽在1937年的汇报，西南社会科学调查研究处的工作还包括：川东川西米量产销情形调查、重庆批发物价指数及成都零售物价指数调查、成都手工业情形调查、地方行政及地方财政调查、农民生活情形调查等。[5]

这一时期的经济调查活动与学术研究密切地结合了起来。四川农村经济调查计划开展不久，杨礼恭教授应农学院院长曾省的邀请，根据已经搜集的资料，就省会近郊的农村概况做了一个报告，内容包括：土地面积和各类土地（水田、山地等）所占比例、农户总数及各种成分（自耕农、佃户等）的比例、租佃形态、主要农产物及食料、农村劳动力、农村教育水平（识字率）、农村交通工具和组织（以及农产品的运销问题）、农村负债情况（负债者所占人口比例、债率、担保情况）、农村灾害情况，等等。而杨礼恭

① 《本校成立西南社会科学研究所》，《周刊》，第4卷第33期，1936年。

② 国立四川大学："本校法学院社会经济调查筹委会业经校务会通过取消，自应照办"（1936年4月），"国立四川大学档案"，第497卷。不过，此份材料将委员会的名称写为"社会经济调查筹备委员会"。

③ 《本校成立西南社会科学研究所》，《周刊》，第4卷第33期，1936年。

④ 四川大学校史编写组：《四川大学史稿》，成都：四川大学出版社，1985年，第190页。

⑤ 任鸿隽：《电呈庐山蒋院长》（1937年7月2日），"国立四川大学档案"，第6卷。

在报告结尾处说的一段话，透露出这次四川农村经济调查活动的宗旨是："所谓农村调查，也不过是做改良农村的张本。换句话说：就是如医生对于病人的诊断一样，我们对于这好像肺病已到第三期似的四川农村，加一番诊断以后，究竟如何下药？就看诸位先生之如何领导，诸位同学之如何努力了。"[①] 显然，这次调查是在为农村"治病"的动机指导下进行的，实际上与当时思想界流行的"农村破产"论有关，而也正是这一点，使我们看到川大经济学、商学研究如何受到经世致用观念的影响。

1946 年 6 月，四川大学经济学系、经济研究部（详下）鉴于"我国统计事业素不发达，从事实际调查工作者尤不多见"，使"致力经济研究"的人士"往往感到资料搜集之苦。因是颇欲在此极度贫乏之学术工作中，略尽微薄之力"，遂推出一份面向全国的《经济资料》月刊，欲"将杂乱零碎之各种客观材料，略加整理与分析，以集中呈现于读者诸君之前"，使读者"对我国各种经济事实有一较明确及系统了解"，并声明只提供"客观材料"，将"主观评价"的权利交给读者。仅从创刊号来看，就包括以下内容：《苏联新五年计划纲要》《三十五年度国家总预算分析》《上海各业薪工调查》《成都市零售物价指数》《成都市市民生活费指数》《四川大学教授生活费估计》《五月份经济大事日记》。[②]

从这份目录中，我们不难看出编者视野的广阔：既有全国的情况，又有地方的情形，甚至包括国外的经济状况；而与此同时，编者又特别注重"近取诸身"，对成都市乃至川大教授经济状况的报告，为学界提供了可信的一手材料，表明该刊不只是将各地公布的材料搜集到一起，实际还包括了亲自调查获得的数据。这是一件嘉惠学林的工作，不但为当时的经济学家提供了系统的资讯，也为后来研究那一时期的中国经济史提供了难得的史料。这份杂志的创办，透露出四川大学经济学、商学学科主持者具有前瞻性的学术眼光，也使我们看到，注重实地调查，已经成为四川大学经济学、商学研究的重要导向。不过，遗憾的是，不知何故，这份刊物只出版了一期就销声匿迹了。

40 年代后期，国内政局混乱，社会动荡，经济形势尤其混乱不堪，尤其是物价飞涨，给人民的生活造成极大的恐慌。为此，行政院统计室和教育部都有按期调查各地物价的行动，而四川大学就成为这两个机构了解成都市有关资讯的主要渠道。现存档案中保留了不少由四川大学经济学系填报的有关表格，如"成都市物价调查表""成都主要生活必需品价格调查表""成都公务员生活费指数报告表""成都公务员生活必需品价格调查表""生活必需品整理表"等。有些是按月填报，有些是按旬填报，皆有专人负责，主要集中在 1948 年。[③] 这些调查当然都是应上级部门的要求而做，但是，如同我们在《经济资料》里看到的，1946 年，经济学系已经在从事"成都市零售物价指数"和"成都市市民生活费指数"的调查工作了。

---

①　《杨礼恭先生四川农村经济调查报告》，《周刊》，第 4 卷第 18 期，1936 年。

②　"本校所办的《经济资料》杂志创刊号"（1946 年 6 月），"国立四川大学档案"，第 506 卷。

③　"教育部电饬查报本年 1—3 月份当地物价调查表"（1948 年 3 月），"行政院统计室函嘱指定专人按期查填物价特制室主要生活必需品价格"（1948 年 3 月），"自本年三月份起按月编制成都市公务员生活指数报告表、生活必需品整理表、生活必需品价格调查表各三份"（1948 年 4 月），"四月份—八月份成都市公务员生活指数报告表、生活必需品价格调查表"（1948 年 12 月）等件，均在"国立四川大学档案"，第 887 卷。

4. 专业研究机构的设置

1945 年底，西南社会科学调查研究处为了"对四川经济问题作较有系统之研究"，增设经济研究部，具体由经济系负责协助。① 除此之外，抗战期间，经济系本身也设立了一个专门的研究机关，那就是"经济研究室"（具体设立时间不详，应在 1940 年迁校峨眉之后）。其成立之初，主要工作是搜集文献，"凡有关经济名著、必要参考书籍及中外经济杂志等皆分类陈列室内以供参考"，近乎一个专业图书室。不过，这只是起步阶段。按照计划，其下设五组：调查组、统计组、编辑组、研讨组、图书组。其中，调查组的工作是："1. 编制《峨眉物价调查表》；2. 举行峨（眉）山特种经济调查；3. 编制《四川各县特产调查》；4. 乐西公路经济调查；5. 其他有关经济调查之工作"。统计组的工作是："1. 编号保管；2. 整理分析；3. 制造编表；4. 其他有关经济统计之工作"。编辑组的工作是："1. 编辑《经济季刊》；2. 编制《峨眉物价指数》；3. 编译《中外经济资料》；4. 编印各种经济调查小丛书；5. 发行《大学经济丛刊》；6. 其他有关编辑之工作"。研讨组的工作是："1. 专题研究；2. 专家讲演；3. 举行座谈"。图书组的工作是："1. 图书、报纸、杂志、资料之购买、管理、流通与保存；2. 剪报及其他有关经济资料之搜集与供应"。很明显，图书文献只是其工作计划的一部分；而其更长远的计划，则是设立经济研究所。②

这个工作计划中的一部分后来的确成为事实，比如设立经济研究所（具体时间不详，应在 1942—1946 年之间），出版《经济季刊》（详下）、《中外经济资料》（应即《经济资料》）等；但也有相当一部分工作应该并没有完成，比如发行《大学经济丛刊》等。不过，无论如何，从这个相当庞大的计划中，我们不难看出其重视实地调查和资讯搜集的工作取向和力图跃居国内一流研究机构的雄心。

5. 学生科研活动的兴盛

任鸿隽把"养成研究学术之空气"视作川大"现代化"的一个重要侧面，对于"学生研究学术之团体"一向持"极端鼓励"态度。③ 在经济学、商学方面，学生参与科研活动的途径主要有三条。

一是写论文。早在 1935 年上半年，法学院的教授们为了"鼓励学生发抒志趣、练习著述"，就发起组织了一个"奖励论文会"，由院长及各教授每月至少各捐二元，汇作基金。由教师面向法学院学生公布题目，每学期征文二次，从应征论文中选出若干篇优秀论文，分为三等，予以五元至十元不等的奖金。④ 办理之后，"结果极为良好"，投稿者踊跃，极大地活跃了科研气氛。⑤

二是积极参与社会调研活动。如前所述，学生一直是学校组织的各校经济调查计划的重要参与者。除了上文讲到的，又如，1946 年，经济系为按月编制成都市物价指数，

① 《经济学系现况报导》，《校刊》，第 18 卷第 3 期，1946 年。
② 启元：《国立四川大学经济系教学概况》，《经济季刊》，第 1 卷第 2 期，1942 年 2 月。
③ 《本校成立西南社会科学研究所》，《周刊》，第 4 卷第 33 期，1936 年。
④ 《法学院继续办理奖励论文会》，《周刊》，第 4 卷第 5 期，1935 年。
⑤ 《法学院奖励论文会本期奖金揭晓》，《周刊》，第 4 卷第 32 期，1935 年。

就发动了二年级学生"分领调查本市物价（包括零售及□售价格)"。①

三是组织学术社团。任鸿隽接任校长之后，学术性的学生社团如雨后春笋般涌现出来，其中有关经济学的社团就有政治经济月刊社（后改名"政治经济学会"）、经济学会（先后有两个）、经济地理研究会、农业经济学会等。这些社团非常活跃，比如，1939年12月16日，经济学会就召开学术座谈会，邀请赵人俊教授讲演"战时经济平汇"问题。校刊对活动做了报道，并指出："现该系学生对于课外研究学术风气，极为浓厚，最近并将各种问题研究结果，特编辑经济壁报，公开讨论云。"②

6. 学术刊物的出版

由学生社团出版的学术性刊物，早在成都大学时期就已出现（经济学会的《经济科学》），可以算是川大学生社团的一个传统了。这方面一个较早的例子是1936年由法学院政治经济系学生组成的"政治经济月刊社"所出版的《政治经济月刊》，自1936年12月至1937年12月，共出2卷7期。杂志创刊时，徐敦璋曾为其写下发刊词，提出三点希望：其一，"多讨论实际的具体的抓得着的社会问题，少谈理论的空泛的抽象的东西"；其二，"多注意近水楼台的中国西南方面的问题，少作广大的普遍的政策或主义的讨论"；其三，"多登载事实的调查的数字及理性的文章，少发表感情的和主观的作品"。③ 这三点希望非常具有针对性，敏锐地指出了其时一般学生社团所办刊物的几个弊端，体现出严谨的学术态度。事实上，我们从前文的叙述中不难看出，重视具体问题、重视西南地区的问题、重视事实和调查数据这三者，正是四川大学经济学、商学学科在三四十年代的发展方向。

该刊所发表的文章，也的确没有辜负徐敦璋的期望。比如朱咸熙的《货币贬值与吾川佃农之影响》（第1卷第1期）、黄宪章的《沙衣底货物销路说述评》（第1卷第2期）、宋咸熙的《四川农村建设的金融组织问题》（第1卷第2期）、赵大昌的《整理四川屠宰税之管见》（第1卷第4、5合刊），以及蓝家纯的几篇系列文章——《四川农家人口之形态》（第1卷第3期）、《四川农家之土地关系》（第1卷第4、5合刊；第2卷第1期）等，都是针对西南地区的具体经济问题所做的实证性研究。1936年四川出现大面积旱灾，为此，编辑部将7月15日出刊的第1卷第6期确定为"川灾专号"。此外，该刊还发表了不少学生的调查报告，如第1卷第1期的《新都外北镇的土地调查》、第1卷第2期的《南川笋子调查》等。

1938年春，"政治经济月刊社"改名"政治经济学会"，一方面举办各种学术性的演讲会、辩论会，另一方面将《政治经济月刊》改组为《政经学报》。④ 该刊1938年7月1日出版第一期，直到1940年5月，共出版5期。仅从出版期数来看，似不如《政治经济月刊》，但须知这是抗战期间，出版事业本来不易，有此成绩，足以骄人。事实上，有报道指出，这份刊物的"销路甚广，颇博得社会人士好评"。⑤

---

① 《经济学系现况报导》，《校刊》，第18卷第3期，1946年。

② 《经济学会开座谈会赵人俊教授讲战时经济问题》，《校刊》，1939年12月21日。

③ 徐敦璋：《发刊词》，《政治经济月刊》创刊号，1936年12月15日。

④ 《国立四川大学政治经济学会会务记要》，《政经学报》创刊号，1938年7月1日。

⑤ 《政经学会近状》，《校刊》第8卷第4期，1940年。

1941 年，时任经济系主任的金孔章（巴黎大学法学博士，曾任金陵大学教育部经济学教授，新中国成立后任南京农学院教授）认为，校内各种学会甚多，"惟经济学会尚付阙如"（可知此前的"经济学会"已经中止，但其停止活动的具体原因和时间，现有材料不足），而"该系各年级学生人数最多，应组织一健全学会，用收集体之效"，遂发起组建"经济学会"。① 由于经济系学生众多，因此，该会会员竟达近三百人，"在全校各学术团体中，要算会员最多的一个"。② 而这个经济学会在各种经济学学术社团中，也是持续时间最久的一个。经济学会分总务、学术、出版三部。其中学术部负责讲座等工作。1946 年，该会就举办了"中国经济问题"连续讲座。③

"除在学内出壁报外，并决定出版《经济季刊》，阐扬政府经济政策，介绍中外经济学说。"④ 该刊第 1 卷第 1 期于 1941 年 11 月出版，之后一直到 1943 年 2 月，共出 3 期。须注意的是，在金孔章所写的发刊词中，特别提到该刊有四大宗旨，其中之一即是"经济调查次第发表"：

> 具体工作之重要，已为国人所感觉。益凡事徒托空言，无补实际，同人有怀及此，颇欲对于四川大学附近各区，以及雷、马、峨、屏诸地，逐渐加以经济调查。峨眉诸县特产甚多，乐西路一带之经济状况尤为国人所未悉，凡此均为同人愿推动之工作。他如物价指数之变动，农民生活之真象，在在关心。惟上所述种种工作，缘于经费之困难，举办自形不易，然本系每津贴数十元与一学生而能得一差堪人意之调查报告者实亦不乏其例，来日如能获得各方资助，利用暑假或寒假期间，师生共同出动以从事于各种经济调查，其结果必更可观。⑤

这里表达的意思，正是四川大学经济学、商学学科自 1935 年以来的发展方向。不过，该文也坦率地指出，由于经费的限制，调查工作没有达到理想效果，这当然也可以看作整个学科所面临的瓶颈。

《经济季刊》停顿后，经济学会曾准备出版一份《经济研究》月刊。据云，其创刊号在 1946 年已经编就⑥，但查遍各种文献目录，都未找到这份刊物，似乎其最终没有出版。不过，《经济资料》创刊号也是 1946 年出版的，按照计划，这也是一份月刊。那么，它是否即这份计划中的《经济研究》? 待考。

以上我们分别从人事、教学与科研等方面对 30 年代中后期到 40 年代四川大学经济学、商学学科的发展情况做了一个大致梳理，所述内容以法学院经济系为主，同时也兼顾农学院农业经济系、西南社会科学调查研究处等机构，力图较为全面地反映从教师到学生等各个层面的状况。即使从这一简单的勾勒中，我们也不难看出，这一时期是四川

---

① 《经济学会成立出版季刊正编辑中》，《校刊》，第 10 卷第 6/7 期，1941 年。
② 启元：《国立四川大学经济系教学概况》，《经济季刊》，第 1 卷第 2 期，1942 年 2 月。
③ 《经济学系现况报导》，《校刊》，第 18 卷第 3 期，1946 年。
④ 《经济学会成立出版季刊正编辑中》，《校刊》，第 10 卷第 6/7 期，1941 年。
⑤ 金孔章：《发刊词》，《经济季刊》，第 1 卷第 1 期，1941 年 11 月 15 日。
⑥ 《经济学系现况报导》，《校刊》，第 18 卷第 3 期，1946 年。

大学开始讲授经济学、商学，设置经济学、商学学科以来发展最为迅速的一个阶段；理所当然，这也是和整个学校的发展轨迹同步的，因为后者正是前者之因。

不过，相对于史料本身所提供的丰富内容，这篇导言所说的只是一个大致轮廓，更多的具体细节尚有待进一步研究去揭示。希望这本书能够给研究中国近代经济史、经济学和商学学科史的学者提供一点便利。是所愿焉。

最后要说明的是，这本史料集由王东杰、徐悦超编选。由于我们并不从事经济学、商学的专业研究，加之川大校史档案卷数庞大，一些相关内容未必都能从案卷目录中看出，因此，书中难免疏漏和错误之处，敬请方家指正。

第一部分　档　案

中西学堂

案卷 2　"为中西学堂算学馆并入四川大（高等）学堂"（1898 年—1902 年）

卷内 10　四川洋务局："给各学堂讲求时务的命令及中西学堂的通告"（1898 年 8 月 12 日）

钦命兼署四川总督部堂成都等处地方将军恭为札饬事。

光绪二十四年六月十一日准提督学院吴咨照得，近年叠奉上谕，令各省建立学堂，讲求时务。本年正月诏开经济特科，并定岁举章程，以内政、外交、理财、经武、格致、考工六门分途取士。五月初五日复奉特旨，乡会试岁科试四书文一律改试策论，以时事多艰，需才孔亟，非屏弃帖括、讲求实学，无以造成有用之□【材】①。本院按试各属，于经古一场，多以时务命题，深冀转移风气，由虚返实；而各属诸生通晓时事、贯彻中西之学者，尚属寥寥。良由风气初开，一二聪俊之士略有见闻，稍知论撰；其余则矻矻穷年，困于举业，又无人为之导其先路使然也。按部所及，为日无多，仅第高下，无缘讲肆，故欲使通省人士咸知变其习尚，争务实学，必自书院始。查川省各府厅州县书院林立，实为培植人才之地，向来但课时文试帖，或加课经解诗赋，尚无讲求时务者。省城尊经书院已添设经济加课，院中高材生颇有能博学而详说者。各府厅州县亦应次第推行。现拟大为变通，所有各书院官师月课一律改课时务策论，如"大政典"、"大沿革""中外交涉"以及"天文""舆地""兵谋""商务""制造""测算"，分门命题，不得再课时文试帖。其或该府厅州县及地方绅衿，有能另筹巨款、新开学堂者，速即筹款定章，禀报兴办。其大要有二：一曰访延名师。必须人品学问士林推服，或熟于朝章国故，或明于天算格致；本地无人，即访求外省有声望者来主讲席。不得瞻徇情面，或致名实不符。旧时山长如能胜任者，自可仍旧；其或谦让未遑，必以造就人才为重，不肯自贻素食之讥。其平日但支修金，从不到院者，尤宜辞退另延，以归核实。其向由学官兼掌者，亦应量其能否，以定去留。本院所访闻堪胜此席者，有现署松潘厅教授廖平、灌县学训导吴之英、射洪县贡生刘光谟、威远县举人黄英、重庆府学增生彭致君、达县附生吴煦昌，或洞明经术、留心时事，或深通算学、能读西书。可各就相近地方延聘主讲，其有通知洋文、堪以教习泰西语言文字者，则另设一席，以导译读西人图书之先路。山长、教习总以常川住院，督课勤密为主，方可渐收实效。一曰购置图籍。各书院有书者，亟应筹巨款购备各种图书，俾来学之士有所观览。诸生寒士居多，有志

---

① 文中"【】"表示：1. 对史料内容的注解；2. 对史料中错别字的更正；3. 对史料中漏字的补充。具体情况依文意而定。

向学，无力购书，最可悯念。书籍首二十四史、《资治通鉴》、《通鉴纲目》、"三通"、"续三通"、"皇朝三通"、《大清会典》诸巨帙，次国朝人编辑掌故各书及名臣奏议、文集，次天文、算学各书，次上海、天津、广东译印西书，门类名目繁多，只宜择要先购。图则首重舆地。以近日湖南所出东洋铜版印成者为最详，上海旧时石印各地图亦须备览。购齐之后，存储书院。仿照尊经书院章程，专设收掌书籍一人，妥为经理。如经费充足，更须购买仪器，以为习天算者考镜之资。以上二事，实为先务，各州县地方情形不同，规模自难一律，府城书院必宜加意扩充。今日蓬州方牧旭筹设崇实学堂章程甚善，前经禀请立案，本院深加奖许。各府厅州县拟议章程，如一时未有程式，可咨取蓬州学堂章程，仿照办理。其一切考课膏奖章程，筹议妥善，通详立案，以垂久远。总期实力奉行，毋得因循粉饰。蜀中不乏可造之才，地方尽有可筹之款。如一州县中赛会、演剧诸浮费应行禁止者，悉劝谕改归学堂正用，化无益为有益，其功最巨，其效至宏；不宜狃于习俗，听任虚糜也。本院世受国恩，心伤时事，早作夜思，惟冀兴起蜀才，上副朝廷崇尚实学之意。该府厅州深明治本，注意人才，育贤匡世，与有责焉。除札饬府厅州转饬所属，一律遵照办理外，相应咨明，请烦查照，加札饬办施行等由。准此，除行藩司通饬遵办外，合就札行。为此札仰该局，即便查照，并行中西学堂知照。此札。

　　右札

洋务局

　　准此

光绪二十四年六月廿五日

四川省城高等学堂

案卷 6 "四川按察使司移知开办实业学堂及添招师范生的来往公文"（1904 年 5 月—1905 年 5 月）

卷内 3 四川高等学堂："为开办实业学堂请学务处转总督部堂的报告"（1904 年 10 月 1 日）

学务文稿一件：

移请学务处转详督部堂，请在省城开办实业学堂一案由

总理胡八月廿二日判行、八月廿二日签发 总理胡（全衔）为移商事。

光绪三十年五月十七日准督部堂照会，送到《奏定学堂章程》一部，内载各项学堂后，兼及实业农工商学堂，办法至为详备，循环纽绎，仰见朝廷于振兴学校之中，曲尽教育普及之义，而实业一门，尤得富强要领。诚如学务大臣原奏，所谓"有百益而无一弊者"。

敝总理伏维今日环球七十余国，其能高树国旗、碻视海上者，关系学界之竞争，尤注重实业之发达。国家自庚子以来，日以兴学训属国人，今兹修改章程，特鉴及此，此中外臣民之幸福，而深望贵总理之鼓舞而提倡之者也。川省地大物博，号为"陆海"。发其山泽之藏，浚其人民之智，宜足抵制外来，角巧欧美。乃农事则绌于力，工艺则拘于墟，商务则有输入而无输出。千金盈橐，大盗觊觎。目前外人之争商埠、争藏卫者，所争以此；外人之要铁路、要矿权者，所要以此。为今之计，欲亟筹抵制之术，则惟有赶兴实业学堂之一法。实业发达，其益有三：无游民也，消隐患也，免利权也。蜀中据扬子江上游，轮廓五千里，生齿七千万，我不自治，人将生心，迩来现象，危机已露。但溥通与实业二者，办法截然不同：溥通学堂，在立国民教育之基础，故宜多设初等小学堂，使由阶级而升，然后智识开通，教不躐等。若实业、农、工、商学堂，则全在讲新法、研新理、购新器，非多聘教习不能完全；其教育责之州县提倡，万难办到。

敝总理恭读新章实业高等学堂之入学资序章内，载有实业教员讲习所专以已毕业初级师范学堂及中等实业学堂者考选入学之条，又有高等实业学生即由中学堂卒业者选补之条。至第五节云"凡各实业学堂开办时，如尚无毕业中小学堂之合格学生可资选录，准酌量考选入学等"等语，在政府推广教科，注重国本，特于原订章程外，补入"实业"一门。而于考选学生，并不限阶，以资学级。盖深鉴夫国计民生，疲困已极，非在上之合炉一冶，断不能收效于将来。昨阅邸抄，商部实业学堂早经开办，直省如南北洋闻亦先后建设，并树风声。蜀僻在西陲，耳目最陋，所有农、工、商各业，故步自封，讫无进境，此原奏所以太息于中国实业教育之不讲，而盛推此种学堂为富国裕民之本

计，最为无弊者也。顷接晤忠州训道导张森楷，亦面称所办合州公社一区，去年蒙管学大臣准其作为民立实业中学堂，目前肄业将次卒业，专候考选升补。据是以观，京师实业学堂既有待于直省之升送，合州职业学堂又专盼省城之升补，是四川高等实业学堂尤不能不克日开办之明证。

敝总理窃维兴学育才为今日当务之急，非溥通无以开民智，非实业无以阜民财。贵总理主持全学，凡可为蜀士计者，无不整齐而利导之。目前学堂一经发明，便成美术，况实业关系本根，尤为重大。如蒙查照新章，于省城特设高等实业学堂一所，即令各州县选送及格学生，酌量贴补学费，造成各种教员，异特回籍，互相教导，似较选派学生出洋、专习实业者，收效尤为迅捷。

敝总理亦蜀中部民之一，既有咫见，不敢自封，是否可行，理合备文移请商政转详饬办施行，须至移者

右移

钦命二品顶戴总理通省学务处按察使司　冯

光绪三十年八月廿二日

案卷 54　"1907 年本堂各科考试题目"（1904 年 6 月—1907 年 6 月）

卷内 1　四川省城高等学堂："第一学期试验题册"（1904 年 6 月 19 日）

"五月二十一日试验"之"外地（十点至十二点四班均考　和田教习）"中有：

"（五）与俄国通商之国，以何国为最？且中国运往之货物如何？"

卷内 3　四川省城高等学堂："第二学年第一学期试验学生各科题目清册"（无具体日期）

"（六）五口通商始自何时？陆路通商有几？何地通行？航路者有若干？公司以何公司最占优胜？"

案卷 55　"1907 年本学堂各科考试题目（一）"（1907 年 7 月）

卷内 1　四川省城高等学堂："第四年第一学期考试学生各科题目清册"（1907 年 7 月 19 日）

"中地题（七点至九点　试验　普通己班　龚教习）"中有：

"（4）烟台条约订于何时？共开商埠几何？"

案卷 56　"1907 年本学堂各科考试题目（二）"（1907 年 7 月—1908 年 5 月）

卷内 1　四川省城高等学堂："第四年第二学期考试学生各科题目清册"（1908 年 5 月 11 日）

"中地题（八点至十点　学期试验　普通丁班　龚教习）"中有：

"（一）中国前汉时已丝绸输入欧洲于何证之？（二）南京条约所开何埠？因何事结约？"

"中地题（八点至十点　毕业试验　普通丁班　龚教习）"中有：

"（一）中国磁器见称于世界，试举历代最著名者。（二）中国机器局造船厂所在之地？"

"中地题（八点至十点 试验 普通戊班 龚教习）"中有：

"（一）【中国】海关税与厘金税之类别。"

"中地题（八点至十点 试验 普通己班 龚教习）"中有：

"（一）烟台条约所开何埠？因何事结约？"

案卷 59 "1908—1911 年本堂各科考试题目（三）"（1908 年 7 月—1911 年 1 月）

卷内 1 四川省城高等学堂：宣统元年第二学期考试各科题目清册（1909 年 6 月 26 日）

理财题（试验 一类一、二班 陈教习）：
论议会与国家财政之关系。

案卷 60 "1908—1911 年本堂各科考试题目（四）"（1908 年 7 月—1911 年 1 月）

卷内 1 四川省城高等学堂："宣统二年第二学期考试各科题目清册"（1910 年 8 月 29 日）

理财学题（学期试验 一类二班 陈教习）：
（一）国家经费不宜过大亦不宜过减，其理由如何？（二）何谓"特别会计"？
理财学题（学期试验 一类三班 陈教习）：
（一）不增加生产费而能增加数量之财货盖？举例以说明之。（二）何谓"跛行本位制"？

案卷 63 "本堂普通班各科考试题目（一）"（1907 年 3 月）
卷内 1 四川省城高等学堂："普通甲班六学期考试各科题目"（1907 年 3 月）
"考试外地题"中有：
"与俄国通商之国，以何国为最？且中国运往之货物如何？"
"考试经济题"中有：
"（一）以经济学喻医学之说。（二）自然之关生产三小要素若何？"

案卷 65 "1909 年本堂各科考试题目（一）"（1909 年 6 月）
卷内 1 四川省城高等学堂："第三年第一学期考试学生各科题目清册"（1909 年 6 月）
"外史题（六点至八点 试验 普通丙一班、丙二班 和教习）"中有：
"（二）记腓尼基通商之地方。"
"外史题（六点至八点 试验 普通戊班、己班 和教习）"中有：

"（三）何为产业史？"

"经济题（八点至十点　试验　优级理科师范）"中有：

"（一）经济学之兴起何故如此迟缓？若欲其现象发达者如何而后可？（二）经济学与艺学之别。"

"经济题（八点至十点　试验　普通甲班、乙班）"中有：

"以经济学喻医学之说。（二）自然之关生产三小要素若何？"

"经济题（八点至十点　试验　普通丙一班、丙二班）"中有：

"（一）经济学之兴起何故如此迟缓？若欲其现象发达者如何而后可？（二）经济学与法律学之关系如何？"

"中地题（五月二十二六点至八点　试验　优级理科师范普通甲班　龚教习）"中有：

"（一）中国旧工艺以何者著名？其输入欧西，何二物最早？（二）叙述葡人初借澳门及五口通商二事原始。（三）中国自开商埠始于何时？所开为几埠？继复自开者何地？（四）中国已成铁道凡几路？其路名为何？内由中国人自为组织者何路？"

"中地题（六点至八点　试验　普通乙班　龚教习）"中有：

"（一）叙述葡人初借澳门及五口通商二事原始。（二）中国自开商埠始于何时？所开为几埠？继复自开者何地？（三）中国已成铁道凡几路？其路名为何？内由中国人自为组织者何路？"

"中地题（六点至八点　试验　普通丙一班、丙二班　龚教习）"中有：

"（一）叙述葡人初借澳门及五口通商二事原始。（二）中国自开商埠始于何时？所开为几埠？继复自开者何地？"

案卷 66　"1909 年本堂各科考试题目"（1909 年 6 月）

卷内 1　四川省城高等学堂："第三年第二学期考试学生各科题目清册"（1909 年 12 月）

"法制经济题（八点至十点　试验　普通甲班、乙班　口野教习）"中有：

"（一）问助长行政之目的及其种类。（二）可说明精神的动作之自由。"

"（一）问グレシヤム（Gresham）法则。（二）可列举分业之利益。"

"中地题（十一月二十八日十点至十二点　试验　优级理科师范　龚教习）"中有：

"（一）中国已成铁道共有几路？并详其主办者何国？（二）海关税与盐税各有几类？试条举之。……（四）外埠航路东至日、韩、俄三国境有若干埠？其埠各名为何？"

案卷 87　"本堂优级师范班学生毕业试题及毕业生所任职务表"（1908 年 12 月—1911 年 2 月）

卷内 6　四川省城高等学堂："优级师范全学级每周课程时间表册"（1908 年 3 月）

四川省城高等学堂：优级师范全学级每周课程时间表册

优级师范全学级每周课程时间表								
学年	第一学年公共科		第二学年分类科		第三学年分类科		第四学年分类科	
学期	第一学期	第二学期	第一学期	第二学期	第一学期	第二学期	第一学期	第二学期
课目								
经学大义	二	二	六	六	五	五	四	四
人伦道德	一	一	二	二	二	二	二	二
教育	十	五	一	二	二	三		
心理	二	一	一					
中国文学	三	三	一	一	一	一	一	一
中史	二							
中地	二							
外史	一	一						
外地	一	一						
外国语		英文十二	英东【英文、东文（日文）】二四	英东二四	英东二二	英文四	英文四	英文二
代数	三	三	三	三	二	二		
几何	三	三	三	三	二			
三角					二	二		
立体几何					二	二		
解析几何							四	五
微积分							四	五
法制经济					一			
博物			一	一	一	一		
物理			五	五	六	六	七	七
化学	三	二	四	四	五	五	五	三
图书								二
体操	三	三	三	二	二	二	二	二
合计	三十六	三十九	三十九	三十九	三十九	三十九	三十六	三十六

光绪三十四年二月

案卷 89 "选报正科一类、二类及一、二部各班学生名册（2）"（1909 年 2 月—1911 年 4 月）

卷内 1 四川省城高等学堂："本堂正科一类二班毕业考试题目册"（1911 年 1 月 26 日）

理财学题　毕业试验一类二班

（一）试述租税公正之原则。

（二）租税须具有屈伸力其义云何。

【编者按：“四川高等学堂毕业考试题目清册”，考试题有“人伦道德题”“经学大义题”“国文题”“政治地理”“历史题”“理财学题”“法学题”“心理及办学题”“兵学题”。宣统二年十二月十六日】

卷内 10　四川省城高等学堂：“本堂一类三班、二类二班采用图书及编辑讲义一览表”（节略，无具体时间）

采用图书及编辑讲义一览表　一类三班		
学科	书目	教员
理财学	李译经济学	陈崇基

【未完】

案卷 185　本堂图书、仪器清册（1918 年 8 月）

卷内 1　四川省城高等学堂：本堂新学各图书目表册（1905 年 9 月 21 日）

四川省城高等学堂新学各图书目表册

高等学堂新学各图书目表【节略】

哲理部【略】		
伦理部【略】		
政治法律部【仅留与经济、商业相关者，余略】		
名目	部数	册数
通商成案类编	二	共二十四
通商始末记	一	六
各国约章	一	四
辛丑各国和约文件、壬寅中英商约税则汇录	二	共二
华英文件指南	十	共十
历史部【略】		
群学部【略】		
理财学部		
名目	部数	册数
经济学大意	二十	共二十

欧洲财政史	二十	共二十
光绪会计表	一	四
生利分利表	二	共二
中外交涉类要表	五	共十
光绪通商综核表		
国政贸易相关书	一	二
富国养民策	一	二
中国商务志	一	一
财政四纲	一	四
日本印纸税法	一	一
富国策	二	共六
续富国策	一	四
富国自强略论	一	一
列国岁计政要	二	共十二
税则简要	一	二
出洋通商举隅	一	一
光绪二十七年通商各关华洋贸易总册	一	一
万国商业志	一	一
万国商业地理志	一	一
中国财政纪略	一	一
中国度支考	一	一
文字语言部【略】		
教育部【略】		
卫生部【略】		
地理部【略】		
算学部【略】		
理化部【略】		
医学部【略】		
兵学部【略】		
外国文科学部【仅留与经济、商业相关者，余略】		
英文富国策	一	一
杂著部【仅留与经济、商业相关者，余略】		
工程致富论略	一	八

中西度量权衡表	一	一
四川省出产行销货物表	一	一
地图部【略】		
标本金石图画部【略】		

光绪三十一年八月二十三日

案卷 190 "本堂筹备改为大学的书籍清册（二）"（1919 年 3 月）

卷内 1 四川省城高等学堂："清理前四川高等学堂书籍书目清册"之"理财学部"（无具体时间）

【节略】

理财学部

名目	清理部数	清理册数
经济学大意	十九	共十九
财政四纲	一	四
欧洲财政史	二十	共二十
生利、分利之别	一	一
国政贸易相关书	一	二
富国养民策	一	二
富国策	一	三
续富国策	一	四
富国自强略论	一	一
中国财政纪略	一	一
中国度支考	一	一
列国岁计政要	二	共十二
税则简要	二	共二
日本印纸税法	一	一
中国商务志	一	一
出洋通商举隅	一	一
万国商业志	二	共二
万国商业地理志	一	一
中外交涉类要表光绪通商综核	六	共十二
光绪会计表	一	四

名目	清理部数	清理册数
光绪二十七年通商各关华洋贸易总册	一	一
光绪财政通纂	一	二十
养民有法	一	一
税敛要例	一	一
富国真理	一	二
富国策	一	一
足民策	一	一
经济学教科书	一	一
经济学原论	一	一
经济学总论（以下和文【日文】）	一	一
簿记及商事经营学	一	一
法制经济学大意	一	一
纯正经济学讲义	一	一
法制经济要论	一	一
支那经济全书	一	十二
商品学	一	一
商业簿记全书	一	一
商用簿记	一	一
商用簿记学	一	一
本邦通商条约论	一	一
清国商业综览	一	四
支那贸易	一	一
简易商业簿记教科书	一	一
商业簿记独习书	一	一
商业簿记小教科书	一	一
银行簿记教科书	一	一
银行簿记法	一	一
实践银行簿记法	一	一
最新银行簿记	一	一
银行簿记详解	一	一
普通簿记教科书	一	一
最新商业簿记教科书	一	一

名目	清理部数	清理册数
家计簿记	一	一
最新式记帐法	一	一
致富要诀	一	一
通俗农艺文库（以上和文【日文】）	一	十一
英文国家财政学	一	一
法文经济论	一	二
法文经济学	一	一

四川通省师范学堂

案卷 3　“本堂教职员名册”（1908 年 2 月—1913 年 12 月）
卷内 5　通省师范学堂：“教员姓名底册”（1909 年 4 月）
“（四川）通省师范学堂监督、教习姓名、籍贯、月修数目”中有：
法制、经济教习：黄赞元　字镜人　湖南人　候选县丞　修银三十两

成都高等师范学校

案卷 40　"本校教职员履历一览表和部分学生名册"（1918 年 10 月—1923 年 2 月）

卷内 6　成都高等师范学校："成都高等师范学校教员一览表"【节略】（1921 年 12 月）

姓名	籍贯	履历	担任学科	每周授课时数	薪俸数目	到校年月	备考
洪楷	成都	日本东京高等商业学校毕业	经济学	二	二〇〇〇〇	十年九月	

四川公立法政专门学校

案卷 6 "本校添设研究科及其章程"（1922 年 2 月至 1923 年 3 月）
卷内 1 四川公立法政学校："呈请备查本校拟设研究科规程的文及细则"（1922 年 2 月 22 日）

【编者按："四川公立法政专门学校拟设研究科详细规程"中设有"政治研究科""政治经济研究科"与"经济研究科"。】

政治研究科：

科目一	二	三	四	五
宪法	行政法	政治学	国家学	财政学

经济研究科：

科目一	二	三	四	五
经济学原理	货币学	银行学	财政学	簿记学

政治经济研究科：

科目一	二	三	四	五
宪法	政治学	货币学	银行学	财政学

各研究科每学期研究门类至少以两门为限。

卷内 8 校长颜："关于转呈四川公立法校经济本科班应界（届）毕业历年成绩表的详请"（1916 年 5 月）

四川法政学堂校稿一件详请转咨本校经济本科应予毕业历年成绩表一案由

民国五年三月廿九日签发　洪宪元年三月廿四日判行

校长颜　三月廿九日

四川公立法政专门学校为详请转报事：

查前奉教育部令开，各省学校办理毕业须三个月前将当行毕业各生在校学年成绩报部核准，令知后再行办理等因。奉此，兹查本校经济本科一班学生已届第三学年第三学期，所有应授各科预计至本年七月可以授毕。兹先将该班学生姓名、籍贯及历年科学成绩，遵照部令，造具表册各二份，理合具文，详请钧署分别存查，转咨教育部查核办理，实为公便。再查"彭鑫"一名，原系本校政治本科一班学生，已修业七学期，去年上学期该生因为旷课，自愿降入经济本科，随同毕业，所有应补学科俱已补授完全，合并声明。

谨详

四川巡按使陈

计呈成绩表册十二本。

四川公立法政专门学校

洪宪元年三月廿二日

卷内 12　校长颜："关于经济本科别科己二班学生毕业试验科学日期表的牌示"（1916 年 5 月）

四川法政学校稿一件牌示经济本科、别科己二班学生毕业试验科学日期一案由

五月十三日签发　五月十三日判行

校长颜　五月十三日

四川公立法政专门学校示照：

得本校经济本科一班暨法律别科己二班两班学生本学期已届毕业，照章应举行毕业试验。兹将试验科目日期分别列表宣示，仰该两班学生等遵照准，于是日一律来校听候试验，勿得违延自误。切切此示。

考试科目日期表列左：

班次	科目	日期	时间
经济本科	英文经济原理	五月二十九日	午前九时起至十二时止
别科己二班	民事诉讼法	五月二十九日	午前九时起至十二时止
经济本科	交易市场法	五月三十日	午前九时起至十二时止
别科己二班	公文程式	五月三十日	午前九时起至十二时止
经济本科	商法论商	五月三十一日	午前九时起至十二时止
别科己二班	继承法	五月三十一日	午前九时起至十二时止
经济本科	交通政策	六月一日	午前九时起至十二时止
别科己二班	强制执行律	六月一日	午前九时起至十二时止
经济本科	预算论	六月二日	午前九时起至十二时止
别科己二班	破产法	六月二日	午前九时起至十二时止
经济本科	公债论公文程式	六月三日	午前八时起至十二时止
别科己二班	商法手形法	六月三日	午前九时起至十二时止

中华民国五年五月

卷内 13　校长颜："关于派员选试四川公立法校经济本科、别己二班毕业试验的呈【件】"（1916 年 5 月）

四川法政学校稿一件详请派员选试本校经济本科、别科己二班毕业试验一案由

五月十三日判行　五月十五日签发

校长颜　行　五月十三日

四川公立法政专门学校为详请事：

案查本校经济本科一班暨法律别科己二班两班学生本学期已届毕业，应予举行毕业试验。照章应由钧署委员选试一科。兹特定期分别试验，理合将试验各科期间列表，详请钧署届期委员莅校选试，以昭慎重。

谨详

四川巡按使黄

附呈试验班次科目日期表一件。

四川公立法政专门学校

班次	科目	日期	时间
经济本科	英文经济原理	五月二十九日	午前九时起至十二时止
别科己二班	民事诉讼法	五月二十九日	午前九时起至十二时止
经济本科	交易市场法	五月三十日	午前九时起至十二时止
别科己二班	公文程式	五月三十日	午前九时起至十二时止
经济本科	商法论商	五月三十一日	午前九时起至十二时止
别科己二班	继承法	五月三十一日	午前九时起至十二时止
经济本科	交通政策	六月一日	午前九时起至十二时止
别科己二班	强制执行律	六月一日	午前九时起至十二时止
经济本科	预算论	六月二日	午前九时起至十二时止
别科己二班	破产法	六月二日	午前九时起至十二时止
经济本科	公债论公文程式	六月三日	午前八时起至十二时止
别科己二班	商法手形法	六月三日	午前九时起至十二时止

中华民国五年五月

卷内18　校长颜："关于经济本科、别科己二班毕业生照章缴纳印花税费的牌示"（1916年6月）

四川法政学校稿一件牌示经济本科、别科己二班两班毕业各生照章缴纳印花税费一案由

六月八日判行　六月八日签发

校长颜　六月八日

四川公立法政专门学校示：

查学校毕业证书照章应贴印花，为能验印。前已于毕业各班均经照籍在案。兹查经济本科、别科己二班两班毕业证书亦应照办。仰两班毕业各生遵即照章先行缴纳印花税费实银五角，交稽查处汇收，并给予收据，将来即以收据换领证书，藉省手续而便办理。该生等幸勿违延，自误此示。

中华民国五年六月

卷内 19　四川都督陈宧："四川都督府关于四川公立法校详报经济本科一班学生应行毕业表册请予核转的批令"（1916 年 7 月）

饬

民国五年六月七日到

四川都督府为饬知事：

案查接管卷内，前据该校详报，经济本科一班学生应行毕业表册请予核转一案当经前巡按使转咨教育部覆开，查该班学生于民国元年七月入校，扣至本年七月，修书期满，核阅名册，尚属相符，应准届时考试毕业。相应咨覆贵署查照饬遵此咨等由，合亟饬仰该校，即便知照此饬。

中华民国五年六月

卷内 21　校长颜："四川公立法校关于另印经济本科证书并缴销前发误填证书的详请"（1916 年 9 月）

四川法政学校稿一件详请另印经济本科证书并缴销前发误填证书由

九月十四日判行　九月十六日签发

校长颜　九月十四日

四川公立法政专门学校为详请事案：

查本校前详经济本科一班学生毕业证书，兹于九月十二日奉钧署验印发还。本校覆行查阅，始悉填写错误，当即严加澈究，实因此次证书系与法律别科己二班毕业证书同时填造，该书记一时疏忽，误将两班证书均填"法律别科"字样，而核对时又专注意于姓名、年岁、籍贯，并未检查科目，以致全班俱错。兹特将该误填证书六十二张缴销，另行照式填造，粘贴印花。理合详请钧署察核，钤印发还，以便转给承领，实为公便。谨详四川省长罗，计造经济本科一班毕业毕业证书六十二张，并缴销误填证书六十二张。

四川公里法政专门学校

中华民国五年九月

卷内 22　四川省长公署："四川省长公署关于公立法政（学校）详请另印经济本科证书并缴销前发误填证书的批示"（1916 年 9 月）

法政专校详请填写错误证书并缴销请另行印发一案由

民国五年九月廿八日到

四川省长公署批：

既授相称前请印证书科目填写错误，应准缴销，并将贴具印花、另行呈验之证书随批印发，仰即承领。转给此批。

九月廿二日

省字号

法政专门学校

卷内 23　校长颜："关于经济本科、别科己二班毕业各生即到稽查处领取证件的牌示"（1916 年 9 月）

四川法政学校稿一件牌示经济本科、别科己二班毕业各生即到稽察【查】处领取证书由

九月廿九日判行　九月卅日签发

校长颜　九月廿九日

四川公立法政专门学校示照：

得本校经济本科、别科己二班毕业证书前经送情省公署查验、盖印，现已发还，合行示仰该两班毕业学生知照，即列本校稽察【查】处领取可也。此示。

中华民国五年九月

卷内 24　校长颜："关于钤印四川公立法校经济本科毕业证书的详请"（1916 年 8 月）

四川法政学校校稿一件详请钤印本校经济本科毕业证书一案由

八月十九日判行　九月四日签发

校长颜　八月十九日

四川公立法政专门学校为详请事：

案查本校经济本科一班学生应行毕业一案，前于本年六月七日奉钧署饬开，准教育部覆开，查该班学生于民国元年七月入校，扣至本年七月修业期满，核阅名册，尚属相符，应准届时考试毕业。相应仰该校即便知照等因。奉此，本校遵即将经济一班学生照章试验，并详请委员莅校选试。兹将各生毕业证书按名填选完竣，并照章遵贴印花，理合详请钧署察核钤印发还，以便转给承领，实为公便。

谨详

四川省长罗

计送呈经济一班毕业证书六十二张。

四川公立法政专门学校

卷内 25　四川省长公署："关于四川公立法校详请钤印经济一班毕业证书的批"（1916 年 10 月）

公立法政专门学校详赍经济一班毕业证书请予钤印一案由

民国五年九月十三日

四川省长公署批：

详暨证书均悉准予钤印，随批发还，仰即承领转给此批。

九月九日

国立成都师范大学

案卷2　"本校 1927—1930 年概览"（1927—1930 年）

卷内 1　国立成都师范大学："国立成都师范大学调查表"（1927 年 5 月）

本校一九二七年度一览表

中华教育文化基金董事会《学校调查表》十六年五月【节略】

十九图书

（甲）中文书册数：七四三三册

（乙）西文书册数：四二四册

（丙）专门书册数（左列书籍依学校性质填写，如工科大学须填"工程学书册数"而不必填"农学书册数"）：

···········

（十）商学书　六

（十一）经济学书　三一

卷内 9　国立成都师范大学："函教育部准附中校函送管、教员暨新班、降班、插班学生表及转学证等一由"（1929 年）

国立成都师范大学附属中学校教员一览表【节略】
中华民国十八年五月制

姓名	籍贯	履历	担任学科	每周授课时数	薪俸数目	到校年月	备考
杨抡三	资阳	国立北平法政大学政治经济系毕业	社会学经济学	八三	十二元	十八年二月	教授第十三班、十四班经济各二钟，又十五班、十六班社会各二钟

国立成都大学

案卷1　"国立成都大学一览"（1929 年）
卷内1　国立成都大学："国立成都大学一览"（1929 年 9 月）

"组织大纲"【节略】

第二章　学则

第三条　本大学设本科及预科、体育专修科，本科暂分文、理、法三科，预科分文、理两科。本科设系如左：

一　文科暂分四系

1. 中国文学系
2. 英文学系
3. 教育心理学系
4. 历史学系

二　理科暂分四系

1. 数学系
2. 物理学系
3. 化学系
4. 生物学系

三　法科暂分三系

1. 政治学系
2. 法律学系
3. 经济学系

第四条　本科课程用学科制，在学四年以上，满规定课程者，准予毕业。

第五条　预科用学年制，修业年限二年或三年。

第六条　本大学得设研究院及专门部，其规程另定。

法科通则

第一章　总纲

第一条　法科设法律学、政治学、经济学三系。

第二条　法科置学长一人，由法科教授互选，校长聘任之，任期一年，但得连任。

第三条　法科各学系各设主任一人，由各该系教授互选，校长聘任之，任期一年，但得连任。

第四条　学长规划法科教务事宜，并商承校长聘任法科教授、副教授、助教、讲师。

第五条　各学系主任规划各系之教务事宜，代表各该系出席全校校务会议、教务会议、法科教授会议、主任会议，并协同学长商承校长聘任各该系教授、副教授、助教、讲师。

第二章　会议

第六条　依本大学组织大纲第四章第二十三条之规定，法科设科教授会议、系教授会议及主任会议。

第七条　法科教授会议由学长、各系主任及全体教授组织之，以学长为主席，其讨论事项如左：

一　审定法科之课程。

二　审定法科之预算。

三　审定法科毕业生之成绩。

四　审定学系之增设或废止。

五　其他关于法科之事项。

第八条　系教授会议由各该系主任及教授组织之，以系主任为主席，其讨论事项如左：

一　编定该系之课程。

二　编定该系之预算。

三　其他关于该系之重要事项。

第九条　主任会议由学长及各系主任组织之，以学长为主席，处理法科教务事。

…………

第五章　试验及成绩

第二六条　法科课程用学科制，于每学年之末或每学科完毕时举行试验一次。

第二七条　试验由法科考试委员会执行之。

第二八条　学生对于每种学科缺席超过该学科授课时间三分之一者不准与该学科之试验。

第二九条　试验成绩及格与不及格二种统由考试委员会汇交注册部，再经学长签字证明，于次学年之始由各学系主任向学生宣布，凡不及格之学科于下届试验该学科时须重试之。

第六章　毕业

第三十条　在学四年以上，习完法科一学系所规定必修学科之全部及选修学科五科以上，且经试验及格者，由学校给与毕业证书。

第七章　法科课程

第三一条　法科各系修学期间定为四年，每年分二学期，九月至一月为第一学期，二月至六月为第二学期。

第三二条　法科课程分必修科与选修科两种。

第三三条　凡分数部教授之学科，每一部为一科。

各系课程

政治学系课程

必修科目

第一学年	每周时数
宪法	四
民法第一部　总则	四
刑法　总则	四
政治学第一部　国语	三
经济学	五
政法史	三

第二学年	每周时数
刑法第二部　分则	二
民法第二部　物权	三
政治学第二部　外国语	三
行政法第一部	四
外交史	三
国际公法第一部　平时	三

第三学年

民法第三部　债权	五
行政法第二部	四
国际公法第二部　战时	四
经济政策	四
财政学第一部	三

第四学年

民法第四部　相续法　继承法	四
政治学史	四
财政学第二部	四
经济政策及社会政策	

选修科目

第一学年	每周时数
统计学	三
社会学	二
哲学	二
第二学年	每周时数
商法第一部　总则　商行为法	四
货币及银行论	四
市政论	三
第三学年	每周时数
商法第二部　票据法　公司法　海商法	五
社会主义之理论及其系统	三
中国法制史	三
第四学年	每周时数
国际私法	三
现代政治	三
刑事政策	二
地方自治	三
演习	二

法律学系课程

必修科目

第一学年	每周时数
民法第一部　总则	四
宪法	四
刑法第一部　总则	四
行政法第一部	四
外国法第一部	二

第二学年	每周时数
民法第二部	三
刑法第二部　分则	二
商法第一部　总则　商行为法	四
刑事诉讼法	四
法院编制法	二
外国法第二部	四
第三学年	每周时数
民法第三部　债权	五
民事诉讼法第一部	四
外国法第三部	二
商法第三部　票据法　公司法　海商法	五
破产法	二
第四学年	每周时数
民法第四部　亲族法　继承法	四
外国法四部	二
民事诉讼法第二部	二
强制执行法	二
监狱法	二

选修科目	
第一学年	每周时数
经济学	五
哲学	二
第二学年	每周时数
罗马法	三
国际公法　平时	三
第三学年	每周时数
国际公法　战时	三

违警罚法	二
中国法制史	二
演习	三
第四学年	每周时数
比较法制史	三
法律哲学	三
政治学	三
刑事政策	三
演习	二

经济学系课程

必修科目

第一学年	每周时数
经济学	五
统计学	三
西洋经济史	三
民法第一部　总则	四
外国语经济学选读　第一部	二
宪法	四
第二学年	每周时数
民法第二部　物权	四
会计学	三
保险学	三
货币及银行论	四
外国语经济学选读　第三部	二
国际金融论	三
簿记学	三
第三学年	每周时数
民法第三部　债权	五

农业政策及商业政策	四
商法第一部　总则　商行为法	四
经济学史	四
财政学第一部	四
第四学年	每周时数
财政学第二部	四
商法第二部　票据法　公司法　海商法	五
社会主义之理论及其系统	三
交通政策及殖民政策	四
选修科目	
第一学年	每周时数
社会学	二
哲学	二
经济地理	二
第二学年	每周时数
政治学	三
刑法	四
第三学年	每周时数
行政法要论	三
国际公法要论	三
交易所论	三
第四学年	每周时数
市政论	三
中国经济史	三
中国财政史	三
劳动法及工场管理	三
演习	二

"本校职员一览表"【节略】

职别	姓名	字	籍贯	履历
文、法科学长	吴永权	君毅	成都	日本东京帝国大学法学士，英国伦敦大学、德国柏林大学研究，国立北京法政专门学校教务长，国立北京法政大学政治科主任，法制院参事

"本校教员一览表"【节略】

姓名	字	籍贯	履历	担任学科	职务
张籍	与九	仪陇	日本东京帝国大学经济学士，北京法政大学教员	经济学	主任教授
沈月书		巴县	日本东京商科大学商学士	经济学	教授
王恩藩	季侯	成都	美国士丹福大学文学士，美国加州大学经济硕士	财政学	讲师
周燨元	子龙	双流	日本庆应大学经济硕士	经济学	讲师

"学生一览"【节略】

法科	
经济学系一年级	
姓名	**籍贯**
滕临江	潼南
萧铁峰	安岳
冯树屏	富顺
陈先河	南充
苏显朝	纳谿
唐鸿基	武胜
黄纲组	华阳
胡元烈	合江
罗德龙	绵阳
陈裕俊	南充
谢里融	合川
聂旡放	荣县
韩全玳	南充
经济学系二年级	
姓名	**籍贯**
刘莆明	铜梁
陈颜温	资阳

续表

何正明	阆中
马德荣	安徽
蓝光玳	荣县
钟泽	广东
李忠选	酆都
林学诗	邻水
田茂盛	会理
刘犀明	成都

案卷 5　"本校 1925 年度招生简章"（1925 年）

卷内 2　国立成都大学："国立成都大学第二次招收预科学生章程"（1925 年）

国立成都大学第二次招收预科学生简章　民国十四年秋季

一、大纲

（一）本校修业期限定为预科二年，本科四年。

（二）本校除现有高师各班按照旧章办理外，自秋季起所授学科分为二类，第一类细别为哲学系、教育学系、中国文学系、英文学系、历史学系、政治学系、经济学系，第二类细别为数学系、物理学系、化学系、生物学系。

（三）本校招收第一类与第二类预科生额数定为一百六十名。

二、投考资格

（一）年龄在十八岁以上、二十五岁以下，曾在中学校或师范学校毕业者。

（二）品行端正、身体健全者。

三、报考手续

（一）投考各生须于本年七月一日起，七月三十一日止，亲到校内稽查处报名。

（二）报考时须缴试验费银一元，最近半身像【相】片一张，填具详细履历，并呈缴中学校或师范学校毕业证书。

（三）已缴之试验费无论录取与否，概不退还。

（四）报考时应注明入学后志愿学习何系。

四、试验科目及程度

（一）国文：作文。

（二）英文：作文、文法、汉译英、英译汉、口试。

（三）数学：算术、代数、平面几何、平面三角法。

愿如第一类及专修科者，免试平面三角法；

愿入第二类数学系及物理学系者，加试立体几何。

（四）中外史地　愿入专修科者免试。

（五）理化。

（六）博物。

（七）自在画　愿入第一类、第二类者免试。

以上各科试验及格后并加口试及体格检查。

五、入学须知

（一）考取学生统限于九月十日到校。

（二）到校时须觅妥人来校填具保证书。

（三）须缴纳制服费银十元，校友会费基金银一元，每学期学费银六元，杂费银二元，食费银拾五元，校友会常捐银五角。

（四）缴费后须将缴费单送呈斋务处报到，由斋务处指定寝习室、教室。

公立四川大学

案卷 1　"本校规程"（1931 年 1 月）
卷内 2　公立四川大学："公立四川大学规程"

公立四川大学规程【节略】

第一章　通则

第一条　本大学依组织大纲之规定分设五学院：（一）中国文学院　（二）外国文学院　（三）法政学院　（四）农业学院　（五）工业学院

第二条　……法政学院设法律学系、政治学系、经济学系三系。……

……………

第二章　学系及科目

……………

第十二条　法政学院科目如左：

（甲）法律学系

一、宪法

二、行政法

三、刑法

四、民法

五、商法

六、破产法

七、刑事诉讼法

八、民事诉讼法

九、国际公法

十、国际私法

十一、罗马法

十二、外国语

十三、法制史

十四、刑事政策

十五、国法学

十六、财政学

（乙）政治学系

一、宪法

二、行政法

三、政治学

四、国家学

五、国法学

六、政治史

七、政治地理

八、国际公法

九、外交史

十、刑法总论

十一、民法总论

十二、商法概论

十三、货币银行论

十四、财政学

十五、统计学

十六、社会学

十七、外国语

十八、农业政策

十九、工业政策

二十、商业政策

二十一、交通政策

二十二、殖民政策

二十三、政党史

二十四、国际私法

（丙）经济学系

一、经济学

二、经济史

三、宪法

四、行政法

五、货币论

六、银行论

七、财政学

八、财政史

九、农业政策

十、工业政策

十一、商业政策

十二、交通政策

十三、殖民政策

十四、统计学

十五、保险学

十六、簿记学

十七、民法概论

十八、刑法概论

十九、商法

二十、商业史

二十一、商业地理

二十二、政治学

二十三、交易市场论

二十四、仓库及关税论

二十五、国际公法

二十六、外国语

国立四川大学（1）

案卷 8　有关本校增减、调整院系的来往公文（一）（1931 年 11 月—1944 年 7 月）
卷内 8　教育部："令增设经济系一班"（1939 年 9 月）

教育部训令
中华民国二十八年九月
令　增设经济系一班　由

令国立四川大学：

　　本部鉴于抗战以来农、工、商、医等科专门人才须要甚切，前经增设各种专修科在案。兹查本年度国立各院校统一招生结果，投考工科及经济学系学生人数甚多，为应社会须要预储人才起见，除已指定各校充分利用原有设备，分别增设土木、机械、电机、化工、矿冶、纺织等系班级十五班，并分发录取新生外，兹再指定该校增设经济学系一年级一班，所需俸给、购置、填建一部分校舍及学术研究等项经费准予由部每年增拨一万三千元。除另令分发学生外，合行令仰遵照办理具报。

　　此令

部长陈立夫

笺函
径复者：

　　顷文书组转到贵系方函嘱为抄录"增设经济系一班"部令，以便商讨计划等由。准此相应抄录部令随函遵达而来，查照为荷。

　　此及
经济系主任办公室
附抄部令一纸。

（批复：）不用。只抄原令。已办。

卷内 12　国立四川大学："教育部令：增设经济系一班由部增一万三千元由"（1939 年 11 月）

　　奉教育部令：增设经济系一班，由部年增一万三千元由本案由文书组转函会计室去讫。于廿八年十二月五日将教【育】部训令"增设经济系一班"之原令送注册组存案。

笺函：

案查教育部二十八年九月发第三六四号训令开："本部鉴于抗战以来……此令"等因，特用函即请查照为荷。

会计室

【中华民国】廿八年十一月卅日

案卷 10 "1943 年—1945 年本校请增设院系及教育部的批复（一）"（1943 年 5 月—1945 年 3 月）

卷内 10 国立四川大学："为拟将经济学系分为经济学组、工商管理组、会计组及金融财政组四组教学呈照鉴核令遵由"（1943 年 10 月）

呈教【育】部：为拟将经济学系分为经济学组、工商管理组、会计组及金融财政组四组教学呈照鉴核令遵由

中华民国卅二年十月十二日收文 十月十四日缮写 十月十四日封发

查本校经济学系前年钧令增设班次，具见重视。连年以来，认真办理，学生逐增，有加无已。本年度投考该系新生核于本校录收标准者凡二百余人，以钧部规定，每班人数有限，仅收录成绩优异者一百三十余人。未收诸生，不无遗珠之叹。近来多方征用经济技术人材，与日俱增，本校仅有经济学系学生，实不足以应社会上实际需要。但该系学生人数众多，志愿不一，若不因才分系，教、学两感困疑。为因应社会需要起见，拟自本学年入学新生开始，分为经济学、工商管理、会计及金融财政等四系教学。经济学系学生众多，志愿不一，大应分系讲授，俾可宏造经济学系专才，参加建设工作。各组课程悉依本经济学系及商学院各系标准办理，至可教□□。本年度新生学程此系实同无修，由原有教授担任，不另增聘外用。自第二学年起至【第】四学年，每年增延三人担任，教学即足敷用。所处经费，即以钧部拨发增班经费拨充。□足支付，尤与本校预算相关等。影响是否有当，理合具文呈函鉴核，指令祗遵。

谨呈

教育部

国立四川大学经济学系分组计划

一、分组理由

查本校经济学系学生逐年剧增，有加无已。本年度投考本系新生合于校定录取标准者凡二百余人，以部定每班人数有限，以是仅取录成绩从优者一百三十余人，未取诸生不无遗珠之叹。年来各方征用经济技术人材众多，本校仅有经济学系学生，实不足以应社会之实际需要；且本系学生人数众多，若不因才分组教学，亦感困疑。兹为因应实际需要起见，拟就经济学系内分为经济学组、工商管理学组、会计组及金融财政组等四组教学，以经济学系学生人数众多，志趣不一，尤宜分组讲授，以宏造就。

二、分组课程

甲、经济学组，即照部颁经济学系课程之规定办理。

乙、工商管理组。

①第一学年

　同经济学组课程，另加授会计学。

②第二学年（注：课程下注数字，表示学分数）

　必修科：

　商法　六；劳动问题　二；商品学　二；销售学　二；货币银行学　六；财政学
　　六；统计学　六

　选修科：

　社会学　三；政治学　三；商用外国文　四

③第三学年

　必修科：

　工商组织与管理　六；运输学　三；市场学　三；公司理财　三；高等会计学
　六；工厂管理　三；人事管理　二

　选修科：

　仓库管理　二；成本会计　六；国际贸易　三；国际汇兑　三；商业心理学
　三；投资学　三

④第四学年

　必修科：

　工厂法　二；采购学　二；毕业论文或研究报告　二

　选修科：

　财政保险　三；人寿保险　三；商情预测　三；经济政策　六；高等统计学　六

丙、会计组。

①第一学年

　同经济组课程，另加授会计学。

②第二学年

　必修科：

　高等会计学　六；投资教学　三；商法　六；货币银行学　六；财政学　六

　选修科：

　社会学　三；政治学　三；商用外国文　四；公司理财　三；会计制度　三

③第三学年

　必修科：

　统计学　六；成本会计　六；政府会计　四；银行会计　四；所得税会计　三

　选修科：

　审计制度　四；工商组织与管理　六；投资学　三；铁道会计　三

④第四学年

　必修科：

会计报告分析 三；审计学 六；会计实习 二；毕业论文或研究报告 二

选修科：

会计问题 三；国际贸易 三；国际汇兑 三；经济统计 四；经济政策 六

丁、金融财政组。

①第一学年

同经济组课程，另加授财政学。

②第二学年

必修科：

投资数学 三；商法 六；货币银行学 六；会计学 六；投资学 三；公债与租税 六

选修科：

社会学 三；政治学 三；商用外国语 四

③第三学年

必修科：

银行制度 三；银行会计 四；公司理财 三；国际汇兑 三；中文金融市场 三；统计学 六；地方财政 三

选修科：

国际贸易 四；工商组织与管理 四；商品学 三；经济循环 三；政府会计 三

④第四学年

必修科：

农业金融 三；财政问题 三；财产保险 三；经济政策 六；银行实习 二

选修科：

经济统计 四；合作经济 三；商业信用 三；中央银行论 三；信托事业 三

三、分组开始年级

本系分组拟定自本学年入学新生开始。因本系取录学生达一百三十余名，非分组授课无以收教学之功，非分组授课无以宏专门人才之造就。

四、教授之添聘与预算

本年度各组课程以系共同必修，原有经济学系教授即足敷任教课；第二学年拟添聘专任三人；第三学年添聘三人；第四学年添聘二人或三人。教育部原按月拨有增班费，足资充用，故于学校经费当无所影响。

柯教务长审查后提会。

卷内14 国立四川大学："教育部指令经济系分组未便照准并达查照"（1943年11月）

公函：

查本大学上月呈请：

案教育部核准，将经济学系分为四组一案须奉三十二年十一月十八日发高字第五五九四九四九号指令开"呈悉所请，未便照准。此令"等因，本此相应函达，即希查照为荷。

　　此致

　　经济系

校长黄

教育部指令

高字 55949 号

中华民国三十二年十一月十八日发

令国立四川大学卅二年十月十四日总文字第四三〇号呈一件：

　　为拟将经济学系分为经济学、工商管理、会计、金融财政等四组请核示　由

呈悉。

　　所请未便照准。此令。

部长：陈立夫

　　卷内 15　　"四川省商会联合会第一次会员代表大会决议，恳请政府在川大应开办工商学院以造就工商业人才。附原案一份"（1943 年 11 月）

四川省商会联合会公函

川商联字第零贰号

中华民国三十二年十一月五日发

　　四川省商会联合会第一次会员代表大会决议，恳请政府在川大开办工商学院以造就工商业人材案。

　　事由：为本会第一次会员代表大会决议"恳请政府在四川大学开办工学院、商学院以造就工商业人材案"，函请查核办理见复由。

　　查本会第一次会员代表大会关于"恳请政府在四川大学开办工学院、商学院以造就工商业人材案"，经审查委员会审查：以为关系工商业人材之培植，应建议政府采择施行。旋即提经大会决议：照审查意见通过，记录在案，兹特录同全案，随函送达。请烦查核办理，仍希见复为荷！

　　此致

　　四川大学

　　附送：原案一件

理事长：王秉钧
常务理事：王绍尊　张锡光　李秉熙　吴仲谦

原案：

　　四川省商会联合会会员代表大会主席团范倜生、谢锡九、冷雪樵、朱景南、刘叔光、邹臣辅、王秉钧、张自耕、王斐然、周徽五、李秉熙，提：恳请政府在四川大学来

办工学院、商学院，以造就工商业人材案。

理由：查经济为建国之首要，而商战乃国防之利器。百年以来吾国工商业均不发达，商战失败，受外来经济压迫，国力因以削弱。考究其故，皆由于工商业人材之缺乏。抗战以后，集全国经济力量及工商业人材于四川，而全省工商业之发达，始略现一线曙光；但吾川物力之未能尽其用者，不知凡几；而货运之困难，更达极点，足见本省需要工商业人材至巨。刻最后胜利已在目前，之前集中于吾川之工商业人材，将以失地收复而再行分散于各省，则本省必复有工商人材缺乏之感；积极造就，以应急需，是为当务之急。如政府因限于预算，一时不能开办，我工商业同人并愿就开办费之负担，作相当之努力，以期实现。而以我工商业同人之子弟，得到入学便利，用资抵补，于国于民，均有利焉。

办法：

一、呈请政府在四川大学开办工学院、商学院，以造就工商业人材。

二、如政府因限于预算，一时不能开办，我工商同人愿筹集开办费五百万元，作为工商奖学金，而以我工商业同人之子弟，得到入学便利为奖掖。

三、如照第二项办法办理，拟请凡现在筹开办费满五万元者，即在出款者之原籍或筹款商会所在地取录学额一名；其筹款超过五万元者，照五万元取录一名类推，以资鼓励。

审查意见：

本案关系工商业人材之培植，拟请建议政府采择施行。

决议：

照审查意见通过。

卷内 16　国立四川大学："呈请开办工学院及商学院仰恳鉴核令由"（1943 年12 月）

呈请开办工学院及商学院仰恳鉴核令遵由

案准四川省商会联合会本年十一月五日发川商联字第〇二号公函，略以本会第一次会员代表大会出席代表金称："经济为建国之首要，而商战乃国防之利器。百年以来，吾国工商业均不发达，商战失败，受外来经济压迫，国力因以削弱。考究其故，皆由于工商业人材之缺乏。抗战以后，集全国经济力量及工商业人材于四川，而全省工商业之发达，始略现一线曙光。但吾川物力之未能尽其用者，不知凡几；而货运之困难，更达极点，足见本省需要工商业人材至巨。刻最后胜利已在目前，之前集中于吾川之工商业人材，将以失地收复而再行分散于各省，则本省必复有工商业人材缺乏之感；积极造就，以应急需，是为当务之急。如政府因限于预算，一时不能开办，我工商业同人并愿筹开办费五百万元，以期实现。"一致决议，恳请政府在本大学开办工学院、商学院，以造就工商业人材等语，函请查核办理过校。窃以吾国工业迄今仍用手工为生产，尚未入工业革命之第一步；以视欧美各国在第一次世界大战终了已步入第二革命者，实属望尘莫及，以致虽拥有极富之天然财源，仍属无法开发。至于商业，则因工业停滞之故，更属瞠乎其后。在平时已受经济压迫之苦，在战时影响尤深，亟应急起直追，以发展工商业务，始足与先进诸国并驾齐驱。

主席早鉴及此，故关系中国之命运，昭示吾国经济独立、自力更生之途，应以工业化为当务之急，即经济为五项建设之重点，一切建设之先务。经济建设必须以实业计划为准则，完成实业计划。所定业务必须先有实行计划的人才和物资；吾国物资至裕，所缺乏者惟人才耳，故培养工商人才实为不可或缓之要图。良以工商人才蔚起，乃可藉以利用机器，营巨大之农业，出丰富之矿产，建无数之工厂，以扩张运输，以发展公用事业，跻国家于富强康乐之境。为培养此项专才，该会函称各节事实为然，并愿筹助开办费五百万元。况成都市大学虽有多所，尚无工商学院，自应积极筹办工商人才，储为国用。本大学拟自明年秋开办工学院及商学院。工学院招收土木、水利、机械、航空、电机、矿冶等工程学系学生；商学院招收银行、会计、工商管理、商学等学系学生。宏造专才，以筹推进实业计划之责。除详细计划、另案呈核外，理合具文，仰恳鉴核令遵。

谨呈

教育部

署衔名

案卷 11 1943 年—1945 年本校请增设院系及教育部的批复（二）（1943 年 5 月—1946 年 3 月）

卷内 2 四川省商会联合会："准函送奖学金办法嘱为赞助一案由"（1943 年 12 月）

四川省商会联合会公函
川商联字第 051 号
中华民国三十二年十二月廿三日

事由：准　函送奖学金办法，嘱为赞助一案：函请查照由。

案准贵大学三十二年十二月十三日总文字第五五六号公函"为复送奖学金办法一份，嘱为赞助"等由。准此，查本案既为本会会员代表大会决议之件，势在必行，除转函各县市镇商会及同业公会广为设置发动外，相应函达，请烦查照为荷！

此致

国立四川大学

理事长：王秉钧

常务理事：王绍尊　张锡光　李秉熙　吴仲谦

案卷 171 历史、经济二系及部分行政单位会议记录（二）（1937 年 9 月—1949 年 10 月）

卷内 1 国立四川大学："经济系卅四年度系务会议记录"（1945 年）

经济学系三十四年度会议记录

第一次

时间：九月十九日上午

地点：本系办公室

出席人：张先辰 刘泽膏 陶大镛 赵守愚（彭迪先 代）彭迪先

议案（一）：

本年度一年级录取新生六十一人，由其他院系转入一年级生二十余人，已超过部定名额甚远；又先修班直送生、再试生共约五十人；此外，以本系为第二志愿之学生复源源而来，要求编入一年级。但本系设备有限，无法大量收容，且先修班直送、再试等生成绩参差不齐，对先修班学生应否一律举行甄别考试以定取舍案。

决议：对先修班学生，无论已否注册，一律举行甄别考试。

提案（二）：

对先修班甄别考试科目

一、数学（笔试）；二、英文（口试）。

决议：通过。

提案（三）：

考试时间：

一、英文口试：二十一日下午一至三时。

二、数学笔试：二十一日下午三至四时半。

三、英文：已由彭主任口试者免考。

决议：通过。

第二次系务决议案
九月二十八日

查本系一年级新生人数过多（业已正式录取者约一百余人），程度不齐，不便教学。爰于本月十九日上午经系务会议议决，先修班直送生及第二志愿生加以英文口试、数学笔试，以资甄别。顷英文口试甫毕，殊该生等对数学笔试一再拒考，且于今日上午规定考试时间，不服训导长及诸位训导员之开导，全体拒绝入场。兹本系不得不依本月二十五日布告中所宣布对数学一科成绩全体以零分计算。特此决议。

九月二十八日正午

彭迪先 陶大镛 张先辰 赵守愚 刘泽膏

经济系第三次系务会议记录

时间：六月十八日上午八时

地点：本系办公室

记录：高成庄

出席人：张先辰　谢乐康　邓迪先　沈筱宋　陶大镛　刘泽膏　黄宪章

议案：

一、本系各级人数超过部定名额甚多，教学不便，应为何补救案。

议决：为每班人数超过六十人时，即请学校开设办班。

二、下年度转学生、转系生考试科目应如何规定案。

决议：

1. 转二年级考国文、英文、数学。

2. 转三年级考国文、英文，并在经济学、货币银行学、西洋经济史、统计学四科中任选三科。

3. 转四年级考国文、英文，并在经济学、经济思想史、财政学、西洋经济史、货币银行学五科中任选三科。

本校转系生转入一年级者考国【文】、英【文】、数【学】三科，转入其他年级者与转学生同。

三、下年度新生考试，数学应否采用理组题目案。

决议：应采用理组题目。

四、下年课程应如何排定案。

决议：课程应尽量以不变动为原则。

五、可否请求本校指拨相当经费，用以印行本系教授学术研究刊物案。

决议：通过。

六、可否组织本系图书及各项设备保管委员会案。

（决议：）推选彭定先、张先辰、沈筱宋三人为委员。

四川大学法学院经济学系系务会议记录

时间：卅六年八月廿一日

地点：本校校长会客室

出席人：谢乐康、黄宪章、刘泽膏、彭迪先、刘诗白、罗幼卿、高成庄、周宗桢、吴永□【权】、何高箸、李光忠

记录事项：

黄宪章先生考聘为经济系专任教授。

"会计实习"由周宗桢、罗幼卿先生担任。

"统计实习"由高成庄先生担任。

刘泽膏先生担任"会计学"（甲、乙班）及"银行会计"。

李光忠先生担任"西洋经济史"（二班）及"劳工问题"。

"民法概要"与政治系公选。

本系教授指导毕业论文，每人以二十本为限；并须由有关教授担任。

李光忠先生排在每周一、三、五或二、四、六【日】。

"货币银行学"分为两班。

"高级统计学"及"统计学"由杨佑之先生担任。

黄宪章先生课程排在每周一、三、五【日】。

谢乐康先生课程仍排在每周一。

彭迪先"经济思想史"分：

(1)"西洋经济史"（甲、乙两组，共六小时）。原由张先辰授。（经二）

(2)"英文经济名著"（甲、乙两组，共六小时）。原由朱懋荣授。（经二）

(3)"经济政策"（三小时）。原由张先辰授。（经四）

"国际贸易与金融"（四年级）、"新□经济政策"（四年级）排上小课表。

(1)"现代货币理论"（三小时）。原由朱懋荣授。（经四）

(2)"政府会计"（二小时）。何幼农授。（经三、四合班）

(3)"高级会计"（三小时）。原由沈筱宋授（沈□□、钱德富　代）。

(4)"银行会计"（三小时）。原由沈筱宋授。

(5)"成本会计"（三小时）。原由沈筱宋授。

卷内2　国立四川大学：经济系卅六年度系务会议记录簿（1947年）

卅六年度国立四川大学法学院经济学系办公室记事簿

注：符号——△表示应速办事件；○表示该事件业已办理。

法学院经济学系记事簿　卅六年十月

十月廿二日（星期三）

数学系赵代主任称：该系本期决为各院系二年级补修数学同学开班，维【惟】需待人数确定后方可聘请教授讲授。

注册组函：补考试卷成绩请勿先行抵扣。

出版组函：本校一切印刷文件概交该组印刷厂印行。

注册组函："英文经济名著"补考事情请本系斟酌办理。

○院长室函：汇计本系专任、兼任教员超过钟点，限明日（星四）院长室请先生……【编者按：档案原件内容不全】。

布告：未补考"英文经济名著"各生星期五（十月二十四日）上午九点十一时来系参加补考。

布告：未补考"西洋通史"各生于本星期六前来本系登记。

钱德富先生来系称：请将其去年聘书速为发下，交渠住处。

周宗桢　何高箸

十月廿三日（星期四）

○院长嘱写经济系概况一篇，于廿八日交稿。

教员超额钟点调查表送院长室。

钱德富先生聘书领下。

十月廿四日（星期五）

"英文经济名著"【课】因人未到齐，改下星期二（十月廿八日）下午二至三【时】补考。

○杨伯谦先生所授"英文经济名著"须印讲义，通知"经二"苟德荣（二舍 39号）、李远翀二君来室负责办理，并将杨先生原函转呈教务处，杨先生交下之估计表转交该生。

十月廿五日

杨伯谦先生所印估计表交李远翀、苟德荣二人；杨原函交教务处。

十月廿七日

注册组送来卅六年度转院系学生各册。

钱德富聘书退还（因钱返浙），存本系。

○任华生"工商管理与组织"笔记由刘泽膏先生交来，再交呈院长决定。

刘泽膏先生交来"会计学"试卷，由郭□如交注册组，取据。

十月廿八日

钱德富先生返浙，吴院长面嘱刘泽膏先生代授"高级会计"学。

"经四"学生任华生补试之"工商管理与组织"，以读书札记代，由刘泽膏先生评阅后，转请吴院长决定，给予七十五分，即交注册组讫。

○谢乐康先生来室申称，"财政学"听课者达一百八十余人，请分为两组授课，烦请吴院长决定。

"英文名著"选读补试，林□杰、张本源已来室考试。试卷交杨伯谦先生评阅。

○校刊须载之"经济系概况"来催交稿。

十月二十九日

会计室通知请将本系调查物价车费账目单据送室，已由本系将五～九月份单据共计六份送讫。

财政学分组事差院长嘱照办，已函请注册组办理。

○经济系概况已草就，请各同仁教正后如可用，再行送出。

十月卅日

○本系兼任教员钟点及专任教员超额表已于上周星四送法学院办公室，但今日出纳组尚未得到通知，因之各先生无法领取钟点费，请明日去法学院汪先生处查明，催据（知已于昨日送出纳组）。

"经三"学生姚鹤图来室声称，补考"英文经济名著"因未见布告，致误考期。已面嘱该生前往杨伯谦先生处，请杨先生斟酌办理。

○通知注册组，请转知"西洋通史"教员冯祉祥先生命题交本系，以便"经四"敬靖侯转。明日"经三"林淑惠（等）三生补考（该函请已送出）。

○请通知"经三级会"理事长谭茂春来本系办公室告知是否可派代表前往林如稷先生处表示歉意，并请林先生来校继续授课（"经四级会"负责人已通知）。

○请告吴院长："言穆渊上周星一（十月廿四日）至四上（高级会计）课三小时，

来函请辞。时间（十月廿六日）在上课以后，本周星五（即明日）始有课，如言先生不上课，究应如何办理？"

十月卅一日

注册组送来钱德富高级会计点名册一本，及更正已退学学生各单一纸。

○院长嘱函——"请言穆渊先生拨冗来校请授高级会计函"已发出。

○院长及本系均已告知，谭茂春嘱函，请林如稷先生来校上课。

十一月一日

○"经四"敬靖侯来室声称：历史系布告本期"西洋通史"补考将再考一次，定今日上午十至十一【时】。本系同学已参加考试。

○杨伯谦先生交新生院注册组试卷十六份，转交讫。

○杨伯谦先生留交本室补考"英文经济名著"试题，并通知姚鹤图于下星二（十一月四日）下午三钟来室补试。如再延误，即不予补试。

十一月三日

院长室通知林如稷先生请授"现代货币理论"，分四班讲授。又据注册组表示，已于十一月份起实行。

○据谭茂春来室谈"现代货币理论"一课，征求"经三"全体意见，尚无结果。拟请吴院长向全体讲话。当于明日征求吴院长同意决定后，即由本系布告通知（在星三上午十一时第一教室）。吴院长已面嘱谭茂春转告该班，无需另生支【枝】节。

十一月四日

○韩伯勋先生来函略称：星六，十七教室学生拟借用筹备校庆菊展，请通知谢乐康（财政学甲）、刘泽膏两先生所授课程是否或以【已】暂停讲授。经分别函知谢、刘两先生，谢先生已来函同意，俟刘先生函到后，即希布告学生知照（已于五日布告知照）。又明日下午（星三）布置菊展负责人（农院女生）来室时，即希将是否征得谢、刘两先生同意结果告知。

林如稷先【编者按：应补"生所授"】"现代货币理论"，吴院长面嘱分两班讲授。已函注册组照办。

○姚鹤图本日午后来室补考"英文经济名著"，试卷封送杨伯谦先生评阅后还交注册组（已交出，十一月五日）。

○吴福临所授农经系"会计学"三小时，因该课系本系代农经系开设，故该系报兼任教员名单时未合并报上。吴院长嘱由本系通知教务处函已缮就，请送出（已送出，十一月五日）。

○吴院长谈本系，决为二、三、四年级开"法学概论"一班，嘱通告学生来室登记（三年级已嘱该班级会负责人——谭茂春负责办理签名）。布告已缮就，望即贴出（已贴出，十一月五日）。

十一月五日

数学系代主任来系称，补修数学一班准于下星期内开始讲授，已布告，应补修各生注意。

谢乐康、林如稷两先生授课时数自十一月份起略有更动，已函送院长室核办（谢先生超额钟点为四小时，林先生为二小时）。

本系新开之"民法概论"一班，系为三、四年级请求补修该课所设，如人数不多，院长之意，即行并入政二已开之"民法总则"班上课（内容与"民法概论"同）；如人数过多，始另行开班。二年级已选民法总则者可勿庸改选。欲选该课程者，可即来系签名。

十一月六日

○"经三"学生林淑惠"西洋通史"尚未补考。据注册组十月卅一日通知，敬靖侯日明。林叔惠三生已不准补考。通知该生等于下学期重读"西洋通史"等语。

十一月七日

杨伯谦先生因原籍竞选立委，请将二周所缺各课回校后补授，已函知校本部。注册组已布告学生。

院长谈杨伯谦先生所授新生院"法一""经济学"已分二班讲授。

十一月八日

○黄宪章先生来室语称，所授"货币银行"【课】听课人数已达贰百十二人（本系132人，农经系80人），应请本室通知再加超额钟点费一钟。须请吴院长解释是否超过二百人应作超额钟点两钟，计算后通知注册组。

△黄宪章先生拟售与本室《货币学理论》一部，定价八万元，书存本室，当给予收条。俟本室决定购买时，即付款取回收据。

"经三"谭茂春同学交来该系签名，加选民法概论。同学签名共75人，并声称尚有多人未能通知到，定下星期二再将其余加选本科同学签名交来。

十一月十一日

吴院长解释，超过一百人以上之班次均加钟点费一钟，但不得为累进增加。黄宪章先生之二百人（以上）班次只能加钟点费一钟。本室已函复黄宪章先生。

十一月十三日

○刘泽膏先生交来经一乙组会计学练习一包，请幼卿兄查收。

杨伯谦先生"法律系及司法组经济学"分为两班，林如稷先生"现代货币理论"课时数另列表送教务处转知出纳组。（查前送教员超额钟点表内，杨先生"司法一"及"法一"已分班，故不另通知，仅林先生授课时数表须另通知）

十一月十四日

"经三"谭茂春交来该班选修"民法概论"签名单一纸，共计29人，连前签名单二纸已交院长室。

十一月十五日

○彭迪先生来室汇报本系教授钟点时，于杨佑之先生课是否尚漏列六小时（夜校部），希本室查明，函教务处转出纳组，发给钟点费。

十一月十七日

杨佑之先生担任钟点六小时（夜校），已转院长室核办。

本系二、三年级选修"民法概论"一科，顷得院长室通知，已商请张光棣先生担任，当即函注册组排课，并布告各生注意矣。

○顷得注册组交来朱懋荣先生函一件，由本室转交，所称"现代货币理论"补试一节，本系未曾办理，是否将原函退回，并说明朱已离校？

十一月十八日

本日布告本系二年级学生自愿参加计算机实习者来本系办公室签名。

查朱懋荣先生"现代货币理论"补考事曾由注册组函知（十月十三日）出题，当于十月十四日函请林如稷先生代拟。转讫之后，即未见注册组有该科试卷送本系转请林先生评阅事，故本日为注册组函催朱先生送补考试卷一事，特函该组，略谓：如该组将该科补考试卷早已径送林先生评阅，则本系自当代为向林先生催询。该函已送注册组，并另函林先生催问，亦已送出。

本日正午据林先生面告，前次本系通知，请林先生代拟"现代货币理论"补考试题时，林先生即将试题拟就，径送注册组，嗣后即并未见有试卷送来。已于本日午后将此种情形函达注册组矣。

十一月十九日

杨伯谦先生所授"'法一'经济学"分为两班，应增列钟点。已于十四日送院长室汇办矣。

人事组送来本系教员选举权证七张，计彭迪先、谢乐康、李光忠、罗幼卿、高成庄、周宗桢七先生，请代分送，并取具印件。各件已送出。

十一月廿日

注册组送来张光棣先生授课时间表纸。

十一月廿一日

院长室称张光棣先生所开"经三""民法概论"上课时间须在每星期四下午上讲。注册组交来原件已退回，请其改正。

○黄宪章先生来系谈杨佑之先生所授"统计学"一课人数已达一百二十余人，尚未领得超额钟点费一小时，嘱请代查。函已写就，请发出。

【十一月】廿二日

国大候选人刘□寿【编者按：似为刘运筹】先生来本室访问经济系各先生。

【十一月】廿四日

"政二"学生杨德周来室称，民所詹珣善托彼代领钱德富之聘书，已由彼出收据领去，并嘱其将詹珣善之正式收据交来。

"经二"学生补选"民法概论"者二人，已函注册组。此后有加选者径自往注册组交涉。

○杨佑之先生来室就星三午后二至四【时】"高级统计学"期中考试请由本系派人代为监试，题目已另行托人带来。

【十一月】廿五日

注册组复函，略称："经二"学生刘德润、文泽霖请加选"民法概论"，因时间已过本期三分之一，所请不准。

本日将桌上卷宗内之已办文件统放置文件箱第一空抽斗内。

【十一月】廿六日

顷接人事组通知，定于本月廿七日起发给教职员证章，每日午前九至十二时、午后二至四时携章前往该组领取。

【十一月】廿七日

函注册组"经四"张月明、孙靖候二生在历史系补考"西洋通史"成绩应作为正式补考成绩。

○法学院通知本院各系本年七～十二月应分配学术研究费一四七○九四五元，由本系往会计室领取。

【十一月】廿八日

已函请会计室将本系研究费速为拨下。

○言穆渊先生来系称，下星期五一至四【时】"高级会计"因事辍讲一次，请于下星期四日布告各生。

十二月一日

○本日向出纳组领取本系学术研究费据之传票尚未制好，须明后日方可领取。

△校方（秘书室）送来全体经济委员会秘书处代电一件，请将编制各种指数情形填表二份，送校存转。

十二月三日

○本系学术研究费共为三四三二二○五元，除去已函□尚未领一四三二二○五元（尚未取得）外，应补领一九六一二六○元，已于本日函会计室速将传票制好，并转出纳组拨付。

十二月四日

本系专任、兼任教员超额钟点表又求本日重制一份交院长室转教务处。

新生院注册室来函催问杨伯谦先生何故迄未上课，已函复，略谓：一俟杨先生病愈后，应即到校补授。

汪潜先生来称："民法概论"一种，注册组以时间太晚，教务处因学校经费不敷，故未准开班。请明日往会计处领学术研究费。

十二月五日

本系学术研究费已出具收据，向出纳组领得，计法币一百四十七万元整（系公库支票一纸）；所余未领各款，明日即可拨下。

○汪潜先生来系称：请用院长名义敬函杨伯谦先生来校上课。

十二月十日

本系学术研究费已于九日取得法币一百四十七万元，由何高箐经手购得书籍十册及印泥一盒，由周宗桢验收讫。又《货币学总论》一部，价须八万元，已专函送交黄宪章先生收讫。以上共支去法币一百零四万三千二百元，品迭剩款四十二万六千八百元，已交到转办。

十二月十一日

汪潜先生来系交来言穆渊至吴院长信封（言离校，这里课程由杨佑之先生觅人代授），并请本系通知教务处停发钟点费。信已发出。

汇南京科学书店（购《马沙尔经济学原理》）款共四十万八千七百元整，购邮票一万元整。上二款由刘诗白经手。

函图书馆请于阅贤室新列"经济学原理"多种，交新生院陈列，图书馆已办。

十二月十二日

本系学术研究费已出收据，向出纳组领取，计一百九十六万二千元整。

院长来称："高级会计"一课请由刘泽膏先生担任，即函教务处及刘先生自下星期起开始上课。又林如稷先生所任"新生院经济学"，因各系共选，故上课不整齐，用院长名义函渠。请见渠。各函已发出。

十二月十五日

林如稷先生明日辍讲，布告写好，请即贴出。已贴出。

○彭先生讲文本周星五前领毕，希即向出版组交涉（原经手人不知是否周宗桢兄）。

十二月十七日

彭先生讲义一文已向出版组交涉，星期五以前可望由油印，就交彭先生。

十二月十八日

○四年级学生中有未能在三种社会科学中修读两种【者】，若因此贻误该生等毕业年限，应陈吴院长，请设法补救。法学院将签呈交来，嘱布告经四各生前来登记，以便设法补救。前已将布告拟就，望贴出。

十二月十九日

○"经三"谭茂春（上午）来谈，选课"高级会计"一科，教授频加变动，拟请停开，于后院长来校，当将此种情形转呈院长，嘱转告该生转知选课同学，谈校中经费支出，聘人不易，又恐有误同学时光，现已为同学聘就教授，即希上课，勿另生枝节云云。

十二月廿日

○通知谭茂春本日来室讲话。因彼不在，通知函退转，希下星期一本室再函告以吴院长对该班"高级会计"的讲话。

十二月廿二日

○拟好本系图（书）借阅办法一纸，请各同人修正补充，本周星四公布。未公布时，新书停止借出。

十二月廿三日

○吴院长嘱再分别开导"经三"学生，说明学校聘教员之艰难，"'高级会计'事"最好无庸另生支【枝】节。

○吴院长嘱明日将本系拟购图书、杂志目录送毛坤先生。

十二月廿四日

○本系拟购之图书、杂志目录业已制就，因彭先生处有最新数目留待补添，故未送出；于廿五日一定送出。

○本日再通知"经三"谭茂春，因彼不在，已通知该班值日生，转知院长之命矣。

○本系四年级学生因故未修满两门社会科学（经济学除外）登记事宜定于下周星三午十二时截止。已布告周知，并声明已登记各生补救办法，须视个别情形及规定范围内尽量设法。

十二月廿五日

本系借书规则公布，请各同人严格执行，购置图书书目已送图书馆。

【十二月】廿七日

本系申请清贫救济金学生共二十五人。附报告者共廿一人。汇交院长室核办。

【卅七年】一月五日

科学书店翻印《马沙尔经济学原理》二部收到。

本系四年级级会理事长曾龙焕呈文一件，已转交院长室。

○注册组来函称，本系三十三年度寒假毕业生张南熏尚未呈缴毕业论文，请速于查明办理云云。（原函存卷）

一月八日

○函发注册组查旧卷宗存张南董是否缴有毕业论文，无得查考。

一月九日

杨伯谦先生来称，缺考"英文经济名著"期中小考者，请定下星期五（一月十二）（午后）一至二【时】在文彬馆教员休息室补考，已布告应补考各生注意矣。

一月十日

钱德富退来聘书，再由民所詹珣善代领去。该聘书之收据交吴院长。

一月十四日

"经四"学生未修满两种社会科学申请补救事已将登记各生列送院长室核办。

一月十五日

△本日出布告催还图书，并自本日起停止借阅。希本室同仁严格执行。

一月十五日

本系借出图书经催还后尚有牛开平、赵琼、梁维轩、童华荣、罗象谷尚未归还。本月再启通知，即日归还，否则通知训导处办理。

一月廿六日

文书组送来"特种考试税务人员考试成都区委员会"公函两件，略谓：本系四年级同学援例请求参加本年二月二十三日高税人员考试，因碍于法令，未便照准云云。除将原函退文书组外，并已布告经四同学知道。

一月廿八日

注册组请于二月十五日前将本系下期应设课程开列课表送去，以便排课；并送来课程表六张。

院长谈本系全年课程。各课全部仍旧不变动，但高级会计一课"担任教授姓名"暂勿填写；其余如有应增设课程，即请书面通知院长室核办。

二月十八日

文书组转来"特种考试税务人员考试成都区委员会代电"一件，略称：经济系学生请援照上年成例，准以应届毕业资格报考本次税务人员考试。顷奉上峰电知，卅七年春季应届毕业学生在报名截止前确将毕业手续办竣，由校给证明者暂准报考，但应于考前补验毕业证明书，否则不准参加笔试。

卷内 3　国立四川大学："经济系卅七年度系务会议记录簿"（1948 年 2 月）

国立四川大学法学院经济学系办公室记事簿
卅七年二月

三十七年二月二十七日（星五）

院长来室称，"经四"缺修社会科学一门全年六学分者，决开"民法概论"一班，每周六小时，于本期内补足全年六学分之课程。

彭迪先教授来函一件，略称：近因身体疲劳过甚，不堪繁剧，新生院"经一""经济学"一课请另觅教授担任等语。该函已转陈院长矣。

三月三日

杨东莼先生来称：所授"经三""中国经济史"一课原分甲、乙两组，本期改为合班上课，已布告"经三"同学注意矣。

本系专任教授林如稷先生因病辞职，已函请教务处查照。又林先生所遗专任教授之缺，由何幼农先生递补，亦已函请教务处查照办理矣。

三月四日

本系图书自下周起开始借出，每人限借一本。

杨东莼先生中国经济史一课本期合班后授课三小时，因超过一百人，加算超额钟点一小时，共计四小时（原为六小时），已通知院长办公室请转教务处核算。

三月五日

函请注册组将财政学仍照上期分为甲、乙两组上课。

补开"民法概论"一班，每周六小时于本期内补足全年六学分一事，是否可行，已函请注册组查明见覆。

三月六日

△院长室各系传阅通知一件：查本大学钟点费支给办法系每期五度，以学期计算。本期各系教员授课时间变动甚多，为求核实计，即请准照上期表式分别填制贵系专、兼任教员授课点钟一览表（选课确定后），以凭汇报为荷。

三月八日

注册组函覆本系，略称："经四"学生选"民法概论"补救学分，可选"政二"已经开班之"民法概论"，并请教授指导补修，将来考试及格，即给予全年六学分。但请转该生等姓名，开列见覆办理。已布告。

三月九日

十五届学生刘希伯来函讯问毕业证书。该生前奉注册组通知，略谓：未呈缴该生化专证书，致无法报转教部，请领取经济系文凭。但该生声称于廿四年春已呈缴化专证书，经时太久，收条遗失，请本室转查注册组，已将原函转请注册组查覆该生。

三月十日

本系四年级学生缺修社会科学，前曾来系登记申请补修全年六学分课程者，计有萧尊德、马礼谦、鲍俊卿、左远鹏、曹仲华、王伯先等六名，已函复注册组核办矣。

〇何幼农先生索阅"高级会计"上期笔记，以便预备该课之内容。本日函经三谭茂春调用该科笔记，因谭不在，未能取得。请再向该班学生借用，送交陕西街188号何先生收。

本期增开"审计学"一课，请由何幼农先生担任；又"高级会计"亦由何先生讲授。已送吴院长，嘱通知注册组将课表送出，并布告学生选课。

三月十一日

"高级会计学"笔记已向"经三"黄谢芳同学借得，并已交彭迪先先生转交何幼农先生。

三月十二日

"经四"马礼谦来称，已在铭贤学院修读"法学通论"四学分，现仅应补"民法概论"三学分，已函请注册组更正。

三月十七日

"经四"刘昕晔及谢果呈请导读"西洋经济史"及"财政学"，已函知注册组，并请见覆。

〇院长室通知：

（一）孙可珍捐款速交渠，并为各先生出据收条致谢。

（二）"经一""经济学"一课仍请彭迪先先生讲授，已函请新生院注册组查照，并嘱通知彭先生上课时间。

三月十八日

本期专任教员超额钟点及兼任教员授课钟点已一并列表送法学院汪先生转教务处。

三月二十四日

"现代货币理论"本期停开，应函请注册组查照。顷据院长谈"经四"选修此课学生是否有因此停开而影响其毕业总学分者，应先调查后再交函注册组，已布告各生注意，于本星期六前来室登记。

三月廿五日

〇"经四"学生陈荣泽请求重考"公司理财"，业经吴院长、刘主任批准，并函知该生将该科笔记送来办公室，以便转请刘泽膏先生命题。望将函送出。

三月廿六日

△"公司理财"笔记已交来本室，并已转送刘泽膏先生请代命题，约定下星期二往取试题，星期三（三月卅一日）上午九至十一时考试。

△"现代货币理论"停开，"经四"学生已有因此使学分不足者，应请示院长如何办理。

【三月】廿七日

收到"经二"两同学交来"货币学总论"笔记两本（置办公桌抽屉内），声称系黄宪章先生调阅存者，俟黄先生或候两同学来取。

院长室交来"清寒学生救济委员会"捐募单一份，请本室同仁募捐，并请同仁等分别向本系教授及学生募捐。

四月二日

陈荣泽已来系补考"公司理财"，试卷及成绩已送注册组。

注册组出覆本系称："经四"学生刘昕晔及谢果导读一事，该组已予同意，请查照转知二生。

四月六日

吴院长谕：凡因"现代货币理论"停开致学分不足者，可改选"审计学"，并已个别函知登记。有学分不足者刘昕晔、周骐、谢果、陈敏之、郭履新五人准予改选"审计学"。

又函知注册组请留系上期选读"现代货币理论"成绩及格者之学分，并通知请准刘昕晔等五同学改选课程。

四月八日

谢乐康先生面称"本人所授'中国财政问题'为学期课程，学分为二学分；本期另开'地方财政'，仍为二学分；但系中误将'中国财政问题'列为学年课程，四学分。请将上述情形通知注册组，以便更正"等语，已于昨日函注册组更正矣。

学生清寒救济金募捐，尚有何幼农、黄宪章等先生未捐，捐册已交鄢鉴如【编者按：似为"鄢健儒"】，嘱于一二日内分头向上述先生劝募，以便结束。

四月二十一日

彭迪先先生嘱通知"经四"苏自强同学取回论文《财经建设之原则》，该文现存本室，已通知其来取走，来时请索收据一张，交其领去。

四月廿九日

○顷接会计室本月廿七日通知："本年度一至六月份学术研究费本系分配数计三，四三二，二四五元，请备函支用"等语。

四月廿日

学术费究应为何支用，已转请院长决定。

五月三日

○学术研究费即可具领。

○注册组送上届未缴论文学生名单一纸，希本系核对。

五月五日

十六届毕业生未缴毕业论文三人，已查明其情形如下：

1. 黄国强，已于卅五年七月十八日转学离校。
2. 孙德源，论文系请谢乐康先生指导，已函请谢先生查询论文是否尚存该处。
3. 罗一珪，情形不明。请注册组代查是否毕业考试前离校。

以上情形已函覆注册组。

注册组之函已经送达。谢先生之函因未在校，尚未送达。

已送谢先生，今日并得谢先生面告，孙德源之论文并未在谢先生处。

【五月】七日

函请会计室制传票，以便领取卅七年度一至六月份学术研究费。

法学院长室通知，就此次应领之学术研究费中，购置经济学基本参考书，送新生院图书室，以供一年级学生借阅。

【五月】十日

本系本年度一～六月份学术研究费三四三〇〇〇〇元，已发下公库支票一纸，已交鄢健儒到国库取款。

【五月】十三日

顷据谢乐康先生面告，孙国源论文并未存在该处，是该生论文既未在谢先生处，又未缴交本办公室（因十六届学生已交论文登记册中无该生姓名），已将此种情形函复注册组矣。

本系本年度一～六月份学术研究费已由鄢健儒取回，前请刘诗伯（白）进城买书。

【五月】十四日

布告十六届未缴毕业论文学生黄国强、孙德源、罗一珪速将论文交来。

【五月】十七日

△本系研究费下购买之经济学大纲七本，送新生院图书馆取借据。

六月五日

院长室转知，查报本系三年级同学成绩优异者十名，选资源委员会核领奖学金。计有学生林泰益等十人，已汇转院长室。

六月十四日

本系书籍本日起停止出借。

〇顷接李光忠先生来函略称"西洋经济史缺小考各生应在期考以前补行小考。兹将考题附上，希酌定适当时间补考"等语，当将试题密封（放于文卷柜第二格），并布告应补考各生于本周星期五十至十二时来办公室参加补试。

六月二十三日

△"经二"学生补缴统计学练习汇齐后，送交杨佑之先生。

〇"经二"学生王忠卿补试"西洋经济史"，已通知其于本周星期五十至十二时来室应试（题目经封存文卷柜内）。

〇王忠卿已于本星期五上午十至十二时来办公室补考，试卷已请李光忠先生评阅。

卅七年九月二日

注册组通知本系，开列卅七年度课程表，于九月七日前送交该组，当即根据上年度本系所开课程，开列草单，送交院长室。

九月七日

本系卅七年度所开课程，暨担任教授表，已由院长室交来，当即抄送注册组查收，底单存查。

九月十一日

院长室通知：本系本年度课程应调整为后：

（1）一年级"法学概论"停开，另开"民法概论"。

（2）二年级加开"商事法规概论"（担任教师姓名及授课时间、学分与法律系商定后再函知）。

（3）曾天宇先生授"现代经济问题"一课，暂缓开设。

上述三点已函请注册组查照更正。

○本系二年级加开"商事法规概论"一课,担任教师姓名、授课时间及学分,因裘主任未在办公室,已函请法律系将上列事项通知本系,收到通知,即请转知注册组。

△院长室九月九日通知请聘曾天宇先生为兼任教授,九月十日又通知曾先生课暂缓开设,请聘一事,是否仍暂缓,拟询明汪先生再办。

九月十六日

本系旧生注册移下周星期一开始。

"商事法规概论"一课,现经裘主任决定全年四学分,每周上课二小时(担任教员决定后再通知),为本系二年级选修课,已通知注册组查照。

请聘曾天宇先生事是否仍即办理,已通知院长室请予核覆。

【九月】十七日

院长室通知,曾天宇先生已另聘为德文教授矣。

院长室汪先生谈,彭迪先先生所授本系及其他各院系二、三年级选修之经济学一课,让与艾和薰先生讲授,嘱通知注册组并转知艾先生。(已转知注册组)

九月廿日

法学院汪先生来称:本系一、二年级"法学概论"一科已商请裘先生,一律改为"民法概论";"商事法规概论"由三、四年级选修,二年级已有数人选该课,嘱其退选,已通知注册组。

九月廿八日

院长室转知:请排彭迪先先生"现代经济学"每周三小时,已转知注册组。

九月二十九日

△院长嘱:十月四日起新生口试,请本室全体同仁来校会同办理。

本系一、二年级"法学概论"改为"民法概论",是否影响学分,本系学生多来系询问。因此,□□□定课程标准,已函请注册组查照见覆。

法学院汪先生交来工学院院长室致法学院之函一件,关于"实用经济学"一科,已聘请吴福临先生担任。本件送交本系存案。

△法学院汪先生来系称,法学院各系转系考试订于十月六日(下周星三)举行,请本系派两位同仁负责办理,并希于考试前一天将地点及时间公布。

数学系函询本系二、三年补修微积分班本期是否仍继续开设。查微积分一课为本系一年级必修,本年二三年级学生已修读,仅有经四少数学生(约三人)未修,是否开班,拟请该系斟酌办理。(已将此函覆该系,函待发)

十月一日

注册组送来新生试卷及报名单,已盖章后收取,现移在文件箱第一格备用。

十月九日

注册组函请本系主任:参照中国经济史笔记代拟该科补考试题,限十月十二日前交该组,并已条告经三学生即日将该科笔记送办公室。

十月十六日

彭先生来谈,《经济思想史》每卷售价二元伍角,本日下午及下星期一上午为发售时间,凭在系办公室登记先后验明注册证,缴款取书。存书有限,售完为止。(已布告)

【十月】十八日

售廿册，款已交彭先生。

十月十九日

教务处函请表报本系专任及兼任教员授课超额点钟时数及科目，已转请注册组查明本系各教授已开各课、选课学生人数见覆。

十月廿日

"经四"学生张本源、姚鹤图【与】女同学一人，共三人，卅六年二三月间补试"英文经济名著"（"经二"上，原任朱懋荣授），杨伯谦先生命题，注册组称未收到该科成绩，请查明。

十月廿三日

△杨伯谦先生来称："经二""英文经济名著"教材拟选印《马沙尔经济学原理》，请本系将原书收回备用，又请布告"经二"学生。即派代表向出版组办理印刷手续，并来本系办公室领取此次应印讲义底稿——英文李加图《经济学与租税》一册，自第一页暂印至第九页止，作第一次讲义用。杨先生并定于下星期五来系取书。

新生院注册室函询本系一年级学生是否可在社会、政治、民法三种中任选一种，已函覆三种中可任选一种。再函催注册组请即将本系教员授课钟点及选课学生人数列表见覆。

十月廿五日

马沙尔书已收回。

本系教员超额钟点已送法学院。

十月廿一日

△注册组送来"中国经济史"补考试卷三份，请速评阅掷还，请诗白兄代阅。

裘先生谈商事法规概论一课由孙国常先生担任。

十月廿八日

裘千昌先生交来孙国常先生（商事法概论）信请假四周，并嘱布告通知学生。已布告。

十月卅日

法律系来函，略谈：张光棣先生所授"经一""民法概论"一科，因时间冲突，决予停开，已转知新生院注册室矣。

十一月一日

"经二"学生交来李加图《经济学与租税》一书，留交杨伯谦先生。

十一月六日

十七届毕业生高中华送来谢乐康先生指导之论文复本，已送请评阅。

杨伯谦先生之书已取去。

本系书已购回。

十一月廿四日

黄校长来系称，彼愿指导少数有关土地货币等论文，希通知"经四"同学。

十一月卅日

校长愿指导少数学生论文事已布告"经四"学生注意。

十二月十一日

△注册组函请将新生报名单及试卷检还。

已办。

十二月廿日

本系毕业学生应登记毕业论文，已出布告。

十二月廿五日

○注册组函查十一月十二日检还之报名单及试卷交付何人。

十二月廿八日

△本系新生报名单及试卷，已由新生院注册组室收回。

△本系课程指导书已缮就。

（以上两件请登记后交注册组查收）

【一九四九年】一月三日

本系图书限一周内归还，本系不再出借。

一月六日

△李光忠先生来信略称：本系有少数学生因请假，缺西洋经济史小考。李先生已嘱该生等于训导处取得证明后来本室登记，由本室定时间举行考试。今日已出布告，定于下周星三上午九~十一【时】举行补试。将试题封好后交林□九转交刘诗白先生，并请刘先生届时代为照料。

一月十二日

"西洋经济史"补考学生二人，试卷已交李光忠先生。

一月十四日

本日有学生送来"政府会计"（四份）、"成本会计"（一、二、三份）及"高级会计"（六份）之实习卷，已布告各生前来领回。

一月廿二日

本校仪器委员会函称：本系购之 Kande Slide Rule【"康帝计算尺"】已由美国运到，请即开具收条领取。

二月二日

关于本系收容寄读生情形，本日函复教务处略称："本系二年级有一二一人，三年级有一二二人，四年级有一六八人，不但超过额定人数甚多，且实际上亦感不便教学，拟请尽量免于收容。兹将各年级人数抄附如上，当希查明"等语。

二月廿一日

四年级选地方财政学生来问，凡上年度中国财政问题一科，注册组开为选修，全年六学分；但今年改开地方财政，上二科各作几学分？（三学分）

凡上年度选中国财政问题一科者，是否可以不选地方财政？（可）

汪潜先生来称，请速打听彭昌国先生来系授课事进行如何，以便下聘。

二月廿五日

本系所购之计算尺，本日已前往化学馆农化系办公室领取，惟因负责保管人近日请假，未能领得，约下周一始可领取。

银行会计补修签名学生讫本日已达四十五人，业遵照刘先生函示，通知注册组排课。

三月七日

本系应领之计算尺一枝【支】，现已领到，并附来说明书一本。

〇汪先生称，三月五日曾请本系赓即编制一教室容量表，按各学科计算，分别将科目名称、该科担任教授、听讲学生人数、教室地点、教室容量确实列出，于最近编就，以便转交教务处。

〇汪先生又谈，本系中国经济史教授彭昌国先生因底薪问题，尚未受聘，本日已由院函请杨佑之先生转征彭先生意见，为杨先生函到，表示彭先生同意按新底薪受聘，即请将院长室呈校长室之函发出。已办。

〇院长室请本系向教务处洽商"经四"政经系借读生王余荣缺修"中国外交史"（必修）一课如何补救，并将结果通知王生。已办。

三月八日

本系领到之计算尺因办公室无妥善器物保存，现由高著本人暂行保管。

△本系申请购书书目已开出一部分，尚未开列齐备。

三月九日

校长面告本系本期决为本系学生开设下列二课：一、统计学。二、工业统计。半年三学分，二、三、四年级选修，文法学院各系学生亦可选修，已布告学生来系登记。又上列二课，系请由谢静吾先生担任讲授，并希将登记人数通知校长。

据教务长核称，王余荣缺修之"中国外交史"一课，可由该生另文呈请导读，导师请由法学院代为指定，此结果已转告王生。

三月十日

王余荣申请导读"中国外交史"之申请书已转送院长办公室核办。

〇本系各学科选习人数表底稿已拟好，惟其中尚有若干学科未经列入，本日已函请新生院注册室将本系一年级各课选习人数及教室容量表列见复。至二、三、四年级所开课程底稿未经列入者，则可向注册组艾荣光先生责询。

三月十一日

〇王余荣申请书已批下，略称：指定陈恭禄著《中国近代史》为主要参考书，作一读书报告，于大考前呈院评定成绩。该报告书存系待取。

三月十二日

新生院注册室已将学生各科人数表送来。

三月十六日

院长室批下王余荣之申请书已于本日通知王君，申请书留系存查。

谢静吾先生讲授之"统计数学"及"工业统计"于本周星期六（三月十九日）截止登记，已函请注册组布告；又已登记各生之加选手续，注册组请本系代办；又已登记各生人数已转知校长，嘱转知注册组排课。已办。

三月十九日

本系各学科人数统计表已制就，交院长室矣。

"工业统计"及"统计数学"二课共有二四生，二十人选修，已通知注册组代办加选手续。

三月廿一日

本系教员超额钟点表已送教务处。

三月廿二日

本系有少数学生于选课时未将"中国经济史"一科列入选课单，【此】刻加退选课之期已满，特商请注册组先予由系登记，于本周星期六将名单汇交该组办理，加送手续，已将此种情形布告各生注意。

三月廿二日

注册组通知"经三"缺考"中国经济史"学生请系办公室将加选名单开送该组，始可予照办。

又"工业统计"在星六九时至十二时【在】第廿六教室上课。"统计数学"星二九至十二【时】在第六教室上课。

"工业统计"本日又有"经二"孙寿德等四名请求登记，已函请注册组补行加选。函待发。

三月廿六日

选"中国经济史"补行登记学生名单已用发文簿送出。

五月廿三日

"经四"吴秀清缴来论文一册。

五月廿五日

收到龙德广交来毕业论文一册。（已一并登记登记册上，专柜内）

六月七日

送出毕业论文共三十八本，交主导教授评阅（详见论文收发办），并分别取办。

六月八日

刘泽膏先生评阅之论文一本已缴来等。又刘先生所评论文四本已转交注册组。

七月十九日

清理本系毕业论文，迄本日整共有六十五本存系，核算无讹。

八月十六日

黄校长指导本系之毕业论文五本于本日请张兴庆先生便中送黄校长。

九月廿七日

△本校通知将实验费应收数目于星三以前函覆。惟本系似无收实验费之必要，尚未作覆。

十月七日

○据会计室通知，本系分得学术研究费六十九元三角九分，已通知会计室请其制传票，以便将该款领下，购买图书。

十月十二日

本系学术研究费六十九元三角九分，已求今日领下。

十月廿二日

○"高级会计""审计学"二科之笔记业已送来，请于星一出题，星二将笔记归还。

十月廿六日

"高级会计"及"审计学"补考试题已请刘泽膏先生代为命题。

十月廿七日

"统计数学"及"工业统计"二科补考试题已命就，送注册组。

十一月二日

院长手谕，排胡法渊先生"合作经济"三小时、半年，三、四年级选修。已函注册组，并布告学生加选。

十一月三日

谢乐康先生授"经三""财政学"，由谢先生来函，请分甲、乙两班，已函注册组照办。

本系教员实授超额钟点表已通知教务处。

注册组来函，须由何高著先生转来请代彭迪先先生所授"现代经济学说"，拟命试题已布告学生，送笔记来室，以便命题。

十一月四日

"经三""经济思想史"一课三十八年度请由李光忠先生担任，已函请注册组按照其指定时间排课。

十一月五日

本系经济学试卷已由注册组送来，何以缺四十本？余请高、周诸先生续阅。

十一月十一日

注册组送来彭迪先先生试卷二包，谢静吾试卷二包。

注册组函本系称：新开"合作经济"一课，不便布告加选，请本系布告学生来系登记，汇办加选手续，已布告学生知照。

十一月十四日

胡法渊先生来系称：所开"合作经济"一课，请排在每礼拜六午后上课，并请将课目公布在课程表上，已函注册组照办；又请将本课改为其他各系同学均可选修，已布告照办。

十一月十五日

彭迪先先生授"现代经济学说"试卷暨谢先生授"统计数学"及"工业统计"试卷三包均已由高评阅完竣送注册组。

十一月廿一日

院长及谢静吾二先生来系请排"工业统计"及"统计数学"三学分，三、四年级选修半年，已通知注册组照办，并布告学生加选。

十一月廿五日

本系本期学术研究费何经手六元三角一分，购得马寅初著《财政学与中国财政》一部共二册（商务版）及订阅《工商导报》一个月。此书业于今日置于系藏书橱内。

十一月廿八日

院长嘱本系编一财产目录送院长室存查。

十一月卅日

注册组来人称：谢静吾先生所开二课，选习人数太少，碍难开课，已布告学生加选。

十二月二日

本系财产目录已拟好一份送院长室，关于图书部分，本日清点现存系办公室之图书共有 253 册（此次购买之新书十册已在内），至借出部分，因经手人未在，未能清点。

一九五〇年一月九日

院长嘱：通知本系全体教员于本月十一日上午十时在本系办公室开系务会议，商讨课程问题。已通知各先生出席。

总务处请本系将全系公私家具登记如表，交保管股，以便赶办□交，已编制一新送去。

保管股函询：原院长室计算机是否由本系交还院长室表报？已通知该股，此项计算机由本系管理，由法学院表报。

一月十六日

吴院长交下黄宪章先生函一封，略谓：嘱担任新课程……以时间有限，更难应命。

一月廿一日

午后□彬馆二十六教室无经济系学生上课，请于星一再设法通知。

案卷 218："教育部关于课程设置及内容的来文"（1943 年 4 月—1949 年 3 月）
卷内 9　国立四川大学："呈送签注奉发战时经济教材纲要（附纲要）"（1943 年 9 月）

呈送签注奉发战时经济教材纲要仰请鉴核备查由
中华民国卅二年八月卅日拟稿，九月二日封发

案奉钧部本年六月十九日高字第二九二二四号训令，附发中等教育学、战时经济、动物学、植物学、遗传学、果树园艺学等六科教材纲要学案，饬即签注意见呈复等因。奉此，分别令发有关院系遵照签复意见去讫。兹拟法学院购战时经济教材纲要，签注完竣，送请核转。前来理合具文查呈，仰请鉴核备查。

教育部

查教育部发下战时经济教材纲要业经本院经济系签注意见，兹特随函送遣，请烦查收报部。

此致

文书组

法学院院长室

本大学案奉教育部本年六月十九日高字第二九二二四号训令开：

"查本部前为编订大学各科目教材纲要，曾令发哲学概论等科目教材纲要草案，仰照规定，各点签注意见有案。兹续由专家拟就中等教育学等六科目教材纲要草案，除分别令发各有关校院签注意见外，合行检发九份，仰于文到两周内呈覆，以凭整理商讨为要"等因，附发师范学院中等教育学，法学院战时经济，理学院动物学、植物学、遗传学，农学院果树园艺学、动物学、植物学、遗传学等科目教材纲要草案各一份。奉此，除分函外，特抄附原"签注意见注意事项"一份，并检同有关教材纲要，随函奉进，即请察照，遵限办理，汇交文书组转呈为荷。

此致
法学院
附教材纲要一份，签注意见注意事项一份。

总务处启
三十二年七月三日

（交请经济系办理　七月五日）

签注意见注意事项：

1. 教学目标是否妥当？有无必须增删之处？
2. 全部纲要能否将本科目应授教材包举无遗？有何应行增删之点？
3. 全部纲要分量是否恰与本科目所定学分数配合？多寡轻重应有若何调整？
4. 各科目教材纲要之间有无冲突重复之处？应作何调整？
5. 所列参考书目是否妥当？应否有所损益？

战时经济教材纲要

漆琪生

甲　教学目标

本科目根据三民主义与经济学各科之基本原理，而欲教导学生明瞭战时经济之特质、战时政策之原则，俾便其研究抗战时期之经济问题与促其奉行抗战建国之国策为目标。

乙　教材纲要

一、战时经济学之产生与内容：

（一）战时经济学之产生

（二）战时经济学之内容

（三）战时经济学研究之目的

二、战时经济之意义与特质：

（一）现代战争与国民经济之关系

（二）战时经济之特质与平时经济之差别

（三）战争前经济之准备

（四）战争中经济之措施

三、战时经济政策之演进与原则

（一）第一次欧战前战时经济政策之沿革

（二）第一次欧战中各国战时经济政策之内容

（三）此次世界大战各国战时经济政策之概况

（四）战时经济政策之原则

四、战时体制编成论

（一）战时体制编成之意义

（二）战时体制编成之必要

（三）战时体制编成之方式

五、经济总动员论

（一）经济总动员之意义

（二）经济总动员之内容

1. 财力动员　2. 物力动员　3. 人力动员

（三）经济总动员之方式

六、战时经济统制之必要与范围

（一）统制经济与计划经济之关系

（二）战时统制经济之必要与目的

（三）战时统制经济之方式与机构

（四）战时统制经济之范围

1. 生产统制　2. 资源统制　3. 运输统制　4. 贸易统制　5. 金融统制　6. 食粮统制　7. 分配统制　8. 消费统制

（五）欧美各国之统制经济

七、战费论

（一）战时财政之特征

（二）战时财政之支出

（三）战时财政之来源

1. 增发钞币　2. 增加租税　3. 发行公债　4. 节约储蓄　5. 劝募捐款　6. 举借外债

（四）前次欧战之教训与此次大战之方策

八、经济作战论

（一）经济封锁

（二）资源争夺

（三）市场争取

（四）财富破坏

（五）金融扰乱

九、战时经济之机关

（一）战时经济机关之组成

（二）战时经济机关之职权

（三）战时经济机关之种类

十、我国战时经济问题

（一）我国战时经济之实力

（二）我国战时经济之措施

1. 我国战时经济体制之由来

2. 我国战时经济之特质

3. 我国战时经济之机构与组织

（三）我国战时经济政策

1. 战时财政政策

2. 战时生产政策

子、工业政策；丑、农业政策；寅、粮食政策

3. 战时贸易政策

子、对外贸易政策；丑、国内贸易政策；寅、物价管理政策

4. 战时金融政策

5. 战时交通政策

6. 战时消费政策

（四）我国对倭经济战争之梗概

（五）我国战时经济当前诸难题

（六）我国战时经济急应改正之点

（七）我国战后经济复员问题

十一、倭寇战时经济之弱点与危机

丙　参考书目

一、《统制经济全集》

（一）《产业动员计划》有泽广巳

（二）《价格统制论》井藤半弥

（三）《通货信用统制说》笠信太郎

（四）《价格统制说》何合良成

二、《战时经济论》森武夫

《战时财政论》高木寿一

三、《欧美国家之总动员》陆军省整理局

四、《各国统制经济的实态》北泽新次郎

五、《列强军需资源论》资源整理调查局

六、《产业统制论》新田直藏；《统制经济批评》猪津南雄

七、《非常时的财源问题》神户正雄；《战时经济原理》唐启贤

八、《战费筹集方法论》朱仁安；《当日本作战的时候》刘尊棋　撰

九、《战时经济原理与实施》郑合成；《战争经济学》正木午冬

十、《欧战经济财政史》G. Olphe Gailliard　撰　林孟工　译

十一、《战时经济之研究及其设施》中国问题研究会

十二、《全民族战争论》张君劢　撰；

《非常时日本之国防经济》张白衣　撰

十三、《英国战时统制经济》孟广石子　撰；

《美国经济复员计划》孙慕迦

十四、《现代战争论》张志龢;《战争论》柳若水 撰

十五、《战时经济与国防》卫国钧编;《经济战争与战争经济》王光祁

十六、《战时的铁路》孟广石子;《军备与国民经济》孙伯坚

十七、《计划经济论》东北行健字会;《美国战时计划经济》陈文鹭 撰

十八、《战时经济论》曹贯一 撰;

《中国战时经济问题》中国社会问题研究社

十九、《战争经济论》森武夫;《各国战时经济政策》郑独步

二十、《国防与食粮问题》尹以暄;《战时经济讲话》上田贞次郎

二一、《国防论》蒋方震;《战争与经济》艾秀峰 撰

二二、《战争经济学》裁竹轩主人;《战时租税制度》侯厚吉

二三、《战时财政》卫挺生;《资本主义与统制经济》周宪文

二四、《中国统制经济论》罗敦伟;《非常时财政论》尹文敬

二五、《战时统制经济论》陈授荪 撰;

《统制经济之理论与实际》李菊时编

二六、《战时消费品之分配统制》王伯颜;《战争经学学》谢本城 撰

二七、《国防与粮食问题》尹以潢;《战费论》吴克刚 撰

二八、《战时捐税》同上;《战时金融与统制》同上

二九、《战时公债》同上;《战时经济》吴克刚

三十、Fainlie J. A. *British War administration*.

卅一、Pigon. A. C. *The Economic & Finance of the War*.

卅二、Wall. W. W. *The War & Own Financial Fabric*.

卅三、Hinat. L. W. *The Political Economy of War*.

卅四、Nicholon. J. S. *War Finance*.

卅五、Wilson & Loga. *The European War Debts & Their Settlement*.

卅六、Pigon. A. C. *A Levy on War Wealth*.

货币银行学教材纲要

程绍德 拟

梅远谋签注意见

甲 教学目标

使大学生明瞭近代通货之意义、演进、运用原则,及其在近代经济组织中所占之地位。

乙 教材纲要

一、货币

(一)概论

1. 货币之概念

(子)货币之意义

（丑）货币之功能

（寅）货币之要素

2. 货币之演进

（子）计算币

（丑）商品币

（寅）权衡币

（卯）铸币

（辰）纸币

（巳）银行币

3. 近代货币之权威学说

（子）工业革命后货币需要数量之增加

（丑）金银供给之关系

（寅）财政膨胀之结果

（二）货币价值论

1. 货币价值之意义及其表现——物价指数与汇价

2. 货币价值之由来

（子）金属说或币材说

（丑）法定说、固定说或筹码说

（寅）债权说

3. 货币价值之变动

（甲）对内价值之变动：

（子）变动之原因

（丑）变动之影响

（乙）货币对外价值之变动：

（子）金平价

（丑）购买力平价

（寅）汇价变动之原因

a. 数量说

b. 购买力平价说

c. 国际借贷说

d. 汇兑心理说

4. 汇价与物价之关系

（子）金属本位时代之汇价与物价

（丑）放弃金属本位后之汇价与物价

（寅）正常汇价所决定之方式及其标准

（三）货币制度论

1. 货币本位之演进

（子）原始形态之货币

（丑）单金属本位制度：（甲）银本位制度；（乙）金本位制度

（寅）金银复本位制度，附跛形本位制度

2．第一次世界大战后之币制

（子）金汇元之本位或金块本位制度

（丑）管理通货本位制度

3．货币制度之将来

（四）纸币与信用

1．纸币之种类

（子）纸币之起源

（丑）历史上纸币之悲剧（此项在"货币演进"章内"纸币"一节可附带叙述）

（1）法之□□那纸币；（2）美之绿背纸币；（3）十八世纪末与十九世纪初英国限制令；（4）第一次欧战后德国之马克

（寅）纸币发行之原则

（1）多数发行；（2）统一发行；（3）金准备之用意；（4）金块准位与管理通货本位下之纸币

2．信用

（子）银行信用之涵义

（丑）银行货币 Banking Money 在近代货币制度

（寅）银行货币与纸币之关系

（卯）银行货币剩余准备之潜伏力

（五）一九一四年后各国货币恐慌及其对策

1．一九一六年货币恐慌

（子）第一次世界大战对于货币之影响

（丑）同盟国战时外汇政策

（寅）德奥战时外汇政策

2．一九一九年后欧洲货币恐慌及整理

（子）货币恐慌之加重预算与通货膨胀

（1）原因；（2）结果

（丑）货币之整理

（1）捷克斯拉夫之试验；（2）奥国货币之整理；（3）德国货币之整理；

（4）苏俄货币之整理；（5）英国货币之整理；（6）法国货币之整理；

（7）金汇兑本位之普遍化与外汇之稳重

3．一九三一年英国放弃金本位后之世界货币

（子）一九三一年美国放弃金本位及其影响

（丑）一九三三年美国放弃金本位及其影响

（寅）金集团、英镑集团、美元集团及德国货币管制

（卯）一九三六年法郎贬价后之世界货币

（辰）三国货币协定

（巳）第二次欧战发生后之世界货币

（六）中国币制

1．清末以前之中国货币

（子）制钱

（丑）银两与银块

（寅）纸币

2．清末民初货币改革之争议

（子）清末中国货币概况

（丑）货币改革之各种建议

（寅）争议之情形及其决定

3．废两改元以前之中国货币

（子）银两概况

（丑）银元流通概况

（寅）纸币发行概况

（卯）辅币情形

（辰）银价跌落与关金单位之采用

（巳）废两改元及其前因后果

4．废两改元以后之中国货币问题

（子）白银问题之发生及其影响

（丑）发行问题

（寅）汇市情形

5．新货币法之实施

（子）新货币法之内容及其前因后果

（丑）白银集中管理情形

（寅）发行统一情形

（卯）外汇稳定情形

6．最近币制问题

（子）抗战以来之中国货币

（丑）安定金融办法

（寅）外汇统制情形

（卯）汇率问题

（辰）发行问题

二、银行

（一）概论

1．银行之意义及其演进

（子）银行命名之解说

（丑）十七世纪以前之银行机构

（寅）十七世纪以后之银行机构

（卯）十九世纪以来之银行机构

（辰）工业革命与合股银行之发展

2. 银行在近代经济组织方面之机能

（子）资本主义社会下之银行

（丑）社会主义社会下之银行

3. 银行制度

（子）银行之种类

（丑）一国银行制度中各种银行之机能

（寅）银行制度之派别及其最近趋势

（二）中央银行

1. 中央银行之功用

（子）统一发行

（丑）代理国库

（寅）调剂市场信用

（卯）稳定币值

2. 中央银行之组织

（子）资本

（丑）内部组织之派别与概况

3. 发行制度

（子）限额发行

（丑）比例准备发行

（寅）无准备之管理发行（详论一九二〇年英格兰银行发行制度修改后之趋势）

4. 中央银行控制市场信用之各种政策

（子）贴（补）政策

（丑）公开市场政策

（寅）伸缩存款准备比例政策

（卯）其他

5. 我国中央银行制度问题

（子）我国中央银行机能运用之演进概况

（丑）最近中央银行改进问题

（三）商业银行

1. 商业银行之特质及其演进

（子）业务银行方面特殊形态

（丑）演进概况

（寅）在银行制度之地位及其对于社会经济之效能

2. 商业银行之组织

（子）银行立法上之各种规定与限制

（丑）内部组织之派别与概况

3. 业务

（子）存款——种类——利息

（丑）放款——种类——利息

（寅）存款与放款比例、变动及其与经济现状之关系

（卯）汇兑

（辰）其他附余业务

（1）储蓄；（2）信托；（3）保管；（4）仓库

4. 支票

（子）支票之功用及其与信用制度之关系

（丑）支票之种类

（寅）支票之流通与请示——票据交换所

5. 本票与汇票

（子）本票之发行

（丑）汇票之种类

（四）特种银行

1. 特种银行之性质及其种类

（子）特种银行设立之目的

（丑）各种特种银行性质之分类

（寅）资金之筹措与运用

（卯）业务特质

2. 国际贸易汇兑银行

（子）组织

（丑）业务

（寅）分支行之设立

3. 工业银行

（子）组织

（丑）资金之筹措方法

（寅）投资方法

4. 农业银行

（子）组织

（丑）资金之筹措

（寅）放款方法

5. 土地抵押银行

（子）组织

（丑）资金之筹措

（寅）放款方法

（五）各种银行概况

1. 英国银行

（子）特质

（丑）演进

（寅）分类

（卯）近况

2. 美国银行

（子）特质

（丑）演进

（寅）分类

（卯）近况

3. 欧陆诸国银行

（子）一般特质

（丑）中央银行

（寅）商业银行

（卯）特种银行

4. 苏俄银行

（子）特质

（丑）组织

（寅）全国信用分配方法

5. 日本银行

（子）演进

（丑）分类

（寅）现状

6. 中国银行

（子）旧式金融机关

（丑）银行兴起后之演进情形

（寅）现有之银行制度

（卯）将来改进问题

（阅。于"银行"部分，鄙意为应重行改编，大略为下：（一）上篇：银行理论。应作综合之说明。特别对于信用之本质，尤应详论。（二）下篇：银行制度。应作比较之研究。其方法应以各国银行制度为单位，不宜就银行之类别而比较之。因为如此，才能使学者明了各国银行制度之运用。同时应附带叙述各国战后银行政策及趋势。七月十五日）

案卷 220：教育部订立的"大学必修科目表"（1948 年 12 月）

卷内 1　国立四川大学："奉教部令：颁发大学文、理、法、医、农、工、商、师范八学院共同必修科目表（附科目表）"（1949 年 8 月）

大学文、理、法、医、农、工、商、师范八学院
共同必修科目表及分系必修科目表施行要点
卅七年十二月修订公布

（一）本次令颁之大学文、理、法、医、农、工、商、师范八学院共同必修科目表，分系必修科目表（以下简称"本科目表"），各系应自三十八学年度一年级学生起施行，三十八学年度二、三、四年级学生之必修科目在不抵触其已修习之科目与学分原则下，得参照办理。

（二）表列必修科目设置之学年或学期，得因事实需要酌予调动；惟科目内容有先后次序者，不得颠倒。

（三）各学系于确有必要时，得在本分系必修科目外斟酌实际需要及设备情形，呈准本部增设必修科目。

（四）所有学系未经呈准，不得分组；但两学系合并办理者，如史、地、数、理、生物、机电系等，得参照各设系之必修科目表分组教学。

（五）各院系共同必修科目应竭力设法辟设大教室（文、理、法三学院最好每系有一适用之大教室），尽量容纳应修学生，合班讲授；不得以院系为单位分别设班，以求全院全校互相沟通。但语文科目之每班人数不得超过四十。

（六）选修科目暂照以前规定办理，俟选修科目表修正完竣，再行令颁遵照；以前为必修科目未列入本科目表内者，以选修科目论。

（七）文、理、法、农、工、商、师范等院学生须修业四年，至少修满一百三十二学分，方得毕业。医学院学生修满学分数另定之。

（八）各校得对一年级新生举行国文及第一外国文考试，其成绩优异，确属超过大学一年级程度者，得予以分别免修，学分减半；惟须选读其他科目，补足毕业时应行修满之学分；前项考试必须严格办理，并于新生开始上课前举行之。

（九）为增进学生阅读能力，俾得广泛参考起见，应于二、三、四年级分别设置……【不详】

（十）……【不详】

（十一）第九条、第十条语文授课时间每周均为三小时，各以一学分计，但未修毕规定年限者不给与学分。

（十二）各校得指定教授组织语文委员会，专司指导修习及成绩考核等事项。

（十三）体育为当然必修科目，每周二小时，不计学分，至少修足二学年，不及格者不得毕业。

（十四）高年级学生应依教授指导，搜集资料，作专题研究；经常举行讨论会（Seminar），不计学分；惟其研究报告成绩优良者毕业时得由校另给荣誉奖状。

（十五）毕业论文为各学系当然必修科目，不计学分，不及格者不得毕业。

（十六）工学院应注重工场实习，农学院应注重农场实习。其在一年级以前先行实习一年（实习年）之农工学院可于肄业期间免除实习，工农学院学生在校外工厂或农场

工作，经学校认可，具有一年以上之证明，并考核及格者，得免除实习。

（十七）每学年开始时，各校应遵照本科目表，将各学系设置之必修科目名称及设置学期报部备案。

（十八）各系必修科目如确因师资及设备缺乏不能设置时，得声叙理由，呈准本部，以性质相近之科目暂代，但每级以一种为限；其暂代期间并不得超过一学年。

（十九）必修科目表尚未订领之各学系，得由各校拟具暂行科目表，呈部核定。

（二十）本科目表颁行后，各校必须切实遵照施行，学生未修满规定科目及各科目之规定学分者不得毕业。

附：科目表【商学部分，余略】

科目	规定学分	第一学年		第二学年		第三学年		第四学年		第五学年		备注
		上	下	上	下	上	下	上	下	上	下	
经济学	6	3	3									
会计学	6			3	3							
统计学	6			3	3							
货币银行	6			3	3							
经济史	6					3	3					
财政学	6					3	3					
国际贸易	6					3	3					
经济政策	6							3	3			
共计	48	3	3	9	9	9	9	3	3			

案卷 221："有关课程设置的一般事项"（1935 年 9 月—1937 年 6 月）

卷内 17　教育部："通令农、工、商学院学生应遵照大学规程第二十条之规定办理"（1937 年 1 月）

教育部训令：

事由：通令农、工、商学院学生应遵照大学规程第二十条之规定办理。

决定办法：送农学院照办。寿椿　中华民国廿六年一月八号　收到

教育部训令（中华民国）廿五年发高壹—第 19594 号

令国立四川大学：

查大学规程第二十条规定：农、工、商学院学生自第二学年起，须于暑假或寒假内，在校外相当场所实习若干时期，无此项实习证明书者，不得毕业。亟应切实施行。应即由各该校按照学科性质，分别订定实习程序，呈部核定实施。除分行外，合行令仰

该校遵办。

此令

中华民国廿五年十二月十九日

部长：王世杰

案卷 222："本校各院系 1937 年课程有关事项"（1937 年 12 月）

卷内 1 国立四川大学："各院系课程一览"（1937 年 12 月）

国立四川大学法学院经济学系课程一览表

民国二十六年度一学期

课程名称	年级	必修或选修	每周时数		学分	讲授期间	担任教员	每周授课时间						备注
			讲演	实习				星期一	星期二	星期三	星期四	星期五	星期六	
哲学概论	1	选	2				黄方刚			1—2	3—4			
普通心理学	1	选	3				刘绍瑀	1—2		9—10		9—10		

国立四川大学法学院经济学系课程一览表

民国二十六年度第一学期

课程名称	年级	必修或选修	每周时数		学分	讲授期间	担任教员	每周授课时间						备注
			讲演	实习				星期一	星期二	星期三	星期四	星期五	星期六	
国文	1	必	3			一年	李伯奕	3—4				10—12		
中作文	1	必	1			一年	李伯奕			8—9				
英文	1	必	4			一年	王淑瑛		8—9	11—12		8—9		
西洋通史	1	必	3			一年	何鲁之	10—11			9—10		11—12	
中国通史	1	必	4			一年	祝屺怀	8—10	9—10		8—9			
经济学	1	必	3			一年	曾天宇		10—11		11—12		10—11	
社会学	1	必	2			一年	胡鉴民			10—11		3—4		
军事学	1	必	1			一年				3—4				限于男生
军事看护学	1	必	1			一年						3—4		限于女生
军事训练	1	必	2			一年			2—4					限于男生
体育	1	必	2			一年	席均		4—5	4—5				限于女生
党义	1	必	1			一年	吴绍先	3—4						
自然科学概论	1	选	3			一期		4—5			4—5	4—5		
伦理学	1	选	3			一期	黄方刚				2—3	1—3		
政治学	1	选	3			一年	徐敦章		11—12		10—11		8—9	

国立四川大学法学院经济学系课程一览表
民国二十六年度一学期

课程名称	年级	必修或选修	每周时数		学分	讲授期间	担任教员	每周授课时间						备注
			讲演	实习				星期一	星期二	星期三	星期四	星期五	星期六	
社会主义	3	选	3				吴君毅	4—5			1—2	4—5		
英文	2	必	3			一年	罗念生		1—2	8—9	1—2			
银行货币学	2	必	3			一年	朱文		10—11		9—10		11—12	
会计学	2	必	2			一年	杨佑之		11—12		11—12			
会计实习	2	必		2		一年	杨佑之	1—3						
统计学	2	必	2			一年	杨佑之	10—11	9—10					
统计实习	2	必		2		一年	杨佑之					10—11		
体育	2	必	4			一年	黄中孚席均		女4—5	3—4女4—5		3—4		
党义	2	必	1			一期	吴绍先		3—4					
西洋外交史	2	选	3			一年	李德家	8—9			8—9	8—9		
中国外交史	2	选	3			一年	徐敦璋	9—10		10—11			10—11	
国际公法	2	选	3			一年	张溢然			1—2		1—2	9—10	
近代政治制度	2	选	4			一年	张溢然	3—4	2—3	9—10	10—11			
社会问题	2	选	3			一年	胡鉴民		8—9	11—12		9—10		
民法大意	2	选	4			一年	刘雅声		2—3	2—3	2—3	8—9		

国立四川大学法学院经济学系课程一览表
民国二十六年度一学期

课程名称	年级	必修或选修	每周时数		学分	讲授期间	担任教员	每周授课时间						备注
			讲演	实习				星期一	星期二	星期三	星期四	星期五	星期六	
财政学	3	必	3			一年	曾天宇		11—12		9—10		11—12	
保险学	3	必	3			一年	杨伯谦				9—10		8—10	
合作	3	必	3			一年	朱文	8—9			8—9		10—11	
农业经济	3	必	3			一年	黄宪章		9—10	11—12		11—12		
战时经济	3	必	1				董璧			1—2				
党义	3	必	1			一期	吴绍先			2—3				
体育	3	必	4			一年	黄中孚席均	3—4	4—5	女4—54—5				
会计学	3	选	2			一年	杨佑之	9—10	10—11					
会计实习	3	选		2		一年	杨佑之			8—10				
西洋经济史	3	选	3			一年	黄宪章	10—11		10—11		9—10		

续表

课程名称	年级	必修或选修	每周时数		学分	讲授期间	担任教员	每周授课时间						备注
			讲演	实习				星期一	星期二	星期三	星期四	星期五	星期六	
中国财政史	3	选	2			一年	董璧		1—3					
统制经济	3	选	3			一年	熊子骏		8—9			8—9		
土地经济	3	选	3			一年	郭先彦		1—3				1—2	
法语	3	选	3			一年	荣襟伟			3—4		2—3	2—3	
日语	3	选	3			一年	王嘉谟 吴君毅			3—4		2—3	2—3	
经济思想史	3	选	2											
比较宪法	3	选	3											

案卷 228："各院系师范生课程标准（二）"（1946 年 7 月至 12 月）

卷内 3　国立四川大学："师范生选修法学院各系辅录科目"（无具体日期）

一、政治、经济、法律三系中至少每系应选一科。

二、辅系学分仍以选足十五学分以上为准。

系别	科目	学分	年级	备注
法律系	法学概论	6	一或二年级	共必【共同必修】
	民法总则	4—6	一年级下	必
	刑法总则	4—6	二年级	必
	行政法	6—8	三年级	必
政治系	政治学	6	一或二年级	共必
	宪法	3—4	一年级	必
	中山政治哲学	4	二、三、四年级开	选
	中国政府	4	三年级	必
	边疆问题	6	二、三、四年级开	选
	中国外交史	4	二年级	必
	行政法	6	四年级	必
	行政学	6	四年级	必
经济系	经济学	6	一或二年级	共必
	经济地理	6	二、三、四年级开	选
	行政法	6	二、三、四年级开	选

案卷 484："1946—1948 年度学生毕业论文目录"（1946 年 9 月—1949 年 6 月）
卷内 1　国立四川大学："经济系毕业论文"（1946 年）

卅五年度下期经济学系收到毕业论文登记

	十六届毕业生姓名	论文名称	收到月日
1	陈继武	四川工业化问题	五月廿三日
2	刘兴庠	中国工业化的资本问题	同前
3	罗又新	中国经济建设刍议	同前
4	廖昌尊	战费筹划论	同前
5	黄子君	唐代花园制度之研究	五月廿五日
6	林学丰	利润论	五月廿五日
7	吴超远（十四届毕业）	对于马谢尔【今译"马歇尔"】经济理论之认识	同前
8	刘成章	达文波对马夏尔【马歇尔】之批判	同前
9	柴　咏	物价与信用管理	同前
10	曾古愚	里嘉图【今译"李嘉图"】与马谢尔经济理论之概述	同前
11	王价藩	古典学派工资学说	五月廿七日
12	徐素兹	工资之研究	五月廿七日
13	姜　明	我国租税制度之研讨	五月廿九日
14	黄子奇	我国公库制度之回顾与前瞻	同前
15	毛文柄	所得税之理论与实际	同前
16	许世雄	我国所得税制度之研讨	同前
17	刘正君	统制经济之史的发展	同前
18	曾庆九	我国所得税制度改革论	同前
19	尹为白	我国现行所得税制度之批判	同前
20	卿泽民	我国专卖制度之研究	同前
21	魏伯伦	中国物价统制问题之研讨	同前
22	朱开孝	中国专卖问题概论	同前
23	徐溥泉	中国战时财政论	同前
24	刘纯珞	论公债之发行及其偿还	同前
25	徐廉卿	论公债对国民经济之影响	同前
26	刘成荣	我国外资利用论	同前
27	陈营丘	论我国遗产税	同前

	十六届毕业生姓名	论文名称	收到月日
28	唐一平	我国地税研究	同前
29	隆履枢	中国关税概论	同前
30	吴学涵	计划经济与中国经济建设	五月三十日
31	朱超然	租税原则论	同前
32	熊梦甫	国地财政划分之理论与实际	同前
33	蒋建举	中国税务行政论	同前
34	姜庆云	我国现行所得税制改进论	同前
35	贺光琼	我国田赋征实之沿考及检讨	同前
36	王贤绥	保护贸易之研究	同前（本日未取收据）
37	刘智敏	中国货币用银之历史研究	同前（本日未取收据）
38	曾智贤	中国遗产税问题	同前（本日未取收据）
39	廖梓赓	金本位之历史发展	同前（本日未取收据）
40	龙馨如	中国抗战及胜利后对外之贸易	同前（本日未取收据）
41	徐光昕	我国财政今昔之比较	五月卅日
42	周守训	县地方财政论	五月卅日
43	马秀英	外汇与物价	五月卅日
44	曾宪琨	中国法币之研究	五月卅日
45	何淑琼	外汇与出口贸易	五月卅日
46	刘凤慈	中国工业化之途径	五月卅日
47	童锦华	中国遗产税之研究	五月卅日
48	高之维	我国财政之策论	五月卅一日
49	卫灵昭	我国工业化问题	五月卅一日
50	钱金涛	我国工业建设问题	五月卅一日
51	马嘉寿	租与准租	五月卅一日
52	李凤琴	论当前物价问题	五月卅一日
53	陈南宾	近代中国社会经济演变之研究	五月卅一日
54	周道源	中国战后经济建设与经济政策	五月卅一日
55	吴柏生	论直接税	五月卅一日
56	刘恒疆	固定资产折旧论	五月卅一日

	十六届毕业生姓名	论文名称	收到月日
57	刘洁清	我国银行制度之研究	五月卅一日
58	黄逸端	资产负债表之内容及分系	同前
59	李富鑫	鸡场业会计	同前
60	谢秉淞	遗产税的理论与实际	同前
61	刘徽钦	论我国民生主义之实行与所得税之改进	同前
62	廖季南	合作经济之理论与实际	同前
63	李焕科	我国今后农业金融政策的展望	同前
64	郑学渊	四川农工业均衡发展论	同前
65	张建中	论举募公债与经济之影响	同前
66	尹大贻	稳定国际通货与世界和平	同前
67	王永昌	中国税制改进之刍议	五月卅一日
68	毛开源	论田赋征实	五月卅一日
69	冉正芬	资本主义的前途	五月卅一日
70	陈倬云	我国今后经济建设应取之经济政策	五月卅一日
71	杨国玺	我国现行所得税制度论	五月卅一日
72	李国清	苏联计划经济研究	五月卅一日
73	邹仲春	中国工业化问题之研讨	五月卅一日
74	郑国煃	我国田赋之今昔	五月卅一日
75	徐昌明	对外汇兑与物价	五月卅一日
76	佘毅波	银行与信用	五月卅一日
77	雷天运	中国国际贸易问题研究	六月二日
78	冯启鳞	王安石经济政策之理论与实际	同前
79	丁荣升	租税归宿之研究	同前
80	尹岫岚	英国产业革命论	同前
81	廖玉田	劳工管理	同前
82	刘人俊	利润新论	同前
83	黄天初	我国劳工待遇问题研究	同前
84	曾开勋	海叶克及凯恩斯生产就业理论之比较研究	同前
85	应　衡	中国童工女工问题研究	同前

	十六届毕业生姓名	论文名称	收到月日
86	陈德厚	我国农村经济建设概论	同前
87	颜佛如	自贡盐业之调查及其改进	同前
88	孙孝康	银行会计科目之研究	同前
89	张才裕	四川出口贸易之研究	同前
90	杜钟任	如何挽回我国入超之颓势	同前
91	任是祺	论我国银行管制	六月三日
92	傅佑荣	我国外汇政策之研究	同前
93	余继志	民生主义经济的分配论	同前
94	王兆民	货币价值变动研究	六月四日
95	苏克馥	我国地税之研究	同前
96	杜作俊	我国现行货物税论	同前
97	戴光新 （复旦大学借读生）	从甲骨文看殷商王国的经济生活	六月五日
98	喻恕违	我国信用合作运动之研究	六月六日
99	吴绍民	商业经济学	六月七日
100	孙耀东	论中美友好通商航海条约	同前
101	孟昭栻	西洋封建社会经济的研究	六月九日
102	屈尚先	中国工业建设	六月十二日
103	黄介甫（复旦借读）	中国经济之出路	同前
104	帅士忠	物价论	六月十七日
105	杨　铭	利润论	六月廿日
106	蔡煜煊	物价变动与稳定	六月廿一日

卷内2　国立四川大学："毕业论文分类目录"（1946 年）

【编者按：该"毕业论文分类目录"中的论文名称有与前文"经济系毕业论文"中的论文名称不一致者，原因可能有二：一是论文最后定稿时，其名称有变；二是记录者误记。】

彭迪先先生指导：

林学丰：《利润论》

曾开勋：《海克斯【应为前文之"海叶克"，即今译"海耶克"或"哈耶克"】及凯恩斯生产就业【理论】之比较研究》

黄介甫：《中国经济之出路》

杨　铭：《利润论》

王价藩：《古典【学】派工资学说》

马嘉寿：《租与准租》

王兆民：《货币价值变动研究》

曾古愚：《里加图【应为前文之"里嘉图"】与马夏尔经济理论之概述》

徐素兹：《工资之研究》

刘成章：《达文波对马夏尔之批判》

颜佛如：《自贡盐业之调查及其改进》

卫灵昭：《我国工业化问题》

吴兆【绍】民：《商业经济学》

余继志：《论民生主义经济的分配》【对应前文之"《民生主义经济的分配论》"】

陈南宾：《近代中国经济与政治社会演变之连锁关系》【对应前文之"《近代中国社会经济演变之研究》"】

尹为白：《我国现行所得税制度之批判》

曾庆九：《我国所得税制度改革论》

屈尚先：《中国工业建设论》【对应前文之"《中国工业建设》"】

彭复恢：《利息论之研究》【前文无】

刘人俊：《利润新论》

张先辰先生指导：

陈继武：《四川工业化问题》

雷天运：《中国国际贸易问题研究》

吴学涵：《计划经济与中国经济建设》

刘兴庠：《中国工业化的资本问题》

刘正君：《统制经济之史的发展》

刘成荣：《我国外资利用论》

邹仲春：《中国工业化问题之研究》【对应前文之"《中国工业化问题之研讨》"】

钱金涛：《我国工业建设问题》

尹岫岚：《英国产业革命史论》【对应前文之"《英国产业革命论》"】

冯启鳞：《王安石经济政策之理论与实际》

孟昭栻：《西洋封建社会经济的研究》

周道源：《中国战后经济建设与经济政策》

李凤琴：《论当前物价问题》

刘凤慈：《中国工业化之途径》

冉正芬：《资本主义的前途》

陈倬云：《我国今后经济建设应取之经济政策》

谢乐康先生指导：

周守训：《县地方财政论》

魏伯伦：《中国物价统制问题》【对应前文之"《中国物价统制问题之研讨》"】

唐一平：《我国地税研究》

吴柏生：《论直接税》

许世雄：《我国所得税制度之研讨》

高之维：《我国财政政策论》

徐溥泉：《中国战时财政论》

徐光昕：《我国财政今昔之比较》

张建中：《举募公债之经济影响》【对应前文之"《论举募公债与经济之影响》"】

毛文柄：《所得税之理论与实际》

贺光琼：《我国田赋征实之沿考及检讨》

卿泽民：《我国专卖制度之研究》

廖昌尊：《战费筹划论》

隆履枢：《中国关税概论》

朱开孝：《中国专卖问题概论》

徐廉卿：《租税对国民经济之影响》【前文为"《论公债对国民经济之影响》"，似最后更改了题目】

刘徽钦：《论我国民生主义之实行与所得税之改进》

童锦华：《中国遗产税之研究》

熊梦甫：《国地财政划分之理论与实际》

丁荣升：《租税归宿的研究》

姜庆云：《我国现行所得税制改进论》

姜　明：《我国租税制度之研讨》

朱超然：《租税原则论》

周　娴：《我国自治财政论》【前文无】

郭秉新：《消费合作之研究》【前文无】

黄子奇：《我国公库制度之回顾与前瞻》

杨国玺：《我国现行所得税制度论》

刘纯珞：《论公债之发行及偿还》【对应前文之"《论公债之发行及其偿还》"】

苏克馥：《我国现行盐税之研讨》【前文为"《我国地税之研究》"，似最后更改了题目】

杜作俊：《我国现行货物税论》

谢秉淞：《遗产税的理论与实际》

孙德源：《所得税制之评议》【前文无】

陈营丘：《论我国遗产税》

黄宪章先生指导：

王贤绥：《保护贸易之研究》

傅佑荣：《我国外汇政策之研究》

尹大贻：《稳定国际通货与世界和平》

徐昌明：《对外汇兑与物价》

郑学渊：《四川农工业均衡发展论》

曾智贤：《中国遗产税问题》

廖梓赓：《金本位之历史发展》

李焕科：《我国今后农业金融政策的展望》

曾宪琨：《中国法币之研究》

廖梓赓：《金本位之历史展望》【似当时记录者重复录入】

马秀英：《外汇与物价》

龙馨如：《中国抗战迄胜利后之对外贸易》【对应前文之"《中国抗战及胜利后对外之贸易》"】

李国清：《苏联计划经济研究》

柴　咏：《物价与信用管理》

刘智敏：《我国货币用银之历史研究》

何淑琼：《外汇与出口贸易》

唐国华：《近代货币价值学说要述》【前文无】

张才裕：《四川出口贸易之研究》

蔡煜煊：《物价变动与稳定之理论》【对应前文之"《物价变动与稳定》"】

任是祺：《论我国银行管制》

李光忠先生指导：

黄天初：《我国劳工待遇问题》

应　衡：《中国童工女工问题研究》

廖玉田：《劳工管理》

陈德厚：《我国农村经济建设概论》

喻恕违：《我国信用合作运动之研究》

刘泽膏先生指导：

廖季南：《合作经济之理论与实践》【对应前文之"《合作经济之理论与实际》"】

孙孝康：《银行会计科目之研究》

郑国煊：《我国田赋之今昔》

佘毅波：《银行与信用》

杨东莼先生指导：

戴光新：《从甲骨文看殷商王国的经济生活》

黄子君：《唐代庄园制度之研究》

案卷 497　"本校农村经济调查委员会综合卷"（1935 年 1 月—1936 年 7 月）

卷内 1　国立四川大学："函请协助本校农村经济调查团团员调查农村状况"（1935 年 12 月）

【前附】

姜光前：江津；徐开□：资中；陈慕涛：宜宾；黄大晋：犍为；

张　鹗：新都；曾昭晟：泸县；郑昌苏：隆昌；郑　袭：温江。

事由：函请协助本校农村经济调查团团员调查农村状况由

校长：任【鸿隽】

秘书长：孟寿椿

秘书：黄宪章　代

中华民国廿四年十二月卅一日拟稿；一月三日封发。

公函：

径启者：本校农村经济调查团团员定于寒假期间前往贵县调查农村经济状况，以资实证助学，相应函达请示查照，赐予协助，俾利进行，足纫公谊。

此致

县政府

校长任【鸿隽】

卷内 2　国立四川大学：“函聘经济调查筹备委员会委员由”（1936 年 1 月）

事由：函聘经济调查筹备委员会委员由

校长：任【鸿隽】

秘书长：孟寿椿

中华民国廿五年一月六日拟稿；一月六日封发。

函聘：

径启者：兹经本大学第十三次行政会议议决，由校函聘台端为本大学经济调查筹备委员会委员在案。除分函外，特用抄同委员名单，函请参照，惠先就任，共策进行为荷。

此致

朱代院长显祯、曾院长省之、杨礼恭先生、沈嗣庄先生、张宗元先生

秘书处启

廿五年月六日

计抄名单一份：

总计经济调查筹备委员会委员名单

朱显祯　曾省之　杨礼恭　沈嗣庄　张宗元

本委员会由朱显祯召集。

卷内 3　国立四川大学：“沈嗣庄函，为樊锡芳志愿参加经济调查转函协助由”（1936 年 1 月）

各院学生志愿在寒假期内调查农村经济状况者，仰自七日起至九日止，三日内前往法学院沈嗣庄先生处报名登记，即希转知各本院学生一体知悉。

此致

各院长

秘书处

一月六日

笺函：

径启者：

各院学生为有志愿在寒假期内调查农村经济状况者，统限于本月八日起至十日止，前往法学院沈嗣庄先生处报名登记。除分函外，特用函达，即请查照，转知本院学生一体知悉为荷。

此致

各院长

秘书处启

廿五年一月七日

敬启者：

农村经济调查请再添张几铭一名。张籍荣昌，希即备文，致该县政府为荷。

呈

秘书长孟【寿椿】

沈嗣庄

照办

寿椿　一月十日

照前拟公函缮发一份（川字 94 号）　廿五年一月十日

事由：沈嗣庄函为樊锡芳志愿参加经济调查请转函协助由

办拟：照原拟公函缮发一份（川字 94 号）廿五年一月十日

批示：照发

廿五年一月十日到

敬启者：

兹有樊锡芳同学自愿于寒假期间参加农村经济调查，并拟请校方函知江安县政府就近协助，以利进行，一切照办为荷。此上秘书长孟【寿椿】。

沈嗣庄　谨启

九日

卷内 4　国立四川大学："介绍农村调查学生晋谒由，附宜宾县府公函一份"（1936 年 2 月）

笺函：

径启者：

本校农村经济调查团有　系　级学生利用寒假期间前往贵县调查农村经济状况。经本校应许，并起草调查工作报告，以资考核。业经函请县府予以协助在案。兹因该生前

87

来实行工作，特介绍，请烦查照，于该生转函晋谒，赐予指导，并协助进行为荷。

此致

县政府

国立四川大学校长任【鸿隽】启

廿五年一月十一日

敬启者：

除前呈张鹗等十一人外，尚有杨诗藻（泸县）、戴克诚（新都）、蓝家纯（泸县）自愿参加农村调查，请备文致该县政府为盼。至樊锡芳、张几铭、杨诗藻、戴克诚、蓝家纯五人报到问题，可否按照前例予以宽缓？一切请大裁酌定。

此呈

秘书长孟【寿椿】

沈嗣庄　十三日

准致函各县府介绍，惟下期回校期不得延缓。

寿椿　一月十三日

笺函：

十三日来函谨悉。该生杨诗藻等三名自愿参加农村调查，自可分函指定县府，请予协助。惟下愿该生樊锡芳、张几铭及该生杨诗藻等三名均应按照规定时间回校注册，不得延误。转此函达，即请察照，转知遵照为荷。

此致

沈嗣庄先生

秘书长启

廿五年一月十三日

附件：四川宜宾县政府公函

事由：为函复已令饬安阜场联保主任协助进行由

批示：存

教字第三号　廿五年二月廿一日

四川省宜宾县县政府公函

二十五年教字第3号

案准贵校函开：

"径启者，本校农村经济调查团团员陈慕涛系经济系四年级学生，（略）请烦查照，于该生持函晋谒时赐予指导，并饬地方人等，协助进行，至为感荷"等由。准此，复据该陈慕涛来府面称，将在敝县安阜场附近农村实行工作等语。除令饬该管联保主任，协助进行外，相应函复，请烦查照为荷。

此致

国立四川大学校长　任【鸿隽】

卷内5　国立四川大学："函知派学生朱咸熙等前往洽抄成都等十二县人口统计及耕地面积，请赐指导"（1936年3月）

函知派学生朱咸熙等前往洽抄成都等十二县人口统计及耕地面积请赐指导由　国立四川大学公函川字第一三三号

径启者：

本校为求便利学生作真确之农村调查起见，关于指定调查区域之人口统计及耕地面积，似应使担任调查学生先事明了，用资参证，兹特派法学院学生朱咸熙等持函前往贵府洽抄成都、华阳、温江、新都、江安、宜宾、泸县、隆昌、资中、犍为、江津、彭县、荣昌等十三县之人口统计及耕地面积，即请查照，于该生晋谒时，赐予指导为荷。

此致

四川省政府

校长

中华民国二十五年三月五日

卷内 6　国立四川大学："法学院函为拟请陈家骅赴民【政】厅等处搜集四川田赋等材料，请备公函由"（1936 年 3 月）

事由：法学院函为拟请陈家骅赴民【政】厅等处搜集四川田赋等材料请备公函由

批示：照办　任【鸿隽】

径启者：

本院拟请陈家骅先生前往民政厅、财政厅、建设厅、县政训练所等四处搜集四川田赋、财政、农村经济、工商材料，希即速备公函四件，送交来院，以凭办理，是为至盼。

此致

秘书处

法学院院长徐敦璋

（民国）二【廿】五年三月一四日

事由：函知派陈家骅先生前往调集四川田赋等材料请赐接洽由

公函

径启者：

本校法学院函请派员赴贵所/厅搜集关于四川田赋、财政、农村经济、工商业各项材料，以供教学研究等语。兹特派本校经济调查委员会干事陈家骅前往贵所/厅调集上项材料，相应函达，即请查照，于陈【干】事到时赐予接洽为荷！

此致

四川省政府民政厅、财政厅、建设厅、县政人员训练所

校长　任【鸿隽】

事由：为陈干事来所调集田赋等材料复函，并无此项材料由

批示：转知法学院徐院长　任【鸿隽】

中华民国廿五年三月廿一日　收到

四川省政府县政人员训练所　公函　学字第 130 号

昨准贵大学川字第一四四号公函：特派经济调查委员会干事陈家骅先生来所，调集关

于四川田赋、财政、农村、经济工商业各项材料等由。查本所讲授者，大都系行营颁布之剿匪省份一切法令规章，尚无上项材料。除面告陈干事外，相应函复，即希查照为荷！

此致

国立四川大学

主任：刘湘

副主任：王又庸　李磊夫

中华民国二十五年三月二十日

卷内 7　国立四川大学："财政厅函复陈干事到厅调集田赋等材料已详为说明"（1936 年 3 月）

事由：财政厅函复陈干事到厅调集田赋等材料已详为说明

批示：存

中华民国廿五年三月廿八日　收到

径复者：

顷准大函藉悉：贵校搜集关于四川田赋、财政、农村经济、工商业各项材料以资教学研究。特派经济调查委员会干事陈家骒来厅调集，嘱为接洽等由。查日前陈君到厅，业经派员详为说明，并相应函复贵校，请领查照。

此致

国立四川大学

四川省政府财政厅图记【编者按：印章】启

三月廿七日

卷内 8　国立四川大学："法学院为准沈嗣庄请转函行政院农村复兴会请寄吕委员在川调查农村材料刊物"（1936 年 4 月）

事由：法学院为准沈嗣庄先生请转函行政院农村复兴委员会请寄吕委员在川调查农村材料刊物【由】

批示：照转　任【鸿隽】

中华民国廿五年四月九号　收到

径启者：

顷由本院教授沈嗣庄先生面谈，请致函行政院农村复兴委员会，前派吕登平委员在川省调查三十余县农村材料，如有印就刊物者，索取数份，以资参考等语。特用函请，并希函达该会索取为要。

此致

秘书处

法学院院长徐敦璋

二【廿】五年四月九日

笺函

径启者：

案查贵会前派吕登平委员来川调查三十余县农村情形，如有报告出版，敬祈惠赠数份，俾资参考，是为至荷！

此致

行政院农村复兴委员会

川大秘书处　启

廿五年四月十四日

卷内9　国立四川大学："本校法学院社会经济调查筹委会业经校务会通过取消，自应照办"（1936年4月）

函致：

法学院社会经济调查筹委会已由第三次校务会议通过取消，在西南社会科学研究所未正式成立以前，所有该所应办事宜仍由陈家骆干事秉承，徐院长办理。

文书组　查照

廿五年四月十三日

本校前经济调查筹备委员会名单

徐院长　负责召集人

曾院长

张教授　溢然

法学院

沈讲师　嗣庄

杨教授礼恭农学院

干事　陈家骆

查经筹委会人员名单前已送呈，兹尚有二事须声明在【案】：

一、根据一月六日秘书处来函，该会名为"经济调查筹备委员会"。

二、当时委员中有朱代院长显祯，查朱主任当时既系因代理院长关系，现徐院长既已回院，故委员中只列徐院长，尚未列朱主任。

笺函

径启者：

查本大学法学院社会经济调查筹备委员会业经第三次校务会议通过取消在案，自应照办，除分函外，特用函达，即请查照为荷！

此致

曾院长　张溢然先生　沈嗣庄先生　杨礼恭先生

径启者：

查本大学法学院社会【学】系所有该系应办事宜仍由陈家骆干事秉承台端办理。除分函外，特用函达，即请台端秉承徐院长办理。除分函外，特用函书，即希查照为荷！

91

此致

徐院长　陈家骙干事

校长　任【鸿隽】

卷内 10　国立四川大学："邮局退还本校前致行政院农村复兴会函一件"（1946 年 5 月）

事由：邮局退还本校前致行政院农村复兴委员会函一件

【原函】

径启者：

案查贵会前派吕登平委员来川调查三十余县农村情形，如有报告出版，敬祈惠赠数份，俾资参考。是为至荷！

此致

行政院农村复兴委员会

国立四川大学秘书处 启
二【廿】五年四月十四日

卷内 11　国立四川大学："法学院为拟朱咸熙请转函请协助调查农村经济"（1936 年 7 月）

事由：法学院为拟朱咸熙请转函请协助调查农村经济【由】

批示：照缄该县分政府请转饬协助　寿椿 七月六日

径启者：

兹据本院经济系三年级暑假返里学生朱咸熙缄称：该生曾领农村经济调查表数十份。近来从事调查，因地方闭塞，人民顽固，非借政府力量不易进行。务希学校致缄该县县政府转乐德镇、过水垭二地保长，令其须极力帮助调查，乃可不费力而考得农村经济真相等语。特此缄达贵处，即请早日致缄荣县县政府转乐德镇、过水垭二地保长，极力帮助该生调查事宜为荷。

此致

秘书处

法学院：徐敦璋　朱显祯（代）
二【廿】五年七月六日

文别：公函

送达机关：荣县政府

事由：函请转饬协助本校学生朱咸熙调查农村经济由

校长：任【鸿隽】

秘书长：孟寿椿

中华民国廿五年七月七日拟稿；七月七日封发。

公函

径启者：

查本大学法学院经济系三年级学生朱咸熙本年暑假返里，应从事农村经济调查，具报考核。兹据该生缄称，拟定调查贵县乐德镇、过水圳一带农村经济状况，但恐地方民众不明用意，恐生误会，请求转函贵府会知协助等语。相应函达，即请查照，转饬该二地保长，待该生前往调查时，予以协助，用利进行，足纫公谊！

此致

荣县县政府

校长 任【鸿隽】

中华民国廿五年七月七日

案卷 506 "本校所办的《经济资料》杂志创刊号"（1946 年 6 月）

【编者按：该杂志创刊号原件现藏于四川大学校史展览馆】

经济资料 创刊号

每月均于十日出版 每本二百五十元

国立四川大学经济学系、经济研究部 合编

中华民国三十五年六月十日出版

目录：

苏联新五年计划纲要

三十五年度国家总预算分析

上海各业薪工调查

成都市零售物价指数

成都市市民生活费指数

四川大学教授生活费估计

五月份经济大事日记

刊头语

《经济资料》月刊为四川大学经济学系及经济研究部合编之一定期出版物。

我国统计事业素不发达，从事实际调查工作者尤不多见。本刊同仁平素致力经济研究，往往感到资料搜集之苦。因是颇欲在此极度贫乏之学术工作中，略尽微薄之力。此本刊之所由出也。

顾名思义，本刊内容以提供经济资料为主。本刊同仁甚愿能将杂乱零碎之各种客观材料，略加整理与分析，以集中呈现于读者诸君之前，俾于明覆本刊之后，对我国各种经济事实有一较明确及系统之了解。至于主观评价，则请读者诸君为之。

本刊本期有川大经济学系直接调查后所编制之物价及生活费指数，今后将按月继续刊载。其他各种经济资料，亦将继续作有系统之介绍。如本刊能于引起读者诸君兴趣爱好而外，更能对从事经济研究工作者有其涓滴之功，则实为本刊同仁之所深望也。

（编者）

成都市零售物价指数

民国廿六年一至六月平均等于一○○　公式：简单几何平均

时间	总指数（四四种）	分类指数					
		食物类（廿三种）			衣着类（六种）	燃料类（六种）	杂项类（九种）
		合计	粮食类（三种）	其他食品（一八种）			
二十六年十二月	一○七	一○一	九○	一○六	一五一	九四	一一四
二十七年十二月	一五一	一二二	九四	一三七	二三八	一四○	一七二
二十八年十二月	三三○	二三四	一七一	二六八	五九五	三六八	四一四
二十九年十二月	一○七六	九一八	九六六	八九七	一六四一	一二五五	六二五
三十年十二月	二七五○	二四三五	二八二二	二二八二	三三七一	三五四五	二五八五
三十一年十二月	七○四八	四九八三	四二○○	五三七一	一二八八○	一○七五○	七○六四
三十二年十二月	一九一七○	二○一三○	一七二九○	五一五一八	五三一四○	五○九八七	二八四八四
三十三年十二月	九九九一二	六三四七○	五○二九三	七○二七三	一六九三八四	二三七一二二	一○五六一二
三十四年十二月	二九七八六○	二二二八三七	一二五三三七	二八六六二七	三三九五二三	五七九四四三	三五二○二三
三十五年一月	三一八一七九	二四三七○六	一三八九五二	三一一六一四	三五一一六七	六二二九二九	三六四五五一一
三十五年二月	三五○八○○	二七五一○七	一七一七八八	三三九八一五	三九九七二七	六二六二二九	三八七五六四
三十五年三月	三七八○五○	二九九四八七	一八○○一七	三七四二○○	四一八七四五	六三四五四三	四三八三○○
三十五年四月	四○三七○○	三三六二六九	二三九二五○	三九○二七三	四二四○○	六三三九五七	四五三四○○
三十五年五月	四五六九○○	三四一三○○	二七六六○○	四二一一○○	四九三六○○	五九一九○○	四四六二○○

川大教授每月最低生活费估计

三十五年五月 单位：元

（每家平均以五人计算，其中夫妇二人，初中生一人，小学生一人，小孩一人）

食物类	衣着类	燃料类	杂项类
米（每月四斗） 每月 16000 蔬菜（每日 800 元） 　　　　24000 肉（每日食猪肉一斤半计算，分作三餐食用，每人每餐食肉不过一两余） 　　　　22500 蛋（每人每日一个，每月百五十个） 　　　　10500 猪油（每餐一两，每月九十两） 　　　　4500 清油（同上） 　　　　3600 调和（盐、酱油、醋、酱及其他，每日二百元） 　　　　3600	衣服（大小五人，裁制服及旧衣消耗费，每月平均）50000 鞋袜（每人平均每月消耗四千元）20000	柴炭（每日平均千元）30000 灯油，电费 5000	子女教育费 中小学各一人每月平均共 30000 书籍杂志费 5000 报纸　　300 文具　　20000 通信　　1500 卫生费 （理发、肥皂、牙膏、面巾等）10000 烟草　　15000 应酬（每月平均） 　　　　20000 零用杂费 （小孩糖果费在内每日600 元） 　　　　18000
总计：87100 【编者按：上列单项数值总和（84700）与"总计"数值不符】	总计：70000	总计：35000	总计：114500 【编者按：上列单项数值总和（119800）与"总计"数值不符】

以上四大类总计：三〇六六〇〇

说明：

（一）本表根据编者访问川大教授所得资料，大量观众平均估计之最低数字。

（二）以上各项费用，均按最低数字计算。

（三）被褥、家具、车费、旅费、医药、房租等等费用，未估计在内。

（四）一般教授已无余力雇用仆役，此项费用，未估计在内，故凡劈柴、煮饭、烧水、洗衣、买菜、扫地等仆役之工作及其他杂务，均由教授及其家族躬亲劳作。

（五）每月必需之最低生活费共约三十万元（以物价上涨四千倍计，仅当战前之七十五元），而教授每月（五月份）收入共仅十万余元，只能维持十日之最低生活。此教授之所以为"教瘦"也。

经济大事日志
三十五年五月份下半月

十六日

王云五出任经济部长。

孟买一万四千工人，因食物不足，罢工。

政院物资供应局正式成立，其任务在将美、加借款项下所购美、加及大琉球岛美军所剩物资接济我国。

十七日

美太平洋各岛屿船坞器具已售与我国，我方与美于十六日在沪签字，计值一五〇〇〇〇〇〇美元。

十八日

资委会钱昌照主任语记者，资委会接办收复已工矿事业，大部依照新公司法规定，采公司组织。

今日下午五时美铁路工人大罢工，国防运输局及陆军部准备接受。

十九日

印度对华贷款在商谈中，印棉运华数额有八十包增至一百包。

二十日

政府继中纺国营公司之后，筹备中面国营公司。

二十一日

政院决定继续恢复天赋征费办法，自七月一日起实行。

粮部洽购洋米一万七千吨即可运华。

国防粮食会议开幕。

二十二日

自贡盐商筹组川盐运销公司。

犍乐盐区代表请求川康局救济。

国际劳工会议定下月在美集会，讨论召开海员问题。

二十三日

政院物资供应局正式成立。

翁文灏任中国石油公司董事长，该公司统一经营中国石油事业。

美政府停止拨付对苏之十亿万元贷款。

二十四日

内江糖业以运销困难，糖价疲惫，亟待政府救济。

财部为加强直接税业务，举行分区检讨会议。

二十五日

粮部订购洋米一批数千吨由海防运沪。

日柴一千八百八十万磅运美，收于美国救济计划下，以食糖运日账目中折算。

二十六日

美国全国铁工潮未获解决，今日二十五万工人开始总罢工。

二十七日

立法院昨修正通过交通部组织法，并规定该部业务范围。

二十八日

美烟煤矿工四十万人开始罢工。

二十九日

留蓉省参议员举行茶会反对田赋征费。

三十日

　　恢复省级财政，规定自本年七月一日起实行，财政系统为中央、省、县（市）三级。田赋收入地方得百分之五十，省百分之二十，中央百分之三十。

　　美法签订经济财政协定，美贷法十二亿七千万美元，协助法国恢复正当经济生活。

三十一日

　　都江堰电厂工程已按规定计划进行，测量工作已经完成，钻工工作正进行中。

　　由美国萨凡奇博士主持之 Y．V．A 工程计划定六月一日在美开始规划。

苏联新五年计划

　　苏联在今日，无论在政治或经济方面，变成了一切世界性的争议的发源地。然而在最近几个月中，国际政治问题蒙蔽了世界经济战争，世人都知道苏联的五年计划，第一次五年计划开始于一九三二年，第二次开始于一九三七年，第三次开始于一九四〇年。因战争而受阻，但是苏联现正着手于第四次更伟大的五年计划。

　　根据苏联官方所发表的报告，第四次五年计划包含五大纲。

　　一、苏联工业生产量较战前增加百分之五十；

　　二、大量生产消费品；

　　三、扩大科学的领域至苏联国境以外；

　　四、供给资金以发展计值二千三百四十亿卢布之新式企业；

　　五、苏联军备之现代化。

　　在第一项增加工业生产项下，该计划拟将钢铁生产量较战前增加百分之三十五。据苏联官方发表的文告称：苏联鉴于国民经济的恢复和发展，有赖钢铁生产量的提高，因此苏联计划将生铁生产量增至一千九百五十万吨，钢生产量增至二千五百四十万吨。该新计划为扩展钢铁工业计，拟建筑新式扇风式熔炉四十五座，新式露底式熔炉及化成炉一百八十座，新的电熔炉九十座，轧床一百零四架。

　　第四次五年计划，预定增加金属产量如下：铜产量较战前增加一．六倍，铝增加二．六倍，锌增加二．五倍，锡增加二．七倍，镍增加一．九倍，镁增加二．七倍，铜增加二．一倍。

　　此外新计划拟将煤生产量提高到每年二万五千万吨，油产量增至三千五百四十万吨，电力【增】至八百二十□亿小时。

　　苏联官方预料至一九五一年时，苏联汽车生产量将达每年五十万辆。□车机器、电气设备及机关车等生产量的增加亦在新工业化计划中。同时金属机械工具拟增至一百三十万具，据苏联经济学家指出，此数较一九四〇年美国所有之机械工具数目，超过百分之三十。

　　在农业方面，该计划不但拟恢复并发展农业生产量并拟发展畜牧及土壤保养。据苏联政府发表之数字，假定一九三二年第一次五年计划之农业生产总量为一百，即一九三七年第二次计划为一百五十三，一九四〇年第三次计划增至一百七十七，依据最近计划，农业生产总量至一九五〇年时将增至二百二十五。据苏联某官员称："在五年终谷物收获总量将增至一万二千七百万吨，即较一九四零年增百分之七。"

此外，棉花生产量将增至□千五百四十万吨，亚麻八十万吨，甜菜二千六百万吨，向日葵子增至三百七十万吨，以上平均较战前生产量增加百分之十一至三十九。

该项计划能否如期完成，一九五一年便知分晓。

（合众社纽约电）

本年度国家总预算分析

岁出总额（临时费尚不在内）：二万四千余亿元

一、军车费：占 43.2％

二、善后救济及建设：占 19.21％

三、省市支出：占 10.79％

四、政务支出：占 26.51％

岁入总额：一万零五十四亿元

一、正常收入：约一万亿元　占 48.76％

A. 赋税收入：约五千七百余亿元　占正常收入 58.6％

a. 盐税：二千余亿元

b. 统税：一千三百余亿元

c. 土地税：九百余亿元

d. 关税：七百余亿元

e. 所得及遗产税：七百余亿元

B. 其他正常收入：约四千亿元　占正常收入 41.4％

二、非正常收入：

A. 敌伪产业收入：占总岁入 24.55％

B. 债款收入：占总岁入 26.99％

注：

（一）上表系根据俞鸿钧在参政会报告列出。

（二）岁出部门，军费第一，政费次之，建设及教育文化费用太少；

（三）岁入部门中，非正常收入占总岁入 51％，且此项收入极不可靠；

（四）租税收入仅约占总收入之四分之一；

（五）租税收入中以盐税、统税、关税与间接税为主，约占租税收入之五分之四，可知国家课税对象，仍以一般平民为主，有违"有钱出钱，钱多多课"之旨；

（六）据本月六日中央社电，八日上午俞鸿钧出席立法院例会，报告财政情况，有谓"卅五年度国家总预算执行情形，截至目前止，因国内政治、军事、交通状况，未能如去秋订立预算之改善，故岁出增加，收入缩减，距原预算相差额巨"云云，可以推岁出中军政费用必更为庞大，而岁入中必以非常收入为主大为减少；

（七）弥补此庞大预算数字之唯一方法，即为增发通货，故预算如无法平衡，恶性通货膨胀即无法制止。

渝沪两地物价比较（五月份）

最近渝沪两地之物价指数，据中央银行经济研究处计算之结果如下（五月七日，加权几何平均）：上海基要商品□售物价指数：总指数三四五五九〇，食物三三〇〇〇，织维一八六六一〇，燃料九二〇一〇〇，金属二一四六三〇，建筑材料一〇二三〇〇〇,杂项一二八三六。重庆基要商品□售物价指数：总指数一七二三五〇，食物一五九五九〇，织维二九一〇九〇，燃料三四六〇五〇，金属二五五〇〇〇，建筑材料一三〇〇〇〇，杂项一□七五一〇。

成都市市民生活费指数及生活费
二十六年一至六月平均＝一〇〇　公式：加权综合

时间	指数	生活费（元）
廿六年十二月	九五	二四
廿七年十二月	一一〇	二八
廿八年十二月	二三〇	五九
廿九年十二月	九四九	二四二
三十年十二月	二三五一	六〇一
卅一年十二月	五三〇三	一三五五
卅二年十二月	二〇四七五	五二三一
卅三年十二月	七五九一七	一九三九七
卅四年十二月	一九九九四四	五一〇八六
卅五年一月	二〇七五九三	五三〇四〇
卅五年二月	二四八三八三	六三四六二
卅五年三月	二五五三三九	六五二三九
卅五年四月	二七八三四九	七一一一八
卅五年五月	二九八六八〇	七六七八四五〇

上海各业薪给调查
（中央社上海五月卅一日电）

上海市府顷发表本月份物价总指数为四〇九五七八．六六（计食物四五二三一三．六六，住屋二九四六七四．〇一，衣着五一八三七九．九一，杂用三一五一一〇．九〇，基期二十五年平均）。

一、中纺公司：

高级职员（以月薪六百元计）	约一百二十万元
厂长	约六十万元
工程师	四十万元以上
技师	三十万至三十五万元
技术员	二十万至二十五万元
办事员	二十万至二十五万元
助理员	十五万至十六万元
书记	十万至十三万
茶约	约十万元

注：

有纺薪给还有如下三个特征：

（一）一年照十五个月计算。

（二）备有大批宿舍，职工均供膳宿。

（三）底薪每月八十元者，以生活费指数计称；八十元以上者，其超过之数，以生活指数之百分之四十五倍计算。

二、海关：

税务长	三十六万至三十八万元
副税务长	三十二万元
帮办	十七万至三十三万元
税务员	十七万至二十三万八千元
文牍打字	十五万至十八万五千元
总监察长	二十一万至三十二万元
验估员	十九万二千至二十万零二千元
监察员	十八万五千元
稽查员	十六万至十七万元
税警及杂务人员	十万元

三、邮局：

甲等邮务员	一十三万五千至二十八万元
乙等邮务员	一十万零九千至二十一万元
邮佐	一十万零九千至二十一万元
备差	七万三千至十三万八千五百元
工役	七万三千至十三万一千元

注：

上列数字并不包括米贴在内，其米贴计算方法如下：

（一）差工一律六斗。

（二）二十五岁以下职员六斗。

（三）二十六岁以上职员八斗。

（四）三十一岁以上一律一石。

四、学校：

国立大学教授	四万至十三万元
私立大学教授	六万四千八百元至二十五万元

注：大部分教授每周授课二十六小时，每月收入不上十万元。

市立中学教员	六万九千二百至十万元
私立中学教员	四万至八万元
市立小学教员	六万二千八百至七万四千元
私立小学教员	一万至六万元

注：大部分小学教员每月收入约二万五千元。

工资	二千七百四十五倍（二十六年为基期）

美协助我国解决衣食住行

衣：

△第一期运华救济物资，救济总署以商得联总同意，内包括衣着十四万三千吨。

△美棉贷款三千三百万美元，买棉花卅万包。

△联总大批救济衣服，运抵青岛，分运一百大包往济南。

食：

△联总第一期运华救济粮食，商定为八十万吨。

△联总分配我国食米除上年九万吨外，现又增加四万七千二百吨。

△救济中国粮荒，联总决派飞机及坦克登陆船，载供应物品，加速运往中国。

△联总署长加拉第亚宣称：四月份运华食米为一万七千吨。

△中国第二季救济物资分配，可获食米十万吨，其中美国将供给三万六千吨。

住：

△美活动房屋五十幢，于四月初运抵南京，选定广州路、株江路搭盖。尚有该项房产一百幢，即将续到。

△美轮阿萨格维号，五月廿五日抵沪，运来巨额花旗洋松木，即可续到。

△联总第一期运华房屋，商定为四万四千三百吨。

行：

△美出售与中国之剩余物资，三月下旬已一批抵港，由交通部接收，内有车辆五十辆。

△拨华美船，内有登陆艇一六七艘，登陆船十七艘。

△联总赠我火车七百吨运抵青岛，计平车九十四辆，边车三百六十辆。

△联总第一期运华交通器材，商定为一百零九万七千吨。

川大学生每月最低费用估计

伙食费（每月）		10000
热水		1500
衣服费（新制及消耗每月平均）		10000
鞋袜费	鞋 3000	4500
	袜 1500	
书籍、杂志、报纸		5000
文具（抄本、笔、墨、铅笔、墨水、钢笔、纸等）		1000
卫生费（理发、肥皂、牙刷、牙膏、洗澡、洗衣）		5000
通信费（邮资、信纸等）		300
应酬、会费		4000
零用杂费（烟、茶、糖果等每日约三百元）		月计10000
合计		51300 元

注：此 51300 元，以物价上涨四千倍计，仅为战前之十二元八角。

我国财政建立在印钞机上

抗战胜利后，印刷厂的总管理处已迁到上海，接收了原为伪中央筹备银行印刷所，并有油墨厂、造纸厂设备。据《商务日报》消息，上海印钞厂共有大电机三十余部，小电机一百四十余部。去年十月份的生产量，计印五千六百余万张，票面总值为五百二十万万元。职工二千余人，生产在逐日增加中。北平印制厂拥有二万四千余名，小电机一百二十余部，大电机四十余部。生产效率均远在重庆印制厂之上，重庆印制厂，闻每月可印六千万万元。此外，尚有乐山的大业公司，现均日夜印制千元以上大钞。最近闻当局以国内印钞成本太高，生产量当不够大，已分回英、美部订印大批钞卷，并拟将重庆印刷厂结束云。

国立四川大学（2）

案卷 725　"1941 年 10 月新书和学生毕业论文目录"（1941 年 10 月）

卷内 1　国立四川大学："国立四川大学新书目录及毕业论文目录"（1941 年）

国立四川大学（十月份）图书馆新书目录【经济商业类，余略】

寿勉成　编	《经济概要》	正中	民 25 年
高淑康	《战时经济建设》	商务	民 28 年
王成组　等译	《太平洋各国经济概况》	商务	民 25 年
谭振民	《战时统制经济》	正中	民 29 年
国民经济研究会	《外汇统制与贸易管理》	同上	民 29 年
吴藻溪	《利用合作经营论》	农村科学社	民 29 年
吴藻溪	《合作经营原论》	同上	民 29 年
吴藻溪	《运销合作经营论》	同上	民 29 年
杨骥	《现行所得税改进论》	独立出版社	民 31 年
万鸿开、李竹溪	《苏联之货币与金融》	商务	民 28 年
牛光夫　译	《日本工业资源论》	文化服务社	民 30 年
陈友松　译	《教育财政学原论》		民 25 年

国立四川大学卅年（第十届）毕业论文目录【经济系，余略】：

魏辅甫	《苏联共产党研究》
刘国源	《熙宁变法前北宋危机的检讨》
向道骥	《永久和平论》
曾启能	《美法德三国总统》
余守光	《左宗棠经营西北经过》
周茂岐	《日本中央政治制度之特征》
游存志	《战时租税政策》
沈善钊	《吾国审计制度之检讨》

续表

潘启元	《遗产税之理论与实际》
凌宗慧	《我国法币政策之研究》
许泽春	《中国租税史略》
许金城	《四川之桐油》
许廷星	《战前四川银行业研究》
雷家瑞	《中国钱庄论》
雷培元	《直接税在我国抗战时财政之重要性》
敖学礼	《中国战时之法币问题》
邢道详	《我国粮食问题之研究》
王晋护	《公营企业之研究》
王荫民	《抗战前后日本经济之鸟瞰》
黄实华	《我国战时租税政策》
黄维海	《论我国战时过分利得税》
黄中淑	《我国银行贴放业务之研究》
黄浦	《西汉经济思想概要》
黄孝庆	《论战费筹集之方策》
赵传纪	《中国银行投资之动向》
赵铭	《物价统制问题之研究》
彭兆烻	《我国战后财政之整理》
林宏仁	《我国地方财政之研究》
杨继伯	《货币信用与物价》
杨泽	《货币改革论》
萧嘉辉	《中国预算制度》
蔡启仕	《物价问题之研究》
徐和生	《中国之油桐》
田国钧	《我国非常时期过分利得税之检讨及其改进之刍议》
田国湘	《战时通货膨胀之研究》
吴福临	《中国之储备银行》
蒋学模	《我国战后外贸利用问题》
罗幼卿	《四川盐业之研究》

邱鼎伯	《中国公债之史的考察目录》
邱朝毅	《中国农业金融论》
江国焘	《中国县财政改造问题之商榷》
李有为	《资内糖业》
李同高	《自贡市之盐业》
李清泉	《我国所得税论》
杨元厚	《战后通货整理之研究》
石金音	《南洋华侨之汇款及投资》
张继埔	《战时中国银行业之现状》
张守俭	《中国土地政策论》
尹邦芬	《中国遗产税研究》
邓光田	《西南之产业交通》
胥纪书	《股份有限公司论》
邰松乔	《中国战时财政论》
陆凤钧	《我国蚕丝产销问题之研究》
陈钦儒	《战时节约储蓄论》
陈若霖	《我国之战时农业金融》
欧阳仙	《战时财政中过分利得税之研究》
华有年	《四川油桐之产销》
钱诚培	《抗战期中之中国工业合作运动》
朱百祥	《黄金论》
方其江	《中国战时粮食管理》
余哲	《抗战以来的财政金融》
周实充	《现代工业经济之探讨》
熊鼎芳	《上海之钱庄》

案卷 887　"1948 年成都地区物价及生活水平调查表"（1948 年 1 月—8 月）

卷内 1　国立四川大学："教育部电饬，查报本年 1—3 月份当地物价调查表"（1948 年 3 月）

国立四川大学代电：

南京教育部钧鉴：本年二月会字第一一三九八号代电，附从业物价调查表式，奉悉。兹经佑式查填成都市卅七年一、二、三月份物价调查表二份，理合检同该项物价新闻报纸三份，一并随电赍呈，仰请鉴核。为请国立四川大学□具印，附成都市物价调查表三份、《新新新闻》报纸三份（卅七年一月廿日、二月廿日、三月九日报纸）。

签呈　三月九日于经研部　（请总务长审核，后报部。三月十日）

敬签呈者：

顷奉交下教育部　本年二月会文字第一一三九八号代电饬，查报本年一二三月份当地物价调查表等因，奉此。兹已遵式填就，是否有当，理合赍表签请核示。

谨呈

校长黄【季陆】

经济研究部

罗经先　吴兴策　呈

教部电饬查报本年一二三月份当地物价调查表由

教育部代电（发文会第一一三九八号　中华民国三十七年二月）国立四川大学：

本部兹为明了各该单位所在地日用物品价格情形起见，特制订物价调查表随电附发。仰于文到五日内将本年一二三月份当地物价逐一查填三份报部（有物价新闻报纸及有关刊物者附送）。嗣后，并于每两个月查报一次，以便提供行政院及主计处参考为要。

教育部

印附发物价调查表一份

四川省成都市（依指数发薪第四区）三十七年一二三月份物价调查表

种类	斗或斤	一月份	二月份	三月份	备考
食粮					
米（中等熟米）	每斗	$ 95,000	$ 155,000	$ 183,000	
面粉（中等面粉）	每斤	9,000	13,000	19,000	
杂粮（中等杂粮）	每斤	8,000	11,500	14,500	豌豆
肉					
猪肉	每斤	18,000	28,000	30,000	
牛肉或羊肉	每斤	16,000	20,000	24,000	
食油（豆油，菜油，花生油或麻油）	每斤	16,000	20,000	24,000	牛肉
蔬菜	每斤	1,200	2,000	2,400	白菜
盐	每斤	12,000	14,000	18,000	
衣着					
阴丹士林布（国产）	每尺	54,000	69,000	74,000	
细白布	每尺	17,400	21,400	32,000	
布鞋	每双	150,000	220,000	320,000	

种类	斗或斤	一月份	二月份	三月份	备考
皮鞋	每双	400,000	550,000	640,000	
线袜（国产中等三十二支纱）	每双	80,000	95,000	115,000	
房租					
住房	每月每一方市丈	110,000	180,000	300,000	普通住房，每月每间房租约为双市斗【编者按：旧时买卖米的称量单位。"双市斗"即"大斗"，约合现在 32 斤；"单市斗"即"小斗"，为"大斗"的一半】米价，每间二方市丈
燃料（煤，木柴）	每斤	3,000	3,500	3,800	松柴
杂项					
肥皂（中等）	每块	13,000	16,000	20,000	
毛巾（中等长 22 市寸，宽 9 市寸）	每条	34,500	44,000	52,000	
茶叶（中等茶叶）	每斤	72,000	95,000	144,000	花茶
	调查日期	一月二十日	二月二十日	三月九日	一、二月二十日为川大发薪日期，三月九日为制本表之日

附注：1. 本表所填物价系根据四川大学经济系物价调查表。
　　　2. 本表所用计算单位"斗"为市单斗，"斤"为市斤，"尺"为市尺。

国立四川大学鉴函：

伯樵先生大鉴：

三月四日第四十九号大函奉悉，迩来物价飞涨，教职同仁咸冀政府根据实际生活指数发薪，以维生活。本大学顷奉教部颁发"物价调查表"一种，饬即迅报，以供参考等因。经将本年一、二、三月份物价填就，以总文字第四四八六号代电，于三月十一日航呈在案，并就该表缮制二份寄上，即请查收。至请向院即接洽时呈述物价逐日不同，使当局考虑及此，俾公教人员不受物价威胁，则受惠多矣。专此。

复颂时祺

附物价调查表二份

卷内 2　国立四川大学："行政院统计室函嘱指定专人按期查填物价特制室主要生活必需品价格"（1948 年 3 月）

国立四川大学函：

案准贵室本年三月九日行统字第三三五号大函，附送主要生活必需品价格调查表一种及注意事项各一份，嘱按旬填寄等由，自应如嘱办理。兹将本市三月份上旬调查表照式填就，相应随函检送，即请查收为荷。

此致
行政院统计室
附调查表□件

校名【长】　启

径启者：

兹将主要生活必需品价格调查表照行政院统计室式样印就一百□十份，并检同注意事项一份，送请贵部。自三月份起填送一日、十一日、廿一日调查表各二份，俾便存转为荷。

此致
西南社会科学研究处经济研究部
附注：以后调查表并请贵处按旬填造二份，径交文书组收转为荷。
附送表一百□十份

总务处　启
卅七年三月廿五日

行政院统计室函属指定专人按期查填物价，特制定主要生活必需品价格由行统字第0335号

敬启者：

本院为确实明了各地区物价，特指定主要生活必需品价格调查表一种，随函检送，是项表式及注意事项各乙【同"一"】份，即请查照，惠予指定专人按期查填，并以最快方式寄送本室，以便核对各地指数为荷。

此致
国立四川大学
附表式及注意事项各乙份

行政院统计室　启
三十七年三月九日

签呈　三月二十日
敬签呈者：

顷奉交下行政院统计室公函：为核对各地公教人员生活指数，嘱每月一日、十一日、廿一日分别查填成都区物价等由，附主要生活必需品价格调查表格式一种。准此，自应照办。惟查该室所寄前项调查表注意事项第一条规定"表格所用纸张须洁白耐用"等条，规定"表格大小长为卅六公分，宽为廿六公分，俾便该室整理汇编"等语，为符规定计，拟恳钧座转知本大学文书组即日照该表格式用白报纸速印一百二十份送部，以凭查填。是否有当，理合签请鉴核。

谨呈
校长黄

经济研究部　呈

附：主要生活必需品价格调查表格式一份

（县）主要生活必需品价格调查表
三十七年 月 日

物品类别名称	品质	单位	价格	查询之商号或行帮名称与地址	特殊变动之原因
食物类					
1 主要食粮					
2 肉		市斤			
3 食油		市斤			
4 鸡蛋	中等大小	个			
5 盐		市斤			
6 糖	中等白糖	市斤			
7 酱油	中等	市斤			
8 豆腐	（应查明每块之重量并拼合每市斤之价格）	市斤			
9 蔬菜	1. 菜名 2. 菜名 3. 菜名 4. 菜名 5. 菜名	市斤 市斤 市斤 市斤 市斤			
衣着类					
10 阴丹士林布	国产	市尺			
11 白细布	中等	市尺			
12 白土布	中等（宽二尺二寸左右）	市尺			
13 冲哔叽或土毛呢	国产	市尺			
14 棉花（衣花）	中等	市斤			
15 呢鞋	国货呢中式男鞋	双			
16 皮鞋	当地产小牛皮短口男鞋	双			
17 线袜	国产中等三十二支纱	双			
房租类					
18 房租	无卫生设备（即无洋瓷或水泥面盆、澡盆、抽水马桶）之普通中式、半中式或砖墙房屋	方市丈之房间			
燃料类					
19 煤或柴		市斤			
20 电光煤油或柴油		度			
杂项					
21 水	河水、井水或自来水	挑			

续表

物品类别名称	品质	单位	价格	查询之商号或行帮名称与地址	特殊变动之原因
22 肥皂	中等	块			
23 毛巾	中等　长二十二市寸　宽九市寸	条			
24 牙膏	三星牌（或其他中等国产牙膏）	支			
25 茶叶	中等绿茶或红茶	市斤			
26 沐浴	盆汤	次			
27 理发		次			
28 洗衣	中衣裤褂一套	套			

说明：1. 主要食粮、肉、食油三项何地须查何项物品，应依查编办法第五条之规定，并将其名称及权数分别填入品质及权数栏内。

2. 查房租时如调查之房间大小与一方丈略有出入，须切实注明每间为多少市方丈。

3. 燃料类第十九、二十两项应查何项物品，依查编办法第五条之规定，择其当地最通用者一种，其品质单位及权数并应于各栏内详细填明。

摘抄行政院统计室颁发填表注意事项如后：

主要生活必需品价格调查表注意事项

一、表格所用纸张以洁白耐用为原则。

二、表格大小为长 36 公分，宽 26 公分。

三、主要应查粮食单位如后表。

食物类				
主要粮食	名称	品质	计算单位	适用地域
	米	中熟米	市斗	四川

四、食物类肉及食油两项就下列物品中依当地最通用者任择一种。

肉：猪肉、羊肉、牛肉；食油：花生油、豆油、菜油、麻油。

五、蔬菜一项就该地当季选择普通生菜五种查填。

六、衣着类 13 项，四川省查报必填。

七、燃料类第 19 及 20 两项择当地最通用者一种，查填其所用单位（市、斤、度等），在各栏内注明。

八、每项物品已选定之品质、花色及牌号，若因市场缺货或无正常交易，无法查报时，可选其品质相同者代替。但请在表下注明其原因，以便查考。

九、本表于每月一日、十一日、廿一日各调查一次，并请予每次调查之后，即以最快方式径寄本室。完。

文书组 抄
卅七年三月廿五日

卷内 3 国立四川大学："呈送月份生活指数价格等表"（1948 年 4 月）

敬启者：

顷准总务处函送行政院统计室所制生活必需品价格调查表式样印就，该项表格 120 份，嘱自三月份起填送一日、十日、廿一日调查表各二份送交贵组，以凭存转等由，兹已遵照填就，相应检送。该项调查表共六份，请烦查照为荷。

此致

文书组

经济研究部 启

三月卅日

成都市主要生活必需品价格调查表

三十七年三月一日

物品类别名称	品质	单位	价格	查询之商号或行帮名称与地址	特殊变动之原因
食物类					
1 主要食粮	中熟米	市斗	160,000	金泉街 112 号益民米厂	
2 肉	猪肉	市斤	28,000	九眼桥肉市	
3 食油	菜油	市斤	25,000	太平街 107 号和记油坊	
4 鸡蛋	中等大小	个	2,500	九眼桥蛋市	
5 盐		市斤	14,000	星桥街 117 号泰源盐店	
6 糖	中等白糖	市斤	25,000	椒子街 95 号稻香村糖店	
7 酱油	中等	市斤	19,600	致民路蜀山酿造厂	
8 豆腐	（应查明每块之重量并拼合每市斤之价格）	市斤	8,000	白塔市街豆腐房（八块合一斤，每块一千元）	
9 蔬菜	白菜 莴笋 蒜薹 青豆 韭菜	市斤 市斤 市斤 市斤 市斤	2,500 4,500 8,000 20,000 6,000	九眼桥菜市场 九眼桥菜市场 九眼桥菜市场 九眼桥菜市场 九眼桥菜市场	
衣着类					
10 阴丹士林布	国产	市尺	75,000	春熙北路 52 号中国国货公司	
11 白细布	中等	市尺	40,000	春熙北路 52 号中国国货公司（系牛头细布）	
12 白土布	中等（宽二尺二寸左右）	市尺	52,000	春熙北路 52 号中国国货公司	

续表

物品类别名称	品质	单位	价格	查询之商号或行帮名称与地址	特殊变动之原因
13 冲哔叽或土毛呢	国产	市尺	80,000	春熙北路 52 号中国国货公司（系花线哔叽）	
14 棉花（衣花）	中等	市斤	90,000	荔枝巷 12 号锦城花房	
15 呢鞋	国货呢中式男鞋	双	450,000	提督东街 75 号三江鞋店	
16 皮鞋	当地产小牛皮短口男鞋	双	600,000	走马街口宝元同公司	
17 线袜	国产中等三十二支纱	双	95,000	春熙北路 113 号恒义升袜衫厂	
房租类					
18 房租	无卫生设备（即无洋瓷或水泥面盆、澡盆、抽水马桶）之普通中式、半中式或砖墙房屋	市方丈之房间	400,000	两方丈大小之房间，每月租金 800,00；每方丈 400,000	
燃料类					
19 煤或柴	松柴	市斤	2,200	水津街柴市	
20 电光煤油或柴油	电光	度	12,459	川省府核定启明公司电价	
杂项					
21 水	河水、井水或自来水	挑	800	成都自来水公司公告水价	
22 肥皂	中等	块	16,000	成都中国国货公司（太平洋肥皂）	
23 毛巾	中等　长二十二市寸宽九市寸	条	50,000	成都中国国货公司（系太平洋三六毛巾）	
24 牙膏	三星牌（或其他中等国产牙膏）	支	35,000	成都中国国货公司	
25 茶叶	中等绿茶或红茶	市斤	140,000	永兴巷西南制茶厂	
26 沐浴	盆汤	次	70,000	太平街长江大浴室	
27 理发		次	40,000	提督东街 15 号兰芳理发店	
28 洗衣	中衣裤褂一套	套	24,000	祠堂街小名宋洗衣店	

说明：1. 主要食粮、肉、食油三项何地须查何项物品，应依查编办法第五条之规定，并将其名称及权数分别填入品质及权数栏内。

2. 查房租时如调查之房间大小与一方丈略有出入，须切实注明每间为多少市方丈。

3. 燃料类第十九、二十两项应查何项物品，依查编办法第五条之规定，择其当地最通用者一种，其品质单位及权数并应于各栏内详细填明。

成都市主要生活必需品价格调查表
三十七年三月十一日

物品类别名称	品质	单位	价格	查询之商号或行帮名称与地址	特殊变动之原因
食物类					
1 主要食粮	中熟米	市斗	200,000	金泉街 112 号益民米厂	
2 肉	猪肉	市斤	34,000	九眼桥肉市	
3 食油	菜油	市斤	31,000	太平街 107 号和记油坊	
4 鸡蛋	中等大小	个	2,640	九眼桥蛋市	
5 盐		市斤	17,000	星桥街 117 号泰源盐店	
6 糖	中等白糖	市斤	26,000	椒子街 95 号稻香村糖店	
7 酱油	中等	市斤	24,000	致民路蜀山酿造厂	
8 豆腐	（应查明每块之重量并拼合每市斤之价格）	市斤	9,600	白塔市街豆腐房（每块一千二，八块合一斤）	
9 蔬菜	白菜 莴笋 蒜薹 青豆 韭菜	市斤 市斤 市斤 市斤 市斤	3,000 5,000 12,000 24,000 8,000	九眼桥菜市场 九眼桥菜市场 九眼桥菜市场 九眼桥菜市场 九眼桥菜市场	
衣着类					
10 阴丹士林布	国产	市尺	89,000	春熙北路 52 号中国国货公司	
11 白细布	中等	市尺	58,000	春熙北路 52 号中国国货公司（牛头细布）	
12 白土布	中等（宽二尺二寸左右）	市尺	64,000	春熙北路 52 号中国国货公司	
13 冲哔叽或土毛呢	国产	市尺	112,700	春熙北路 52 号中国国货公司（线花哔叽）	
14 棉花（衣花）	中等	市斤	110,500	荔枝巷 12 号锦城花房	
15 呢鞋	国货呢中式男鞋	双	500,000	提督东街 75 号三江鞋店	
16 皮鞋	当地产小牛皮短口男鞋	双	700,000	走马街口宝元同公司	
17 线袜	国产中等三十二支纱	双	120,000	春熙北路 113 号恒义升袜衫厂	
房租类					
18 房租	无卫生设备（即无洋瓷或水泥面盆、澡盆、抽水马桶）之普通中式、半中式或砖墙房屋	市方丈之房间	400,000	两方丈大小之房间，每月租金 1,600,00；每方丈 800,000	
燃料类					

续表

物品类别名称	品质	单位	价格	查询之商号或 行帮名称与地址	特殊变 动之原因
19 煤或柴	松柴	市斤	2,400	水津街柴市	
20 电光煤油或 柴油	电光	度	12,659	川省府核定启明公司电价	
杂项					
21 水	河水、井水或自来水	挑	800	成都自来水公司 公告水价	
22 肥皂	中等	块	25,000	成都中国国货公司（太平 洋肥皂）	
23 毛巾	中等　长二十二市寸 宽九市寸	条	58,000	成都中国国货公司（三六 毛巾）	
24 牙膏	三星牌（或其他中等国 产牙膏）	支	51,000	成都中国国货公司	
25 茶叶	中等绿茶或红茶	市斤	180,000	永兴巷西南茶厂	
26 沐浴	盆汤	次	90,000	太平街长江大浴室	
27 理发		次	50,000	提督东街 15 号兰芳理发店	
28 洗衣	中衣裤褂一套	套	30,000	祠堂街小名宋洗衣店	

说明：1. 主要食粮、肉、食油三项何地须查何项物品，应依查编办法第五条之规定，并将其名称及权数分别填入品质及权数栏内。

2. 查房租时如调查之房间大小与一方丈略有出入，须切实注明每间为多少市方丈。

3. 燃料类第十九、二十两项应查何项物品，依查编办法第五条之规定，择其当地最通用者一种，其品质单位及权数并应于各栏内详细填明。

成都市主要生活必需品价格调查表
三十七年三月廿一日

物品类别名称	品质	单位	价格	查询之商号或 行帮名称与地址	特殊变 动之原因
食物类					
1 主要食粮	中熟米	市斗	220,000	金泉街 112 号益民米厂	
2 肉	猪肉	市斤	44,000	九眼桥肉市	
3 食油	菜油	市斤	38,000	太平街 107 号和记油坊	
4 鸡蛋	中等大小	个	3,500	九眼桥蛋市	
5 盐		市斤	17,000	星桥街 117 号泰源盐店	
6 糖	中等白糖	市斤	29,400	椒子街 95 号稻香村 糖店	
7 酱油	中等	市斤	26,000	致民路蜀山酿造厂	
8 豆腐	（应查明每块之重量并 拼合每市斤之价格）	市斤	12,000	白塔街豆腐房（每块 一千五，八块合一斤）	

续表

物品类别名称	品质	单位	价格	查询之商号或行帮名称与地址	特殊变动之原因
9 蔬菜	白菜 莴笋 蒜薹 青豆 韭菜	市斤 市斤 市斤 市斤 市斤	4,500 7,000 11,500 22,800 10,000	九眼桥菜市场 九眼桥菜市场 九眼桥菜市场 九眼桥菜市场 九眼桥菜市场	
衣着类					
10 阴丹士林布	国产	市尺	100,000	春熙北路 52 号中国国货公司	
11 白细布	中等	市尺	47,000	春熙北路 52 号中国国货公司	
12 白土布	中等（宽二尺二寸左右）	市尺	72,000	春熙北路 52 号中国国货公司	
13 冲哗叽或土毛呢	国产	市尺	128,000	春熙北路 52 号中国国货公司	
14 棉花（衣花）	中等	市斤	125,000	荔枝巷 12 号锦城花房	
15 呢鞋	国货呢中式男鞋	双	500,000	提督东街 75 号三江鞋店	
16 皮鞋	当地产小牛皮短口男鞋	双	700,000	走马街口宝元同公司	
17 线袜	国产中等三十二支纱	双	140,000	春熙北路 113 号恒义升袜衫厂	
房租类					
18 房租	无卫生设备（即无洋瓷或水泥面盆、澡盆、抽水马桶）之普通中式、半中式或砖墙房屋	市方丈之房间	400,000	两方丈大小之房间，每月租金 800,00；每方丈 400,000	
燃料类					
19 煤或柴	松柴	市斤	2,700	水津街柴市	
20 电光煤油或柴油	电光	度	12,659	川省府核定启明公司电价	
杂项					
21 水	河水、井水或自来水	挑	800	成都自来水公司	
22 肥皂	中等	块	38,000	成都中国国货公司	
23 毛巾	中等　长二十二市寸宽九市寸	条	87,000	成都中国国货公司	
24 牙膏	三星牌（或其他中等国产牙膏）	支	48,000	成都中国国货公司	
25 茶叶	中等绿茶或红茶	市斤	190,000	永兴巷西南茶厂	

续表

物品类别名称	品质	单位	价格	查询之商号或 行帮名称与地址	特殊变 动之原因
26 沐浴	盆汤	次	100,000	太平街长江大浴室	
27 理发		次	60,000	提督东街 15 号兰芳理发店	
28 洗衣	中衣裤褂一套	套	35,000	祠堂街小名宋洗衣店	

说明：1. 主要食粮、肉、食油三项何地须查何项物品，应依查编办法第五条之规定，并将其名称及权数分别填入品质及权数栏内。

2. 查房租时如调查之房间大小与一方丈略有出入，须切实注明每间为多少市方丈。

3. 燃料类第十九、二十两项应查何项物品，依查编办法第五条之规定，择其当地最通用者一种，其品质单位及权数并应于各栏内详细填明。

<h2 align="center">成都市主要生活必需品价格调查表</h2>
<h3 align="center">三十七年四月一日</h3>

物品类别名称	品质	单位	价格	查询之商号或 行帮名称与地址	特殊变 动之原因
食物类					
1 主要食粮	中熟米	市斗	260,000	金泉街 112 号益民米厂	
2 肉	猪肉	市斤	54,000	九眼桥肉市	
3 食油	菜油	市斤	46,000	太平街 107 号和记油坊	
4 鸡蛋	中等大小	个	4,000	九眼桥蛋市	
5 盐		市斤	23,000	星桥街 117 号泰源盐店	
6 糖	中等白糖	市斤	32,000	椒子街 95 号稻香村糖店	
7 酱油	中等	市斤	30,000	致民路蜀山酿造厂	
8 豆腐	（应查明每块之重量并拼合每市斤之价格）	市斤	12,000	白塔市街豆腐房（每块一千五，八块合一斤）	
9 蔬菜	青胡豆 青豌豆 蒜薹 花菜 莴笋	市斤 市斤 市斤 市斤 市斤	25,000 22,000 10,000 8,000 6,000	九眼桥菜市场 九眼桥菜市场 九眼桥菜市场 九眼桥菜市场 九眼桥菜市场	
衣着类					
10 阴丹士林布	国产	市尺	115,000	春熙北路 52 号中国国货公司	
11 白细布	中等	市尺	80,000	春熙北路 52 号中国国货公司（牛头细布）	
12 白土布	中等（宽二尺二寸左右）	市尺	85,000	春熙北路 52 号中国国货公司	

物品类别名称	品质	单位	价格	查询之商号或行帮名称与地址	特殊变动之原因
13 冲哔叽或土毛呢	国产	市尺	135,000	春熙北路 52 号中国国货公司（线花哔叽）	
14 棉花（衣花）	中等	市斤	125,000	荔枝巷 12 号锦城花房	
15 呢鞋	国货呢中式男鞋	双	500,000	提督东街 75 号三江鞋店	
16 皮鞋	当地产小牛皮短口男鞋	双	800,000	走马街口宝元同公司	
17 线袜	国产中等三十二支纱	双	180,000	春熙北路 113 号恒义升袜衫厂	
房租类					
18 房租	无卫生设备（即无洋瓷或水泥面盆、澡盆、抽水马桶）之普通中式、半中式或砖墙房屋	市方丈之房间	550,000	两方丈大小之房间，每月租金 1,100,00；每方丈 550,000	
燃料类					
19 煤或柴	松柴	市斤	4,500	水津街柴市	
20 电光煤油或柴油	电光	度	12,659	川省府核定启明公司电价	
杂项					
21 水	河水、井水或自来水	挑	800	成都自来水公司	
22 肥皂	中等	块	45,000	成都中国国货公司（太平洋肥皂）	
23 毛巾	中等 长二十二市寸宽九市寸	条	92,000	成都中国国货公司（三六毛巾）	
24 牙膏	三星牌（或其他中等国产牙膏）	支	75,000	成都中国国货公司	
25 茶叶	中等绿茶或红茶	市斤	190,000	永兴巷西南茶厂（宝星茶）	
26 沐浴	盆汤	次	120,000	太平街长江大浴室	
27 理发		次	60,000	提督东街 15 号兰芳理发店	
28 洗衣	中衣裤褂一套	套	35,000	祠堂街小名宋洗衣店	

说明：1. 主要食粮、肉、食油三项何地须查何项物品，应依查编办法第五条之规定，并将其名称及权数分别填入品质及权数栏内。

2. 查房租时如调查之房间大小与一方丈略有出入，须切实注明每间为多少市方丈。

3. 燃料类第十九、二十两项应查何项物品，依查编办法第五条之规定，择其当地最通用者一种，其品质单位及权数并应于各栏内详细填明。

成都市主要生活必需品价格调查表
三十七年四月十一日

物品类别名称	品质	单位	价格	查询之商号或行帮名称与地址	特殊变动之原因
食物类					
1 主要食粮	中熟米	市斗	240,000	金泉街 112 号益民米厂	
2 肉	猪肉	市斤	58,000	九眼桥肉市	
3 食油	菜油	市斤	44,000	太平街 107 号和记油坊	
4 鸡蛋	中等大小	个	4,000	九眼桥蛋市	
5 盐		市斤	25,000	星桥街 117 号泰源盐店	
6 糖	中等白糖	市斤	36,000	椒子街 95 号稻香村糖店	
7 酱油	中等	市斤	30,000	致民路蜀山酿造厂	
8 豆腐	（应查明每块之重量并拼合每市斤之价格）	市斤	12,000	白塔市街豆腐房（每块一千五，八块合一斤）	
9 蔬菜	青胡豆 青豌豆 蒜薹 花菜 莴笋	市斤 市斤 市斤 市斤 市斤	25,000 22,000 10,000 8,000 6,000	九眼桥菜市场 九眼桥菜市场 九眼桥菜市场 九眼桥菜市场 九眼桥菜市场	
衣着类					
10 阴丹士林布	国产	市尺	120,000	春熙北路 52 号中国国货公司	
11 白细布	中等	市尺	80,000	春熙北路 52 号中国国货公司（牛头细布）	
12 白土布	中等（宽二尺二寸左右）	市尺	85,000	春熙北路 52 号中国国货公司	
13 冲哔叽或土毛呢	国产	市尺	135,000	春熙北路 52 号中国国货公司（线花哔叽）	
14 棉花（衣花）	中等	市斤	160,000	荔枝巷 12 号锦城花房	
15 呢鞋	国货呢中式男鞋	双	500,000	提督东街 75 号三江鞋店	
16 皮鞋	当地产小牛皮短口男鞋	双	900,000	走马街口宝元同公司	
17 线袜	国产中等三十二支纱	双	180,000	春熙北路 113 号恒义升袜衫厂	
房租类					
18 房租	无卫生设备（即无洋瓷或水泥面盆、澡盆、抽水马桶）之普通中式、半中式或砖墙房屋	市方丈之房间	550,000	两方丈大小之房间，每月租金 1,100,00；每方丈 550,000	

续表

物品类别名称	品质	单位	价格	查询之商号或行帮名称与地址	特殊变动之原因
燃料类					
19 煤或柴	松柴	市斤	4,500	水津街柴市	
20 电光煤油或柴油	电光	度	12,659	川省府核定启明公司电价	
杂项					
21 水	河水、井水或自来水	挑	800	成都自来水公司	
22 肥皂	中等	块	45,000	成都中国国货公司（太平洋肥皂）	
23 毛巾	中等　长二十二市寸宽九市寸	条	92,000	成都中国国货公司（三六毛巾）	
24 牙膏	三星牌（或其他中等国产牙膏）	支	75,000	成都中国国货公司	
25 茶叶	中等绿茶或红茶	市斤	160,000	永兴巷西南茶厂（宝星茶）	
26 沐浴	盆汤	次	120,000	太平街长江大浴室	
27 理发		次	60,000	提督东街 15 号兰芳理发店	
28 洗衣	中衣裤褂一套	套	35,000	祠堂街小名宋洗衣店	

说明：1. 主要食粮、肉、食油三项何地须查何项物品，应依查编办法第五条之规定，并将其名称及权数分别填入品质及权数栏内。

2. 查房租时如调查之房间大小与一方丈略有出入，须切实注明每间为多少市方丈。

3. 燃料类第十九、二十两项应查何项物品，依查编办法第五条之规定，择其当地最通用者一种，其品质单位及权数并应于各栏内详细填明。

卷内 4　国立四川大学："教育部准国民政府主计处函送公务员生活补助费指数查遍法及地名表"（1948 年 3 月）

事由：准国民政府主计处函送公务员生活费指数查遍办法及地名表令仰遵办由

教育部训令　发文统字第一三一二三号

令国立四川大学　案准　国民政府主计处本年三月一日勤统字第一八五号公函内开：

"查现行之《各省重要市县公务员生活费指数查遍办法》有不切合实际之处，经本处于本年二月邀请贵部行政院、财政、司法行政、经济、交通、社会、粮食等部，资源委员会，南京市政府及中、中、交、农四行联合办事总处等指派代表集会两次，详加检讨，修订为《各重要市县公务员生活费指数查编办法》一种，并准行政院三十七年统字第九五九六号函处同意，并转饬各省、市政府遵照办在案。兹查该项办法第四条规定：'各市县政府调查物价时应联合当地中央机关之所属会同调查……'上项中央机关所属机关之范围规定，有贵部所属各机关、学校在内，相应检同该项办法及本年二月现查公务员生活费指数地名表各一份，函请查照，转饬驻在各该地之所属机关遵照办理。至依照本办法第二条规定，应行补查之。各重要市县将来当再另函告知"等由，附送各重要市县公务员生活费指数查遍办法及现查公务员生活费指数地名表各一份。准此，除分令外，合行检发原送办法及地名表各一份，令仰遵照办理为要。此令。

附发查编办法及地名表各一份。

中华民国三十七年三月廿三日

事由：教部准　国民政府主计处函送公务员生活补助费指数查编办法及地名表由

拟办：由经济研究部查填，交由文书组备文转呈。三月廿二日

备考：本件已抄送经济研究部，请自三月份起按月填送三份，交文书组转呈在案。

四月七日于文书组
卅七年三月三十一日

案奉教育部卅七年三月廿三日统字第一三一二三号训令开：

案准国民政府主计处本年三月一日勤统字第一八五号公函内开：

"查现行之《各省重要市县公务员生活费指数查遍办法》有不切合实际之处，经本处于本年二月邀请贵部行政院、司法行政、经济、交通、社会、粮食等部资源委员会、南京市政府及中、中、交、农四行联合办事总处等指派代表集会，两次详加检讨修订为《各重要市县公务员生活费指数查编办法》一种，并准行政院三十七年统字第九五九六号函处同意，并转饬各省市政府遵照办理在案。兹查该项办法第四条规定：'各市县政府调查物价时应联合当地中央机关之所属机关会同调查……'上项中央机关所属机关之范围规定，有贵部所属各机关学校在内，相应检同该项办法及本年二月现查公务员生活费指数地名表各一份，函请查照。转饬驻在各该地之所属机关遵照办理。至依照本办法第二条规定，应行补查之。各重要市县将来当另函告知"等由，附送各重要市县公务员生活费指数查编办法及现查公务员生活费指数地名表一份。准此，除分令外，合行检发原送办法及地名表各一份，令仰遵照办理为要等因，附发查遍办法及地名表各一份。

奉此，兹检同《各重要市县公务员生活费指数查遍办法》一份，《生活费指数报告表》油印八十份，《生活必需品整理表》计五种，油印各八十份，《生活必须品价格调查表》油印八十份，随函送达，即请查照。将三月份应行查报各表填送（复写）三份，径交文书组办理为荷。至三月以后，各表并请在每月廿一日以后填送（三份）。文书组合并函明。此致西南社会科学研究处经济研究部。

附"指数查编办法"一份，"生活费指数地名表"一份，"生活费指数报告表"八十份，"生活必需品整理表（计五张）"各八十份，"生活必需品价格调查表"八十份。

启　卅七年四月六日

各重要市县公务员生活费指数查编办法

第一条　各重要市县公务员生活费指数之查编依本办法规定。

第二条　各省内应查编公务员生活费指数之市县为省政府所在地之市县，省辖市各

行政督察专员公署所在地及其他经省政府指定之重要市县。

（前项应查编指数之市县，由各省政府分报主计处与行政院）

第三条 公务员生活费指数之查编，应由各省政府令饬各指定之市县政府就各该市县城区内按期调查本办法第五条规定之各项物品价格，依式填表，呈由省政府发交主管统计部份【编者按：应为"部门"】汇编。每月指数由省政府分送主计处与行政院。

第四条 各市县政府调查物价时，应联合当地中央机关之所属机关会同调查。市区范围广大者须视其市场情形，分数区调查。调查表均由市县政府汇呈省政府。

上项中央机关之所属机关范围如左：

财政部所属各税收局所

教育部所属各机关学校

司法行政部所属各法院

第五条 公务员生活费指数所采用之物品名称、品质、计算单位及其权数如左：

物品类别	名称		品质	计算单位	权数	适用地点
食物类	1 主要食粮	米	中等熟米	市斗	二．〇〇	四川
	2 肉	猪肉		市斤	五．〇〇	四川
	3 食油	花生油 豆油 菜油 麻油		市斤	一．五〇	就当地最普通者任择一种
	4 鸡蛋	鸡蛋	中等大小	个	九．〇〇	全国各省
	5 盐	盐		市斤	〇．八〇	全
	6 糖	糖	中等白糖	市斤	〇．五〇	全
	7 酱油	酱油	中等	市斤	一．五〇	全
	8 豆腐	豆腐	应查明每块之重量折成每市斤之价值	市斤	一〇．〇〇	全
	9 蔬菜		查当地当季普通五种生菜平均每市斤之价格	市斤	二〇．〇〇	全
衣着类	10 阴丹布	国产	国产	市尺	一．〇〇	全
	11 白细布	白细布	中等	市尺	一．〇〇	全国各省
	12 白土布	白土布	中等宽二尺二寸左右	市尺	一．〇〇	全
	【原文中第13项"冲哔叽"或"土毛呢"不知何故被删】					
	14 棉花	棉花	中等衣花	市斤	〇．二五	全国各省
	15 呢鞋	呢鞋	国货呢中式男鞋	双	〇．五〇	全
	16 皮鞋	皮鞋	本地产小牛短口男鞋	双	〇．〇五	全
	17 线袜	线袜	国产中等三十二支纱	双	〇．五〇	全

物品类别	名称		品质	计算单位	权数	适用地点
房租类	18 房租	房租	无卫生设备（即无洋瓷或水泥或水泥澡盆、面盆、抽水马桶）之普通中式或半西式砖墙瓦房若所调查之房间大小□一方丈略有出入，报告时须切实注明每间为多少市方丈	一方市丈房间	〇.五〇	全
燃料类	19 煤或柴	无烟煤烟煤木柴		市斤	四八.〇〇九〇.〇〇七〇.〇〇	就当地最普遍者任择一种
	20 电光	煤油菜油	查最普通适用者一种，选定后不用变更。至煤油或菜油之品质为中等	度市斤	八.〇〇一.〇〇	全左
杂项	21 水		河水或自来水、井水	挑	一二.〇〇	全国各省
	22 肥皂		中等	块	一.〇〇	全
	23 毛巾		中等（长廿二市寸，宽九市寸）	条	〇.五〇	全
	24 牙膏		三星牌（或其他中等国产牙膏）	支	〇.三〇	全
	25 茶叶		中等绿茶或红茶	市斤	〇二〇	全
	26 沐浴		盆汤	次	二.〇〇	全
	27 理发			次	二.〇〇	全
	28 洗衣		中衣裤褂一套	套	一二.〇〇	全
	29 医药费、教育费及其他					照以前各项总消费值加百分之二十

第六条　物品之价格应调查实际交易之零售价格。上项价格之调查，各省政府负监督考核之责，主计处与行政院遇必要时得派员赴各地覆查其价格。

第七条　各项物品应调查每月一日、十一日及廿一日之价格，其调查表应于每月二日、十二日、廿二日呈省府。

第八条　公务员生活费指数应以加权总值式依上列之权数编制之，并应以廿六年上半年之平均价格为基期，各种数字应计算至小数点以下两位为正，均采用四舍五入法。

第九条　公务员生活费指数中之各月物价应就三次查得之价格加以平均。

第十条　各指定市县调查所用之"公务员生活必需品价格调查表"与省政府编制指数所用之"公务员生活必需品价格整理表"及"公务员生活费指数报告表"格式附后。省政府应于每月月底以前将本月各指定市县"公务员生活费指数报告表"，连同"公务员生活必需品价格整理表"及"公务员生活必需品价格调查表"分送主计处与行政院，为求迅速起见，并应由各省政府将总指数先行电报主计处。

第十一条　各院辖市公务员生活费指数之查编，准用本办法。其调查之物品，以该市所在省为准。

第十二条　本办法自三十七年三月一日起实行。

现查公务员生活费指数地名表：1. 成都　2. 自贡　3. 温江　4. 资中……

卷内 5　国立四川大学："自本年三月份起按月编制成都市公务员生活指数报告表、生活必需品整理表、生活必需品价格调查表各三份"（1948 年 4 月）

敬启者：

案准总务处本月六日函嘱敝部，自本年三月份起，按月编制成都市公务员生活指数报告表、生活必需品整理表、生活必需品价格调查表各三份径交贵组寄转等由，到部自应照办。惟因向庶务组请购制表文具，近始送来，致稍迟延。兹已遵照编就，相应函送贵组，请烦查照为荷。

此致

文书组

附：（一）公务员生活指数报告表三份

（二）公务员生活必需品价格调查表三份（共 9 张）

（三）公务员生活必需品价格整理表三份（共 15 张）

经济研究部　启
四月二十日

呈送三月份生活指数价等表仰祈鉴核存转由

中华民国卅七年四月廿二日　发文总文字第四五九九号

查成都市三月份生活指数报告表、生活必需品整理表、生活必需品价格调查表，业饬遵照颁发表式，查填完竣，理合具文，赍呈各二份，仰祈鉴核存转，指令祗遵。

谨呈

教育部

计呈表三种各二份

国立四川大学校长黄季陆
中华民国三十七年四月廿二日

四川省成都市公务员生活费指数报告表

三十七年三月份（基期价格根据川省府统计处"成都零售物价表"）

物品类别名称	品质	单位	消费量或权数	基期：二十六上半年		三十七年五月	
				价格	消费值	价格	消费值
						（五月份平均价格）	
食物类							
1 主要食粮	中熟米	市斗	2.00	1.254	2.508	208,570	413,120
2 肉	猪肉	市斤	5.00	0.218	1.090	38,616	193,080
3 食油	菜油	市斤	1.50	0.269	0.404	34,033	51,050
4 鸡蛋	中等大小	个	9.00	0.010	0.090	3,103	27,927

物品类别名称	品质	单位	消费量或权数	基期：二十六上半年		三十七年五月	
				价格	消费值	价格	消费值
					（五月份平均价格）		
5 盐		市斤	0.80	0.112	0.089	16,400	13,020
6 糖	中等白糖	市斤	0.50	0.269	0.135	20,500	13,250
7 酱油	中等	市斤	1.50	0.149	0.223	24,600	39,900
8 豆腐	应查明每块之重量并拼合每市斤之价格	市斤	10.00	0.012	0.120	10,400	104,000
9 蔬菜	查当季普通五种生菜平均每市斤之价格	市斤	20.00	0.014	0.280	4,180	134,000
衣着类							
10 阴丹士林布	国产	市尺	1.00	0.162	0.162	87,533	87,533
11 白细布	中等	市尺	1.00	0.126	0.126	59,146	59,146
12 白土布	中等（宽二尺二寸左右）	市尺	1.00	0.119	0.119	64,800	64,800
13 冲哔叽或土毛呢	国产	市尺	1.00	0.190	0.190	111,420	111,420
14 棉花（衣花）	中等	市斤	0.05	0.463	0.023	141,700	7,085
15 呢鞋	呢中式男鞋	双	0.50	1.200	0.400	483,000	241,500
16 皮鞋	当地产小牛皮短口男鞋	双	0.05	1.500	0.075	668,300	33,415
17 线袜	国产中等三十二支纱	双	0.50	0.273	0.137	117,000	58,500
房租类							
18 房租	无卫生设备（即无洋瓷或水泥面盆、澡盆、抽水马桶）之普通中式、半中式或砖墙房屋	市方丈之房间	0.50	1.300	0.650	400,000	200,000
燃料类							
19 煤或柴	松柴	市斤	70.00	0.009	0.540	2,350	164,500
20 电光煤油或菜油	电光	度	8.00	0.160	1.280	12,459	101,272
杂项							
21 水	河水、井水或自来水	挑	12.00	0.005	0.060	800	9,600
22 肥皂	中等	块	1.00	0.100	0.100	31,830	31,830
23 毛巾	中等　长二十二市寸宽九市寸	条	0.50	0.127	0.064	68,970	34,485

续表

物品类别名称	品质	单位	消费量或权数	基期：二十六上半年		三十七年五月	
				价格	消费值	价格	消费值
						（五月份平均价格）	
24 牙膏	三星牌（或其他中等国产牙膏）	支	0.30	0.302	0.091	55,377	16,613
25 茶叶	中等绿茶或红茶	市斤	0.10	0.640	0.064	169,366	16,937
26 沐浴	盆汤	次	2.00	0.500	1.000	82,000	164,000
27 理发		次	2.00	0.500	1.000	47,000	94,000
28 洗衣	中衣裤褂一套	套	11.00	0.200	2.200	21,000	231,000
29 医药费、教育费及其他	（照以前各项总消费值加 20.00%）			（基期消费值）15.928	3.186	（本月消费值）2,726,085	545,218
总消费值（公式：加权总值式）				19.114		3,271,303	
指数（本月份指数计至小数点二位为 171,146.96）				100		171,146	

说明：1. 主要食粮、肉、食油三项何地须查何项物品，应依查编办法第五条之规定，并将其名称及权数分别填入品质及权数栏内。

2. 查房租时如调查之房间大小与一方丈略有出入，须切实注明每间为多少市方丈。

3. 燃料类第十九、二十两项应查何项物品，依查编办法第五条之规定，择其当地最通用者一种，其品质单位及权数并应于各栏内详细填明。

编制机关：国立四川大学

四川省成都市公务员生活必需品价格调查表
三十七年三月一日

物品类别名称	品质	单位	价格	查询之商号或行帮名称与地址	特殊变动之原因
食物类					
1 主要食粮	中熟米	市斗	140,000	金泉街 112 号益民米厂	
2 肉	猪肉	市斤	24,000	九眼桥肉市	
3 食油	菜油	市斤	26,000	太平街 107 号和记油坊	
4 鸡蛋	中等大小	个	2,300	九眼桥蛋市	
5 盐		市斤	14,000	星桥街 117 号泰源盐店	
6 糖	中等白糖	市斤	17,000	椒子街 95 号稻香村糖店	
7 酱油	中等	市斤	18,000	致民路蜀山酿造厂	
8 豆腐	（应查明每块之重量并拼合每市斤之价格）	市斤	9,600	白塔市街豆腐房	

续表

物品类别名称	品质	单位	价格	查询之商号或行帮名称与地址	特殊变动之原因
9 蔬菜	白菜 莴笋 蒜薹 韭菜 豆芽	市斤 市斤 市斤 市斤 市斤	4,000 4,500 7,000 6,000 5,000	九眼桥菜市场 九眼桥菜市场 九眼桥菜市场 九眼桥菜市场 九眼桥菜市场	
衣着类					
10 阴丹士林布	国产	市尺	62,000	春熙北路 52 号中国国货公司	
11 白细布	中等	市尺	41,000	春熙北路 52 号中国国货公司	
12 白土布	中等（宽二尺二寸左右）	市尺	48,000	春熙北路 52 号中国国货公司	
13 冲哔叽或土毛呢	国产	市尺	30,000	春熙北路 52 号中国国货公司	
14 棉花（衣花）	中等	市斤	140,000	荔枝巷 12 号锦城花房	
15 呢鞋	国货呢中式男鞋	双	450,000	提督东街 75 号三江鞋店	
16 皮鞋	当地产小牛皮短口男鞋	双	600,000	走马街口宝元同公司	
17 线袜	国产中等三十二支纱	双	90,000	春熙北路 113 号恒义升袜衫厂	
房租类					
18 房租	无卫生设备（即无洋瓷或水泥面盆、澡盆、抽水马桶）之普通中式、半中式或砖墙房屋	市方丈之房间	400,000	两方丈大小之房间，每月租金 800,00；每方丈 400,000	
燃料类					
19 煤或柴	松柴	市斤	2,000	水津街柴市	
20 电光煤油或柴油	电光	度	12,659	川省府核定启明公司电价	
杂项					
21 水	河水、井水或自来水	挑	800	成都自来水公司	
22 肥皂	中等	块	32,000	成都中国国货公司	
23 毛巾	中等　长二十二市寸宽九市寸	条	50,000	成都中国国货公司	
24 牙膏	三星牌（或其他中等国产牙膏）	支	35,000	成都中国国货公司	
25 茶叶	中等绿茶或红茶	市斤	140,000	永兴巷西南茶厂	

物品类别名称	品质	单位	价格	查询之商号或行帮名称与地址	特殊变动之原因
26 沐浴	盆汤	次	50,000	太平街长江大浴室	
27 理发		次	30,000	提督东街 15 号兰芳理发店	
28 洗衣	中衣裤褂一套	套	16,000	祠堂街小名宋洗衣店	

说明：1. 主要食粮、肉、食油三项何地须查何项物品，应依查编办法第五条之规定，并将其名称及权数分别填入品质及权数栏内。

2. 查房租时如调查之房间大小与一方丈略有出入，须切实注明每间为多少市方丈。

3. 燃料类第十九、二十两项应查何项物品，依查编办法第五条之规定，择其当地最通用者一种，其品质单位及权数并应于各栏内详细填明。

国立四川大学校长
经济研究部

四川省成都市公务员生活必需品价格调查表
三十七年三月十一日

物品类别名称	品质	单位	价格	查询之商号或行帮名称与地址	特殊变动之原因
食物类					
1 主要食粮	中熟米	市斗	200,000	金泉街 112 号益民米厂	
2 肉	猪肉	市斤	34,000	九眼桥肉市	
3 食油	菜油	市斤	31,000	太平街 107 号和记油坊	
4 鸡蛋	中等大小	个	2,640	九眼桥蛋市	
5 盐		市斤	17,000	星桥街 117 号泰源盐店	
6 糖	中等白糖	市斤	26,000	椒子街 95 号稻香村糖店	
7 酱油	中等	市斤	24,000	致民路蜀山酿造厂	
8 豆腐	（应查明每块之重量并拼合每市斤之价格）	市斤	9,600	白塔市街豆腐房	
9 蔬菜	白菜 莴笋 蒜薹 韭菜 豆芽	市斤 市斤 市斤 市斤 市斤	4,000 4,500 10,000 8,000 6,000	九眼桥菜市场 九眼桥菜市场 九眼桥菜市场 九眼桥菜市场 九眼桥菜市场	
衣着类					
10 阴丹士林布	国产	市尺	89,000	春熙北路 52 号中国国货公司	
11 白细布	中等	市尺	58,000	春熙北路 52 号中国国货公司	

续表

物品类别名称	品质	单位	价格	查询之商号或行帮名称与地址	特殊变动之原因
12 白土布	中等（宽二尺二寸左右）	市尺	64,000	春熙北路 52 号中国国货公司	
13 冲哔叽或土毛呢	国产	市尺	112,700	春熙北路 52 号中国国货公司	
14 棉花（衣花）	中等	市斤	140,000	荔枝巷 12 号锦城花房	
15 呢鞋	国货呢中式男鞋	双	500,000	提督东街 75 号三江鞋店	
16 皮鞋	当地产小牛皮短口男鞋	双	700,000	走马街口宝元同公司	
17 线袜	国产中等三十二支纱	双	120,000	春熙北路 113 号恒义升袜衫厂	
房租类					
18 房租	无卫生设备（即无洋瓷或水泥面盆、澡盆、抽水马桶）之普通中式、半中式或砖墙房屋	市方丈之房间	400,000	两方丈大小之房间，每月租金 800,00；每方丈 400,000	
燃料类					
19 煤或柴	松柴	市斤	2,400	水津街柴市	
20 电光煤油或柴油	电光	度	12,659	川省府核定启明公司电价	
杂项					
21 水	河水、井水或自来水	挑	800	成都自来水公司	
22 肥皂	中等	块	25,000	成都中国国货公司	
23 毛巾	中等 长二十二市寸 宽九市寸	条	58,000	成都中国国货公司	
24 牙膏	三星牌（或其他中等国产牙膏）	支	51,000	成都中国国货公司	
25 茶叶	中等绿茶或红茶	市斤	160,000	永兴巷西南茶厂	
26 沐浴	盆汤	次	90,000	太平街长江大浴室	
27 理发		次	50,000	提督东街 15 号兰芳理发店	
28 洗衣	中衣裤褂一套	套	30,000	祠堂街小名宋洗衣店	

说明：1. 主要食粮、肉、食油三项何地须查何项物品，应依查编办法第五条之规定，并将其名称及权数分别填入品质及权数栏内。

2. 查房租时如调查之房间大小与一方丈略有出入，须切实注明每间为多少市方丈。

3. 燃料类第十九、二十两项应查何项物品，依查编办法第五条之规定，择其当地最通用者一种，其品质单位及权数并应于各栏内详细填明。

国立四川大学校长
经济研究部

四川省成都市公务员生活必需品价格调查表
三十七年三月廿一日

物品类别名称	品质	单位	价格	查询之商号或 行帮名称与地址	特殊变动之原因
食物类					
1 主要食粮	中熟米	市斗	200,000	金泉街 112 号益民米厂	
2 肉	猪肉	市斤	44,000	九眼桥肉市	
3 食油	菜油	市斤	38,000	太平街 107 号和记油坊	
4 鸡蛋	中等大小	个	3,500	九眼桥蛋市	
5 盐		市斤	17,000	星桥街 117 号泰源盐店	
6 糖	中等白糖	市斤	29,400	椒子街 95 号稻香村糖店	
7 酱油	中等	市斤	26,000	致民路蜀山酿造厂	
8 豆腐	（应查明每块之重量并拼合每市斤之价格）	市斤	1,2000	白塔市街豆腐房	
9 蔬菜	白菜 莴笋 蒜薹 韭菜 豆芽	市斤 市斤 市斤 市斤 市斤	4,000 4,500 10,000 8,000 6,000	九眼桥菜市场 九眼桥菜市场 九眼桥菜市场 九眼桥菜市场 九眼桥菜市场	
衣着类					
10 阴丹士林布	国产	市尺	100,000	春熙北路 52 号中国国货公司	
11 白细布	中等	市尺	67,000	春熙北路 52 号中国国货公司	
12 白土布	中等（宽二尺二寸左右）	市尺	72,000	春熙北路 52 号中国国货公司	
13 冲哔叽或土毛呢	国产	市尺	128,000	春熙北路 52 号中国国货公司	
14 棉花（衣花）	中等	市斤	145,000	荔枝巷 12 号锦城花房	
15 呢鞋	国货呢中式男鞋	双	500,000	提督东街 75 号三江鞋店	
16 皮鞋	当地产小牛皮短口男鞋	双	700,000	走马街口宝元同公司	
17 线袜	国产中等三十二支纱	双	140,000	春熙北路 113 号恒义升袜衫厂	
房租类					
18 房租	无卫生设备（即无洋瓷或水泥面盆、澡盆、抽水马桶）之普通中式、半中式或砖墙房屋	市方丈之房间	450,000	两方丈大小之房间，每月租金 800,00；每方丈 400,000	

物品类别名称	品质	单位	价格	查询之商号或 行帮名称与地址	特殊变动之原因
燃料类					
19 煤或柴	松柴	市斤	2,700	水津街柴市	
20 电光煤油或柴油	电光	度	12,659	川省府核定启明公司电价	
杂项					
21 水	河水、井水或自来水	挑	800	成都自来水公司	
22 肥皂	中等	块	38,000	成都中国国货公司	
23 毛巾	中等　长二十二市寸宽九市寸	条	87,000	成都中国国货公司	
24 牙膏	三星牌（或其他中等国产牙膏）	支	68,000	成都中国国货公司	
25 茶叶	中等绿茶或红茶	市斤	190,000	永兴巷西南茶厂	
26 沐浴	盆汤	次	100,000	太平街长江大浴室	
27 理发		次	60,000	提督东街 15 号兰芳理发店	
28 洗衣	中衣裤褂一套	套	35,000	祠堂街小名宋洗衣店	

　　说明：1. 主要食粮、肉、食油三项何地须查何项物品，应依查编办法第五条之规定，并将其名称及权数分别填入品质及权数栏内。

　　2. 查房租时如调查之房间大小与一方丈略有出入，须切实注明每间为多少市方丈。

　　3. 燃料类第十九、二十两项应查何项物品，依查编办法第五条之规定，择其当地最通用者一种，其品质单位及权数并应于各栏内详细填明。

国立四川大学校长

经济研究部

卷内 6　国立四川大学："四月份—八月份成都市公务员生活指数报告表、生活必需品价格调查表"（1948 年 12 月）

　　敬启者：

　　四月份成都公务员生活费指数报告表、生活必需品价格调查表、生活必需品整理表等计三种，共各三份（另一份存报部备查）。兹已编制完竣，相应检送二份与【予】贵组（分送主计处与行政院），即希查照为荷。

　　此致

　　文书组

经济研究部　启

四月卅日

　　附注：依据教部奉政院领行"各重要市县公务员生活费指数查编办法"□十条，规定应先行将总指数电报主计处，并请查照为荷。

本件以总文字第四六二一号呈文送部　卅七年五月一日

敬启者:

查敝部案准贵处奉教部令,函嘱编制成都市公务员生活费指数报告表等共四种,按月送交文书组存转,当经遵办在案。兹以该项公务员生活费指数报告表所列各项物价及编定之指数,系送交教部,转行政院及主计处作为调整公教人员待遇之参考。事关本大学教职员待遇,为使各教职员明了成都市物价指数,拟请(以后并拟按月油印分送)贵处将敝部所编三月份成都市公务员生活报告表一种油印80份分送本大学各院、系、处、室、组、部,相应检同该项报告表,请烦查照为荷。

此致

总务处(请将油印该项表报送10份,为敝部存查为祷)

经济研究部　启

四月廿一日

四川省成都市公务员生活费指数报告表
三十七年三月份
(基期价格系根据川省府统计处"成都零售物价表")

物品类别名称	品质	单位	消费量或权数	基期:二十六年上半年		三十七年三月	
				价格	消费值	价格	消费值
						三月份平均	
食物类							
1 主要食粮	中熟米	市斗	2.00	1.254	2.508	208,570	413,120
2 肉	猪肉	市斤	5.00	0.218	1.090	38,416	193,080
3 食油	菜油	市斤	1.50	0.269	0.404	34,033	51,050
4 鸡蛋	中等大小	个	9.00	0.010	0.090	3,103	27,929
5 盐		市斤	0.80	0.112	0.089	16,400	13,120
6 糖	中等白糖	市斤	0.50	0.269	0.135	20,500	13,250
7 酱油	中等	市斤	1.50	0.149	0.223	24,600	36,900
8 豆腐	应查明每块之重量并拼合每市斤之价格	市斤	10.00	0.012	0.120	10,400	104,000
9 蔬菜	查当季普通五种生菜平均每市斤之价格	市斤	20.00	0.014	0.280	6,180	136,000
衣着类							
10 阴丹士林布	国产	市尺	1.00	0.142	0.142	87,533	87,533
11 白细布	中等	市尺	1.00	0.124	0.126	59,146	59,146
12 白土布	中等(宽二尺二寸左右)	市尺	1.00	0.119	0.119	64,800	64,800
13 冲哔叽或土毛呢	国产	市尺	1.00	0.190	0.190	111,420	111,420

续表

物品类别名称	品质	单位	消费量或权数	基期：二十六年上半年		三十七年三月	
				价格	消费值	价格	消费值
				三月份平均			
14 棉花（衣花）	中等	市斤	0.05	0.463	0.023	141,200	7,085
15 呢鞋	国货呢中式男鞋	双	0.50	1.200	0.600	483,000	241,500
16 皮鞋	当地产小牛皮短口男鞋	双	0.05	1.500	0.075	668,300	33,415
17 棉袜	国产中等三十二支纱	双	0.50	0.273	0.137	117,000	58,500
房租类							
18 房租	无卫生设备（即无洋瓷或水泥面盆、澡盆、抽水马桶）之普通中式、半中式或砖墙房屋	市方丈之房间	0.50	1.300	0.450	400,000	200,000
燃料类							
19 煤或柴	松柴	市斤	70.00	0.009	0.540	2,350	164,500
20 电光（煤油或菜油）	电光	度	8.00	0.160	1.280	12,659	101,272
杂类							
21 水	河水、井水或自来水	挑	12.00	0.005	0.060	8,00	9,400
22 肥皂	中等	块	1.00	0.100	0.100	318,30	31,830
23 毛巾	中等　长二十二市寸宽九市寸	条	0.50	0.127	0.064	48,970	34,485
24 牙膏	三星牌（或其他中等国产牙膏）	支	0.30	0.302	0.091	55,377	16,613
25 茶叶	中等绿茶或红茶	市斤	0.10	0.640	0.064	169,366	16,937
26 沐浴	盆汤	次	2.00	0.500	1.000	82,000	164,000
27 理发		次	2.00	0.500	1.000	47,000	94,000
28 洗衣	中衣裤褂一套	套	11.00	0.200	2.200	21,000	231,000
29 医药费、教育费及其他	（照以前各项总消费值加 20.00%）			（基期消费值）15.928	3.186	（本月消费值）2,726,085	545,218
总消费值（公式：加权总值式）				19.114		3,271,303	
指数（本月份指数计至小数点二位为 171,46.96）				100		171,146	

说明：1. 主要食粮、肉、食油三项何地须查何项物品，应依查编办法第五条之规定，并将其名称及权数分别填入品质及权数栏内。

2. 查房租时如调查之房间大小与一方丈略有出入，须切实注明每间为多少市方丈。

3. 燃料类第十九、二十两项应查何项物品，依查编办法第五条之规定，择其当地最通用者一种，其品质单位及权数并应于各栏内详细填明。

编制机关：国立四川大学经济研究部

敬启者：

行政院统计室嘱编制"成都市主要生活必需品价格调查表"四月廿一日与本月一日各二份，业已编竣，相应检送贵组，即希查照，径寄为荷。

此致

文书组

经济研究部 五月七日

（卅七年五月七日航寄）

成都市主要生活必需品价格调查表
三十七年五月一日

物品类别名称	品质	单位	价格	查询之商号或行帮名称与地址	特殊变动之原因
食物类					
1 主要食粮	中熟米	市斗	320,000	金泉街 112 号益民米厂	
2 肉	猪肉	市斤	64,000	九眼桥肉市	
3 食油	菜油	市斤	50,000	太平街 107 号和记油坊	
4 鸡蛋	中等大小	个	4,000	九眼桥蛋市	
5 盐		市斤	36,000	星桥街 117 号泰源盐店	
6 糖	中等白糖	市斤	35,000	椒子街 95 号稻香村糖店	
7 酱油	中等	市斤	35,000	致民路蜀山酿造厂	
8 豆腐	（应查明每块之重量并拼合每市斤之价格）	市斤	16,000	白塔市街豆腐房	
9 蔬菜	黄瓜 四季豆 花菜 白菜 鲜笋	市斤 市斤 市斤 市斤 市斤	30,000 26,000 25,000 12,000 24,000	九眼桥菜市场 九眼桥菜市场 九眼桥菜市场 九眼桥菜市场 九眼桥菜市场	
衣着类					
10 阴丹士林布	国产	市尺	150,000	春熙北路 52 号中国国货公司	
11 白细布	中等	市尺	100,000	春熙北路 52 号中国国货公司	
12 白士布	中等（宽二尺二寸左右）	市尺	105,000	春熙北路 52 号中国国货公司	

物品类别名称	品质	单位	价格	查询之商号或行帮名称与地址	特殊变动之原因
13 冲哔叽或土毛呢	国产	市尺	180,000	春熙北路 52 号中国国货公司	
14 棉花（衣花）	中等	市斤	170,000	荔枝巷 12 号锦城花房	
15 呢鞋	国货呢中式男鞋	双	700,000	提督东街 75 号三江鞋店	
16 皮鞋	当地产小牛皮短口男鞋	双	1200,000	走马街口宝元同公司	
17 线袜	国产中等三十二支纱	双	180,000	春熙北路 113 号恒义升袜衫厂	
房租类					
18 房租	无卫生设备（即无洋瓷或水泥面盆、澡盆、抽水马桶）之普通中式、半中式或砖墙房屋	市方丈之房间	600,000	两方丈大小之房间，每月租金 1,200,00；每方丈 600,000	
燃料类					
19 煤或柴	松柴	市斤	5,000	水津街柴市	
20 电光煤油或柴油	电光	度	20,426	川省府核定启明公司四月电价	
杂项					
21 水	河水、井水或自来水	挑	1,600	成都自来水公司	
22 肥皂	中等	块	45,000	成都中国国货公司	
23 毛巾	中等　长二十二市寸　宽九市寸	条	92,000	成都中国国货公司	
24 牙膏	三星牌（或其他中等国产牙膏）	支	75,000	成都中国国货公司	
25 茶叶	中等绿茶或红茶	市斤	190,000	永兴巷西南茶厂	
26 沐浴	盆汤	次	120,000	太平街长江大浴室	
27 理发		次	60,000	提督东街 15 号兰芳理发店	
28 洗衣	中衣裤褂一套	套	35,000	祠堂街小名宋洗衣店	

说明：1. 主要食粮、肉、食油三项何地须查何项物品，应依查编办法第五条之规定，并将其名称及权数分别填入品质及权数栏内。

2. 查房租时如调查之房间大小与一方丈略有出入，须切实注明每间为多少市方丈。

3. 燃料类第十九、二十两项应查何项物品，依查编办法第五条之规定，择其当地最通用者一种，其品质单位及权数并应于各栏内详细填明。

敬启者：

行政院统计室嘱编"成都市主要生活必需品调查表"五月十一（日）应造二份，业已编竣，相应检送贵组，即希查照为荷。

此致

文书组

经济研究部　启

卅七年五月十一日

成都市主要生活必需品价格调查表
三十七年五月十一日

物品类别名称	品质	单位	价格	查询之商号或行帮名称与地址	特殊变动之原因
食物类					
1 主要食粮	中熟米	市斗	320,000	金泉街 112 号益民米厂	
2 肉	猪肉	市斤	65,000	九眼桥肉市	
3 食油	菜油	市斤	54,000	太平街 107 号和记油坊	
4 鸡蛋	中等大小	个	7,000	九眼桥蛋市	
5 盐		市斤	33,600	星桥街 117 号泰源盐店	
6 糖	中等白糖	市斤	40,000	椒子街 95 号稻香村糖店	
7 酱油	中等	市斤	48,000	致民路蜀山酿造厂	
8 豆腐	（应查明每块之重量并拼合每市斤之价格）	市斤	16,000	白塔市街豆腐房（八块一斤，每斤二千）	
9 蔬菜	黄瓜 花菜 四季豆 白菜 莴笋	市斤 市斤 市斤 市斤 市斤	25,000 28,000 20,000 18,000 15,000	九眼桥菜市场 九眼桥菜市场 九眼桥菜市场 九眼桥菜市场 九眼桥菜市场	
衣着类					
10 阴丹士林布	国产	市尺	130,000	春熙北路 52 号中国国货公司	
11 白细布	中等	市尺	90,000	春熙北路 52 号中国国货公司	
12 白士布	中等（宽二尺二寸左右）	市尺	95,000	春熙北路 52 号中国国货公司	

续表

物品类别名称	品质	单位	价格	查询之商号或行帮名称与地址	特殊变动之原因
13 冲哗叽或土毛呢	国产	市尺	150,000	春熙北路 52 号中国国货公司	
14 棉花（衣花）	中等	市斤	170,000	荔枝巷 12 号锦城花房	
15 呢鞋	国货呢中式男鞋	双	700,000	提督东街 75 号三江鞋店	
16 皮鞋	当地产小牛皮短口男鞋	双	1200,000	走马街口宝元同公司	
17 线袜	国产中等三十二支纱	双	200,000	春熙北路 113 号恒义升袜衫厂	
房租类					
18 房租	无卫生设备（即无洋瓷或水泥面盆、澡盆、抽水马桶）之普通中式、半中式或砖墙房屋	市方丈之房间	800,000	两方丈大小之房间，每月租金 1,200,00；每方丈 600,000	
燃料类					
19 煤或柴	松柴	市斤	5,000	水津街柴市	
20 电光煤油或柴油	电光	度	20,426	川省府核定启明公司四月电价	
杂项					
21 水	河水、井水或自来水	挑	1,600	成都自来水公司	
22 肥皂	中等	块	40,000	成都中国国货公司	
23 毛巾	中等　长二十二市寸　宽九市寸	条	120,000	成都中国国货公司	
24 牙膏	三星牌（或其他中等国产牙膏）	支	80,000	成都中国国货公司	
25 茶叶	中等绿茶或红茶	市斤	190,000	永兴巷西南茶厂	
26 沐浴	盆汤	次	120,000	太平街长江大浴室	
27 理发		次	60,000	提督东街 15 号兰芳理发店	
28 洗衣	中衣裤褂一套	套	40,000	祠堂街小名宋洗衣店	

说明：1. 主要食粮、肉、食油三项何地须查何项物品，应依查编办法第五条之规定，并将其名称及权数分别填入品质及权数栏内。

2. 查房租时如调查之房间大小与一方丈略有出入，须切实注明每间为多少市方丈。

3. 燃料类第十九、二十两项应查何项物品，依查编办法第五条之规定，择其当地最通用者一种，其品质单位及权数并应于各栏内详细填明。

敬启者：

　　行政院统计室嘱编"成都市主要生活必需品价格调查表"五月廿一日应造二份，业已编就，相应检送贵组，希即查照为荷。

　　此致

　　文书组

经济研究部　启

五月廿二日

五月廿四日　寄

成都市主要生活必需品价格调查表

三十七年五月廿一日

物品类别名称	品质	单位	价格	查询之商号或行帮名称与地址	特殊变动之原因
食物类					
1 主要食粮	中熟米	市斗	560,000	金泉街 112 号益民米厂	蓉市发生米潮，五月十七日米价涨至每双市斗 $1,120,000。几乎较本月十一号米价上涨一倍。
2 肉	猪肉	市斤	70,000	九眼桥肉市	
3 食油	菜油	市斤	74,000	太平街 107 号和记油坊	
4 鸡蛋	中等大小	个	6,000	九眼桥蛋市	
5 盐		市斤	40,000	星桥街 117 号泰源盐店	
6 糖	中等白糖	市斤	45,000	椒子街 95 号稻香村糖店	产区提价
7 酱油	中等	市斤	50,000	致民路蜀山酿造厂	
8 豆腐	（应查明每块之重量并拼合每市斤之价格）	市斤	24,000	白塔市街豆腐房（八块一斤，每斤三千）	
9 蔬菜	洋芋 青椒 黄瓜 四季豆 茄子	市斤 市斤 市斤 市斤 市斤	30,000 120,000 30,000 25,000 80,000	九眼桥菜市场 九眼桥菜市场 九眼桥菜市场 九眼桥菜市场 九眼桥菜市场	
衣着类					
10 阴丹士林布	国产	市尺	150,000	春熙北路 52 号中国国货公司	
11 白细布	中等	市尺	90,000	春熙北路 52 号中国国货公司	

续表

物品类别名称	品质	单位	价格	查询之商号或行帮名称与地址	特殊变动之原因
12 白士布	中等（宽二尺二寸左右）	市尺	95,000	春熙北路52号中国国货公司	
13 冲哔叽或土毛呢	国产	市尺	170,000	春熙北路52号中国国货公司	
14 棉花（衣花）	中等	市斤	180,000	荔枝巷12号锦城花房	
15 呢鞋	国货呢中式男鞋	双	900,000	提督东街75号三江鞋店	
16 皮鞋	当地产小牛皮短口男鞋	双	1500,000	走马街口宝元同公司	
17 线袜	国产中等三十二支纱	双	200,000	春熙北路113号恒义升袜衫厂	
房租类					
18 房租	无卫生设备（即无洋瓷或水泥面盆、澡盆、抽水马桶）之普通中式、半中式或砖墙房屋	市方丈之房间	800,000	两方丈大小之房间，每月租金1,200,00；每方丈600,000	
燃料类					
19 煤或柴	松柴	市斤	5,000	水津街柴市	
20 电光煤油或柴油	电光	度	20,426	川省府核定启明公司四月电价	
杂项					
21 水	河水、井水或自来水	挑	1,600	成都自来水公司	
22 肥皂	中等	块	60,000	成都中国国货公司	
23 毛巾	中等　长二十二市寸宽九市寸	条	150,000	成都中国国货公司	
24 牙膏	三星牌（或其他中等国产牙膏）	支	100,000	成都中国国货公司	
25 茶叶	中等绿茶或红茶	市斤	190,000	永兴巷西南茶厂	
26 沐浴	盆汤	次	120,000	太平街长江大浴室	
27 理发		次	60,000	提督东街15号兰芳理发店	
28 洗衣	中衣裤褂一套	套	40,000	祠堂街小名宋洗衣店	

说明：1. 主要食粮、肉、食油三项何地须查何项物品，应依查编办法第五条之规定，并将其名称及权数分别填入品质及权数栏内。

2. 查房租时如调查之房间大小与一方丈略有出入，须切实注明每间为多少市方丈。

3. 燃料类第十九、二十两项应查何项物品，依查编办法第五条之规定，择其当地最通用者一种，其品质单位及权数并应于各栏内详细填明。

径启者：

查五月份届满右列各表，即请填送，以便转报。

一、学校所在地物价调查表（请复写四份）

二、公务员生活指数报告表、公务员生活必需品价格调查表、公务员生活必需品价格整理表（请复写三份）

此致

西南社会科学研究处经济研究部

国立四川大学　启

卅七年五月廿九日

敬启者：

查五月份成都市公务员生活指数报告表、生活必需品价格调查表、生活必需品价格整理表业已编竣，相应检送三份送请贵组，即希查照为荷。

此致

文书组

经济研究部　启

六月一日

四川省成都市公务员生活费指数报告表
三十七年五月份
（基期价格根据川省府统计处"成都零售物价表"）

物品类别名称	品质	单位	消费量或权数	基期：二十六上半年		三十七年五月	
				价格	消费值	价格	消费值
						（五月份平均价格）	
食物类							
1 主要食粮	中熟米	市斗	2.00	1.254	2.508	422.500	845,000
2 肉	猪肉	市斤	5.00	0.218	1.090	60.000	300,000
3 食油	菜油	市斤	1.50	0.269	0.404	58.870	84,330
4 鸡蛋	中等大小	个	9.00	0.010	0.090	6.317	56,853
5 盐		市斤	0.80	0.112	0.089	34.300	29,360
6 糖	中等白糖	市斤	0.50	0.269	0.135	41.700	20,850
7 酱油	中等	市斤	1.50	0.149	0.223	49.000	73,500
8 豆腐	应查明每块之重量并拼合每市斤之价格	市斤	10.00	0.012	0.120	18.700	187,000
9 蔬菜	查当季普通五种生菜平均每市斤之价格	市斤	20.00	0.014	0.280	33.433	668,660
衣着类							
10 阴丹士林布	国产	市尺	1.00	0.162	0.162	136.700	136,700
11 白细布	中等	市尺	1.00	0.126	0.126	90.000	90.000
12 白土布	中等（宽二尺二寸左右）	市尺	1.00	0.119	0.119	95.000	95,000

续表

物品类别名称	品质	单位	消费量或权数	基期：二十六上半年		三十七年五月	
				价格	消费值	价格	消费值
				（五月份平均价格）			
13 冲哔叽或土毛呢	国产	市尺	1.00	0.190	0.190	159.334	159,334
14 棉花（衣花）	中等	市斤	0.05	0.463	0.023	173.340	8,467
15 呢鞋	呢中式男鞋	双	0.50	1.200	0.400	733.400	366,700
16 皮鞋	当地产小牛皮短口男鞋	双	0.05	1.500	0.075	1,300.000	75,000
17 线袜	国产中等三十二支纱	双	0.50	0.273	0.137	200,000	100,000
房租类							
18 房租	无卫生设备（即无洋瓷或水泥面盆、澡盆、抽水马桶）之普通中式、半中式或砖墙房屋	市方丈之房间	0.50	1.300	0.650	800,000	400,000
燃料类							
19 煤或柴	松柴	市斤	70.00	0.009	0.630	5,000	350,000
20 电光煤油或菜油	电光	度	8.00	0.160	1.280	35,474	285,392
杂项							
21 水	河水、井水或自来水	挑	12.00	0.005	0.060	1,400	19,200
22 肥皂	中等	块	1.00	0.100	0.100	60,000	60,000
23 毛巾	中等 长二十二市寸 宽九市寸	条	0.50	0.127	0.064	130,000	75,000
24 牙膏	三星牌（或其他中等国产牙膏）	支	0.30	0.302	0.091	90,000	27,000
25 茶叶	中等绿茶或红茶	市斤	0.10	0.640	0.064	190,000	19,000
26 沐浴	盆汤	次	2.00	0.500	1.000	120,000	240,000
27 理发		次	2.00	0.500	1.000	60,000	120,000
28 洗衣	中衣裤褂一套	套	11.00	0.200	2.200	40,000	440,000
29 医药费、教育费及其他	（照以前各项总消费值加 20.00%）			（基期消费值）15.928	3.186	（本月消费值）5,332,543	1,066,508.6
总消费值（公式：加权总值式）				19.114		6,399,051.6	
指数（本月份指数计至小数点二位为 33,4783.01）				100		33,4783.01	

说明：1. 主要食粮、肉、食油三项何地须查何项物品，应依查编办法第五条之规定，并将其名称及权数分别填入品质及权数栏内。

2. 查房租时如调查之房间大小与一方丈略有出入，须切实注明每间为多少市方丈。

3. 燃料类第十九、二十两项应查何项物品，依查编办法第五条之规定，择其当地最通用者一种，其品质单位及权数并应于各栏内详细填明。

编制机关：国立四川大学

四川省成都市公务员生活必需品价格调查表
三十七年五月一日

物品类别名称	品质	单位	价格	查询之商号或行帮名称与地址	特殊变动之原因
食物类					
1 主要食粮	中熟米	市斗	300,000	金泉街 112 号益民米厂	
2 肉	猪肉	市斤	66,000	九眼桥肉市	
3 食油	菜油	市斤	50,000	太平街 107 号和记油坊	
4 鸡蛋	中等大小	个	6,000	九眼桥蛋市	
5 盐		市斤	32,000	星桥街 117 号泰源盐店	
6 糖	中等白糖	市斤	40,000	椒子街 95 号稻香村糖店	
7 酱油	中等	市斤	48,000	致民路蜀山酿造厂	
8 豆腐	（应查明每块之重量并拼合每市斤之价格）	市斤	16,000	白塔市街豆腐房（八块一斤，每斤二千）	
9 蔬菜	黄瓜 花菜 四季豆 白菜 莴笋	市斤 市斤 市斤 市斤 市斤	25,000 28,000 20,000 18,000 15,000	九眼桥菜市场 九眼桥菜市场 九眼桥菜市场 九眼桥菜市场 九眼桥菜市场	
衣着类					
10 阴丹士林布	国产	市尺	130,000	春熙北路 52 号中国国货公司	
11 白细布	中等	市尺	90,000	春熙北路 52 号中国国货公司	
12 白土布	中等（宽二尺二寸左右）	市尺	95,000	春熙北路 52 号中国国货公司	
13 冲哗叽或土毛呢	国产	市尺	150,000	春熙北路 52 号中国国货公司	
14 棉花（衣花）	中等	市斤	170,000	荔枝巷 12 号锦城花房	
15 呢鞋	国货呢中式男鞋	双	700,000	提督东街 75 号三江鞋店	

物品类别名称	品质	单位	价格	查询之商号或行帮名称与地址	特殊变动之原因
16 皮鞋	当地产小牛皮短口男鞋	双	1200,000	走马街口宝元同公司	
17 线袜	国产中等三十二支纱	双	200,000	春熙北路 113 号恒义升袜衫厂	
房租类					
18 房租	无卫生设备（即无洋瓷或水泥面盆、澡盆、抽水马桶）之普通中式、半中式或砖墙房屋	市方丈之房间	800,000	两方丈大小之房间，每月租金 1,600,00；每方丈 800,000	
燃料类					
19 煤或柴	松柴	市斤	5,000	水津街柴市	
20 电光煤油或柴油	电光	度	20,426	川省府核定启明公司四月电价	
杂项					
21 水	河水、井水或自来水	挑	1,600	成都自来水公司	
22 肥皂	中等	块	60,000	成都中国国货公司	
23 毛巾	中等 长二十二市寸 宽九市寸	条	120,000	成都中国国货公司	
24 牙膏	三星牌（或其他中等国产牙膏）	支	80,000	成都中国国货公司	
25 茶叶	中等绿茶或红茶	市斤	190,000	永兴巷西南茶厂	
26 沐浴	盆汤	次	120,000	太平街长江大浴室	
27 理发		次	60,000	提督东街 15 号兰芳理发店	
28 洗衣	中衣裤褂一套	套	40,000	祠堂街小名宋洗衣店	

说明：1. 主要食粮、肉、食油三项何地须查何项物品，应依查编办法第五条之规定，并将其名称及权数分别填入品质及权数栏内。

2. 查房租时如调查之房间大小与一方丈略有出入，须切实注明每间为多少市方丈。

3. 燃料类第十九、二十两项应查何项物品，依查编办法第五条之规定，择其当地最通用者一种，其品质单位及权数并应于各栏内详细填明。

国立四川大学校长

经济研究部

四川省成都市公务员生活必需品价格调查表
三十七年五月十一日

物品类别名称	品质	单位	价格	查询之商号或行帮名称与地址	特殊变动之原因
食物类					
1 主要食粮	中熟米	市斗	320,000	金泉街 112 号益民米厂	
2 肉	猪肉	市斤	65,000	九眼桥肉市	
3 食油	菜油	市斤	54,000	太平街 107 号和记油坊	
4 鸡蛋	中等大小	个	7,000	九眼桥蛋市	
5 盐		市斤	33,600	星桥街 117 号泰源盐店	
6 糖	中等白糖	市斤	40,000	椒子街 95 号稻香村糖店	
7 酱油	中等	市斤	48,000	致民路蜀山酿造厂	
8 豆腐	（应查明每块之重量并拼合每市斤之价格）	市斤	16,000	白塔市街豆腐房（八块一斤，每斤二千）	
9 蔬菜	黄瓜 花菜 四季豆 白菜 莴笋	市斤 市斤 市斤 市斤 市斤	25,000 28,000 20,000 18,000 15,000	九眼桥菜市场 九眼桥菜市场 九眼桥菜市场 九眼桥菜市场 九眼桥菜市场	
衣着类					
10 阴丹士林布	国产	市尺	130,000	春熙北路 52 号中国国货公司	
11 白细布	中等	市尺	90,000	春熙北路 52 号中国国货公司	
12 白土布	中等（宽二尺二寸左右）	市尺	95,000	春熙北路 52 号中国国货公司	
13 冲哗叽或土毛呢	国产	市尺	150,000	春熙北路 52 号中国国货公司	
14 棉花（衣花）	中等	市斤	170,000	荔枝巷 12 号锦城花房	
15 呢鞋	国货呢中式男鞋	双	700,000	提督东街 75 号三江鞋店	

物品类别名称	品质	单位	价格	查询之商号或行帮名称与地址	特殊变动之原因
16 皮鞋	当地产小牛皮短口男鞋	双	1200,000	走马街口宝元同公司	
17 线袜	国产中等三十二支纱	双	200,000	春熙北路 113 号恒义升袜衫厂	
房租类					
18 房租	无卫生设备（即无洋瓷或水泥面盆、澡盆、抽水马桶）之普通中式、半中式或砖墙房屋	市方丈之房间	800,000	两方丈大小之房间，每月租金 1,600,00；每方丈 800,000	
燃料类					
19 煤或柴	松柴	市斤	5,000	水津街柴市	
20 电光煤油或柴油	电光	度	20,426	川省府核定启明公司四月电价	
杂项					
21 水	河水、井水或自来水	挑	1,600	成都自来水公司	
22 肥皂	中等	块	60,000	成都中国国货公司	
23 毛巾	中等　长二十二市寸宽九市寸	条	120,000	成都中国国货公司	
24 牙膏	三星牌（或其他中等国产牙膏）	支	80,000	成都中国国货公司	
25 茶叶	中等绿茶或红茶	市斤	190,000	永兴巷西南茶厂	
26 沐浴	盆汤	次	120,000	太平街长江大浴室	
27 理发		次	60,000	提督东街 15 号兰芳理发店	
28 洗衣	中衣裤褂一套	套	40,000	祠堂街小名宋洗衣店	

说明：1. 主要食粮、肉、食油三项何地须查何项物品，应依查编办法第五条之规定，并将其名称及权数分别填入品质及权数栏内。

2. 查房租时如调查之房间大小与一方丈略有出入，须切实注明每间为多少市方丈。

3. 燃料类第十九、二十两项应查何项物品，依查编办法第五条之规定，择其当地最通用者一种，其品质单位及权数并应于各栏内详细填明。

国立四川大学校长
经济研究部

四川省成都市公务员生活必需品价格调查表
三十七年五月廿一日

物品类别名称	品质	单位	价格	查询之商号或行帮名称与地址	特殊变动之原因
食物类					
1 主要食粮	中熟米	市斗	560,000	金泉街 112 号益民米厂	蓉市发生米潮，五月十七日米价涨至每双市斗 $1,120,000。几乎较本月十一号米价上涨一倍。
2 肉	猪肉	市斤	70,000	九眼桥肉市	
3 食油	菜油	市斤	74,000	太平街 107 号和记油坊	
4 鸡蛋	中等大小	个	6,000	九眼桥蛋市	
5 盐		市斤	40,000	星桥街 117 号泰源盐店	
6 糖	中等白糖	市斤	45,000	椒子街 95 号稻香村糖店	产区提价
7 酱油	中等	市斤	50,000	致民路蜀山酿造厂	
8 豆腐	（应查明每块之重量并拼合每市斤之价格）	市斤	24,000	白塔市街豆腐房	
9 蔬菜	洋芋 青椒 黄瓜 四季豆 茄子	市斤 市斤 市斤 市斤 市斤	30,000 120,000 30,000 25,000 80,000	九眼桥菜市场 九眼桥菜市场 九眼桥菜市场 九眼桥菜市场 九眼桥菜市场	
衣着类					
10 阴丹士林布	国产	市尺	150,000	春熙北路 52 号中国国货公司	
11 白细布	中等	市尺	90,000	春熙北路 52 号中国国货公司	
12 白士布	中等（宽二尺二寸左右）	市尺	95,000	春熙北路 52 号中国国货公司	
13 冲哔叽或土毛呢	国产	市尺	170,000	春熙北路 52 号中国国货公司	
14 棉花（衣花）	中等	市斤	180,000	荔枝巷 12 号锦城花房	
15 呢鞋	国货呢中式男鞋	双	900,000	提督东街 75 号三江鞋店	
16 皮鞋	当地产小牛皮短口男鞋	双	1,500,000	走马街口宝元同公司	

续表

物品类别名称	品质	单位	价格	查询之商号或行帮名称与地址	特殊变动之原因
17 线袜	国产中等三十二支纱	双	200,000	春熙北路 113 号恒义升袜衫厂	
房租类					
18 房租	无卫生设备（即无洋瓷或水泥面盆、澡盆、抽水马桶）之普通中式、半中式或砖墙房屋	市方丈之房间	800,000	两方丈大小之房间，每月租金 1,200,00；每方丈 600,000	
燃料类					
19 煤或柴	松柴	市斤	5,000	水津街柴市	
20 电光煤油或柴油	电光	度	20,426	川省府核定启明公司四月电价	
杂项					
21 水	河水、井水或自来水	挑	1,600	成都自来水公司	
22 肥皂	中等	块	40,000	成都中国国货公司	
23 毛巾	中等　长二十二市寸宽九市寸	条	150,000	成都中国国货公司	
24 牙膏	三星牌（或其他中等国产牙膏）	支	100,000	成都中国国货公司	
25 茶叶	中等绿茶或红茶	市斤	190,000	永兴巷西南茶厂	
26 沐浴	盆汤	次	120,000	太平街长江大浴室	
27 理发		次	60,000	提督东街 15 号兰芳理发店	
28 洗衣	中衣裤褂一套	套	40,000	祠堂街小名宋洗衣店	

说明：1. 主要食粮、肉、食油三项何地须查何项物品，应依查编办法第五条之规定，并将其名称及权数分别填入品质及权数栏内。

2. 查房租时如调查之房间大小与一方丈略有出入，须切实注明每间为多少市方丈。

3. 燃料类第十九、二十两项应查何项物品，依查编办法第五条之规定，择其当地最通用者一种，其品质单位及权数并应于各栏内详细填明。

国立四川大学校长

经济研究部

敬启者：

行政院统计室嘱编"成都市主要生活必需品价格调查表"六月一日应造二份，业已编就，相应检送贵部，即希查照，转寄为荷。

此致

文书组

经济研究部　启

六月一日
六月三日航寄

敬启者：

行政院统计室嘱编"成都市主要生活必需品价格调查表"六月廿一日应造二份，业已编就，相应检送贵部，即希查照，转寄为荷。

此致

文书组

经济研究部　启
六月廿一日

成都市主要生活必需品价格调查表
三十七年六月一日

物品类别名称	品质	单位	价格	查询之商号或行帮名称与地址	特殊变动之原因
食物类					
1 主要食粮	中熟米	市斗	600,000	金泉街 112 号益民米厂	
2 肉	猪肉	市斤	85,000	九眼桥肉市	
3 食油	菜油	市斤	80,000	太平街 107 号和记油坊	
4 鸡蛋	中等大小	个	7,000	九眼桥蛋市	
5 盐		市斤	48,000	星桥街 117 号泰源盐店	
6 糖	中等白糖	市斤	80,000	椒子街 95 号稻香村糖店	
7 酱油	中等	市斤	60,000	致民路蜀山酿造厂	
8 豆腐	（应查明每块之重量并拼合每市斤之价格）	市斤	24,000	白塔市街豆腐房（八块一斤，每块三千）	
9 蔬菜	青椒 青建南菜 黄瓜 茄子 洋葱	市斤 市斤 市斤 市斤 市斤	100,000 32,000 25,000 48,000 40,000	九眼桥菜市场 九眼桥菜市场 九眼桥菜市场 九眼桥菜市场 九眼桥菜市场	
衣着类					
10 阴丹士林布	国产	市尺	170,000	春熙北路 52 号中国国货公司	
11 白细布	中等	市尺	120,000	春熙北路 52 号中国国货公司	
12 白士布	中等（宽二尺二寸左右）	市尺	105,000	春熙北路 52 号中国国货公司	

续表

物品类别名称	品质	单位	价格	查询之商号或行帮名称与地址	特殊变动之原因
13 冲哔叽或土毛呢	国产	市尺	190,000	春熙北路52号中国国货公司	
14 棉花（衣花）	中等	市斤	290,000	荔枝巷12号锦城花房	
15 呢鞋	国货呢中式男鞋	双	1,120,000	提督东街75号三江鞋店	
16 皮鞋	当地产小牛皮短口男鞋	双	2,200,000	走马街口宝元同公司	
17 线袜	国产中等三十二支纱	双	320,000	春熙北路113号恒义升袜衫厂	
房租类					
18 房租	无卫生设备（即无洋瓷或水泥面盆、澡盆、抽水马桶）之普通中式、半中式或砖墙房屋	市方丈之房间	900,000	两方丈大小之房间，每月租金1,800,00；每方丈900,000	
燃料类					
19 煤或柴	松柴	市斤	7,000	水津街柴市	
20 电光煤油或柴油	电光	度	35,426	川省府核定启明公司电价	
杂项					
21 水	河水、井水或自来水	挑	1,600	成都自来水公司	
22 肥皂	中等	块	80,000	成都中国国货公司	
23 毛巾	中等 长二十二市寸 宽九市寸	条	150,000	成都中国国货公司	
24 牙膏	三星牌（或其他中等国产牙膏）	支	85,000	成都中国国货公司	
25 茶叶	中等绿茶或红茶	市斤	250,000	永兴巷西南茶厂	
26 沐浴	盆汤	次	180,000	太平街长江大浴室	
27 理发		次	100,000	提督东街15号兰芳理发店	
28 洗衣	中衣裤褂一套	套	60,000	祠堂街小名宋洗衣店	

说明：1. 主要食粮、肉、食油三项何地须查何项物品，应依查编办法第五条之规定，并将其名称及权数分别填入品质及权数栏内。

2. 查房租时如调查之房间大小与一方丈略有出入，须切实注明每间为多少市方丈。

3. 燃料类第十九、二十两项应查何项物品，依查编办法第五条之规定，择其当地最通用者一种，其品质单位及权数并应于各栏内详细填明。

成都市主要生活必需品价格调查表

三十七年六月十一日

物品类别名称	品质	单位	价格	查询之商号或行帮名称与地址	特殊变动之原因
食物类					
1 主要食粮	中熟米	市斗	750,000	金泉街 112 号益民米厂	
2 肉	猪肉	市斤	160,000	九眼桥肉市	
3 食油	菜油	市斤	120,000	太平街 107 号和记油坊	
4 鸡蛋	中等大小	个	10,000	九眼桥蛋市	
5 盐		市斤	50,000	星桥街 117 号泰源盐店	
6 糖	中等白糖	市斤	120,000	椒子街 95 号稻香村糖店	
7 酱油	中等	市斤	60,000	致民路蜀山酿造厂	
8 豆腐	（应查明每块之重量并拼合每市斤之价格）	市斤	32,000	白塔市街豆腐房（八块一斤，每斤四千）	
9 蔬菜	青椒 洋葱 茄子 建南菜 黄瓜	市斤 市斤 市斤 市斤 市斤	80,000 45,000 45,000 32,000 25,000	九眼桥菜市场 九眼桥菜市场 九眼桥菜市场 九眼桥菜市场 九眼桥菜市场	
衣着类					
10 阴丹士林布	国产	市尺	200,000	春熙北路 52 号中国国货公司	
11 白细布	中等	市尺	180,000	春熙北路 52 号中国国货公司	
12 白士布	中等（宽二尺二寸左右）	市尺	120,000	春熙北路 52 号中国国货公司	
13 冲哔叽或土毛呢	国产	市尺	210,000	春熙北路 52 号中国国货公司	
14 棉花（衣花）	中等	市斤	340,000	荔枝巷 12 号锦城花房	
15 呢鞋	国货呢中式男鞋	双	1,200,000	提督东街 75 号三江鞋店	
16 皮鞋	当地产小牛皮短口男鞋	双	2,250,000	走马街口宝元同公司	
17 线袜	国产中等三十二支纱	双	360,000	春熙北路 113 号恒义升袜衫厂	
房租类					

续表

物品类别名称	品质	单位	价格	查询之商号或行帮名称与地址	特殊变动之原因
18 房租	无卫生设备（即无洋瓷或水泥面盆、澡盆、抽水马桶）之普通中式、半中式或砖墙房屋	市方丈之房间	900,000	两方丈大小之房间，每月租金 1,800,00；每方丈 900,000	
燃料类					
19 煤或柴	松柴	市斤	9,000	水津街柴市	
20 电光煤油或柴油	电光	度	35,426	川省府核定启明公司电价	
杂项					
21 水	河水、井水或自来水	挑	1,600	成都自来水公司	
22 肥皂	中等	块	100,000	成都中国国货公司	
23 毛巾	中等　长二十二市寸宽九市寸	条	200,000	成都中国国货公司	
24 牙膏	三星牌（或其他中等国产牙膏）	支	100,000	成都中国国货公司	
25 茶叶	中等绿茶或红茶	市斤	300,000	永兴巷西南茶厂	
26 沐浴	盆汤	次	170,000	太平街长江大浴室	
27 理发		次	120,000	提督东街 15 号兰芳理发店	
28 洗衣	中衣裤褂一套	套	60,000	祠堂街小名宋洗衣店	

说明：1. 主要食粮、肉、食油三项何地须查何项物品，应依查编办法第五条之规定，并将其名称及权数分别填入品质及权数栏内。

2. 查房租时如调查之房间大小与一方丈略有出入，须切实注明每间为多少市方丈。

3. 燃料类第十九、二十两项应查何项物品，依查编办法第五条之规定，择其当地最通用者一种，其品质单位及权数并应于各栏内详细填明。

<h3 align="center">成都市主要生活必需品价格调查表</h3>
三十七年六月廿一日

物品类别名称	品质	单位	价格	查询之商号或行帮名称与地址	特殊变动之原因
食物类					
1 主要食粮	中熟米	市斗	950,000	金泉街 112 号益民米厂	
2 肉	猪肉	市斤	160,000	九眼桥肉市	
3 食油	菜油	市斤	220,000	太平街 107 号和记油坊	

物品类别名称	品质	单位	价格	查询之商号或行帮名称与地址	特殊变动之原因
4 鸡蛋	中等大小	个	7,000	九眼桥蛋市	
5 盐		市斤	80,000	星桥街 117 号泰源盐店	
6 糖	中等白糖	市斤	180,000	椒子街 95 号稻香村糖店	
7 酱油	中等	市斤	120,000	致民路蜀山酿造厂	
8 豆腐	(应查明每块之重量并拼合每市斤之价格)	市斤	40,000	白塔市街豆腐房（八块一斤，每斤五千）	
9 蔬菜	青椒 洋葱 茄子 建南菜 黄瓜	市斤 市斤 市斤 市斤 市斤	80,000 45,000 45,000 32,000 25,000	九眼桥菜市场 九眼桥菜市场 九眼桥菜市场 九眼桥菜市场 九眼桥菜市场	
衣着类					
10 阴丹士林布	国产	市尺	200,000	春熙北路 52 号中国国货公司	
11 白细布	中等	市尺	220,000	春熙北路 52 号中国国货公司	
12 白士布	中等（宽二尺二寸左右）	市尺	150,000	春熙北路 52 号中国国货公司	
13 冲哔叽或土毛呢	国产	市尺	330,000	春熙北路 52 号中国国货公司	
14 棉花（衣花）	中等	市斤	450,000	荔枝巷 12 号锦城花房	
15 呢鞋	国货呢中式男鞋	双	1,800,000	提督东街 75 号三江鞋店	
16 皮鞋	当地产小牛皮短口男鞋	双	3,000,000	走马街口宝元同公司	
17 线袜	国产中等三十二支纱	双	450,000	春熙北路 113 号恒义升袜衫厂	
房租类					
18 房租	无卫生设备（即无洋瓷或水泥面盆、澡盆、抽水马桶）之普通中式、半中式或砖墙房屋	市方丈之房间	900,000	两方丈大小之房间，每月租金 1,800,00；每方丈 900,000	
燃料类					
19 煤或柴	松柴	市斤	10,000	水津街柴市	

物品类别名称	品质	单位	价格	查询之商号或行帮名称与地址	特殊变动之原因
20 电光煤油或柴油	电光	度	35,672	川省府核定启明公司电价	
杂项					
21 水	河水、井水或自来水	挑	5,000	成都自来水公司	
22 肥皂	中等	块	120,000	成都中国国货公司	
23 毛巾	中等　长二十二市寸宽九市寸	条	300,000	成都中国国货公司	
24 牙膏	三星牌（或其他中等国产牙膏）	支	150,000	成都中国国货公司	
25 茶叶	中等绿茶或红茶	市斤	300,000	永兴巷西南茶厂	
26 沐浴	盆汤	次	200,000	太平街长江大浴室	
27 理发		次	150,000	提督东街15号兰芳理发店	
28 洗衣	中衣裤褂一套	套	80,000	祠堂街小名宋洗衣店	

说明：1. 主要食粮、肉、食油三项何地须查何项物品，应依查编办法第五条之规定，并将其名称及权数分别填入品质及权数栏内。

2. 查房租时如调查之房间大小与一方丈略有出入，须切实注明每间为多少市方丈。

3. 燃料类第十九、二十两项应查何项物品，依查编办法第五条之规定，择其当地最通用者一种，其品质单位及权数并应于各栏内详细填明。

敬启者：

六月份成都市公务员生活指数表等各三份共二十七张，业已编竣，相应检送贵组，即希查照为荷。

　　此致

　　文书组

　　　　　　　　　　　　　　　　　　　经济研究部　启

　　　　　　　　　　　　　　　　　　　六月卅日

四川省成都市公务员生活费指数报告表
三十（七）年（六）月份
（基期价格根据川省府统计处"成都零售物价表"）

物品类别名称	品质	单位	消费量或权数	基期：二十六上半年		三十七年六月	
				价格	消费值	价格	消费值
食物类							
1 主要食粮	中熟米	市斗	2.00	1.254	2.508	914,800	1829,600
2 肉	猪肉	市斤	5.00	0.218	0.090	150,733	753,645

物品类别名称	品质	单位	消费量或权数	基期：二十六上半年		三十七年六月	
				价格	消费值	价格	消费值
3 食油	菜油	市斤	1.50	0.269	0.404	196,800	295,200
4 鸡蛋	中等大小	个	9.00	0.010	0.090	11,167	100,503
5 盐		市斤	0.80	0.112	0.089	78,867	63,893
6 糖	中等白糖	市斤	0.50	0.269	0.135	126,667	63,333.5
7 酱油	中等	市斤	1.50	0.149	0.223	96,700	145,050
8 豆腐	应查明每块之重量并拼合每市斤之价格	市斤	10.00	0.012	0.120	32,000	320,000
9 蔬菜	查当季普通五种生菜平均每市斤之价格	市斤	20.00	0.014	0.280	45,440	908,800
衣着类							
10 阴丹士林布	国产	市尺	1.00	0.162	0.162	282,200	282,200
11 白细布	中等	市尺	1.00	0.126	0.126	221,800	221,800
12 白土布	中等（宽二尺二寸左右）	市尺	1.00	0.119	0.119	150,947	150,947
13 冲哔叽或土毛呢	国产	市尺	1.00	0.190	0.190	280,867	280,867
14 棉花（衣花）	中等	市斤	0.05	0.463	0.023	403,267	2163,35
15 呢鞋	呢中式男鞋	双	0.50	1.200	0.400	1,566,667	753,333.5
16 皮鞋	当地产小牛皮短口男鞋	双	0.05	1.500	0.075	2,810,000	140,500
17 线袜	国产中等三十二支纱	双	0.50	0.273	0.134	380,667	190,333.5
房租类							
18 房租	无卫生设备（即无洋瓷或水泥面盆、澡盆、抽水马桶）之普通中式、半中式或砖墙房屋	市方丈之房间	0.50	1.300	0.650	900,000	450,000
燃料类							
19 煤或柴	松柴	市斤	70.00	0.009	0.630	9,333	643,310
20 电光煤油或菜油	电光	度	8.00	0.160	1.280	35,474	285,392
杂项							
21 水	河水、井水或自来水	挑	12.00	0.005	0.060	2,733	32,796
22 肥皂	中等	块	1.00	0.100	0.100	108,333	108,333

续表

物品类别名称	品质	单位	消费量或权数	基期：二十六上半年		三十七年六月	
				价格	消费值	价格	消费值
23 毛巾	中等　长二十二市寸宽九市寸	条	0.50	0.127	0.064	270,300	135,150
24 牙膏	三星牌（或其他中等国产牙膏）	支	0.30	0.302	0.091	132,400	39,720
25 茶叶	中等绿茶或红茶	市斤	0.10	0.640	0.064	353,500	353,50
26 沐浴	盆汤	次	2.00	0.500	1.000	196,500	393,000
27 理发		次	2.00	0.500	1.000	138,6000	277,200
28 洗衣	中衣裤褂一套	套	11.00	0.200	2.200	44,700	737,700
29 医药费、教育费及其他	（照以前各项总消费值加 20.00%）			（基期消费值）15.928	3.186	（本月消费值）9,29□，□□□	1,847,227.17
总消费值（公式：加权总值式）				19.114		11,083,367.82	
指数（本月份指数计至小数点二位为 57,9856.01）				100		57,9856.01	

说明：1. 主要食粮、肉、食油三项何地须查何项物品，应依查编办法第五条之规定，并将其名称及权数分别填入品质及权数栏内。

2. 查房租时如调查之房间大小与一方丈略有出入，须切实注明每间为多少市方丈。

3. 燃料类第十九、二十两项应查何项物品，依查编办法第五条之规定，择其当地最通用者一种，其品质单位及权数并应于各栏内详细填明。

编制机关：国立四川大学

四川省成都市公务员生活必需品价格调查表
三十七年六月一日

物品类别名称	品质	单位	价格	查询之商号或行帮名称与地址	特殊变动之原因
食物类					
1 主要食粮	中熟米	市斗	750,000	金泉街 112 号益民米厂	
2 肉	猪肉	市斤	85,000	九眼桥肉市	
3 食油	菜油	市斤	80,000	太平街 107 号和记油坊	
4 鸡蛋	中等大小	个	7,000	九眼桥蛋市	
5 盐		市斤	45,000	星桥街 117 号泰源盐店	
6 糖	中等白糖	市斤	80,000	椒子街 95 号稻香村糖店	产区提价
7 酱油	中等	市斤	40,000	致民路蜀山酿造厂	

物品类别名称	品质	单位	价格	查询之商号或行帮名称与地址	特殊变动之原因
8 豆腐	（应查明每块之重量并拼合每市斤之价格）	市斤	24,000	白塔市街豆腐房（八块一斤，每块三千）	
9 蔬菜	青椒 建南菜 洋葱 茄子 黄瓜	市斤 市斤 市斤 市斤 市斤	80,000 45,000 45,000 45,000 25,000	九眼桥菜市场 九眼桥菜市场 九眼桥菜市场 九眼桥菜市场 九眼桥菜市场	
衣着类					
10 阴丹士林布	国产	市尺	170,000	春熙北路 52 号中国国货公司	
11 白细布	中等	市尺	120,000	春熙北路 52 号中国国货公司	
12 白士布	中等（宽二尺二寸左右）	市尺	105,000	春熙北路 52 号中国国货公司	
13 冲哔叽或土毛呢	国产	市尺	180,000	春熙北路 52 号中国国货公司	
14 棉花（衣花）	中等	市斤	280,000	荔枝巷 12 号锦城花房	
15 呢鞋	国货呢中式男鞋	双	1,200,000	提督东街 75 号三江鞋店	
16 皮鞋	当地产小牛皮短口男鞋	双	2,200,000	走马街口宝元同公司	
17 线袜	国产中等三十二支纱	双	300,000	春熙北路 113 号恒义升袜衫厂	
房租类					
18 房租	无卫生设备（即无洋瓷或水泥面盆、澡盆、抽水马桶）之普通中式、半中式或砖墙房屋	市方丈之房间	900,000	两方丈大小之房间，每月租金 1,800,00；每方丈 900,000	
燃料类					
19 煤或柴	松柴	市斤	7,000	水津街柴市	
20 电光煤油或柴油	电光	度	35,674	川省府核定启明公司电价	
杂项					
21 水	河水、井水或自来水	挑	1,600	成都自来水公司	
22 肥皂	中等	块	80,000	成都中国国货公司	
23 毛巾	中等　长二十二市寸宽九市寸	条	150,000	成都中国国货公司	

续表

物品类别名称	品质	单位	价格	查询之商号或行帮名称与地址	特殊变动之原因
24 牙膏	三星牌（或其他中等国产牙膏）	支	85,000	成都中国国货公司	
25 茶叶	中等绿茶或红茶	市斤	250,000	永兴巷西南茶厂	
26 沐浴	盆汤	次	180,000	提督东街长江大浴室	
27 理发		次	120,000	提督东街 15 号兰芳理发店	
28 洗衣	中衣裤褂一套	套	40,000	祠堂街小名宋洗衣店	

说明：1. 主要食粮、肉、食油三项何地须查何项物品，应依查编办法第五条之规定，并将其名称及权数分别填入品质及权数栏内。

2. 查房租时如调查之房间大小与一方丈略有出入，须切实注明每间为多少市方丈。

3. 燃料类第十九、二十两项应查何项物品，依查编办法第五条之规定，择其当地最通用者一种，其品质单位及权数并应于各栏内详细填明。

国立四川大学校长
经济研究部

四川省成都市公务员生活必需品价格调查表
三十七年六月十一日

物品类别名称	品质	单位	价格	查询之商号或行帮名称与地址	特殊变动之原因
食物类					
1 主要食粮	中熟米	市斗	750,000	金泉街 112 号益民米厂	
2 肉	猪肉	市斤	160,000	九眼桥肉市	
3 食油	菜油	市斤	120,000	太平街 107 号和记油坊	
4 鸡蛋	中等大小	个	10,000	九眼桥蛋市	
5 盐		市斤	50,000	星桥街 117 号泰源盐店	
6 糖	中等白糖	市斤	120,000	椒子街 95 号稻香村糖店	产区提价
7 酱油	中等	市斤	40,000	致民路蜀山酿造厂	
8 豆腐	（应查明每块之重量并拼合每市斤之价格）	市斤	32,000	白塔市街豆腐房（八块一斤，每块四千）	
9 蔬菜	青椒 洋葱 茄子 建南菜 黄瓜	市斤 市斤 市斤 市斤 市斤	80,000 45,000 45,000 32,000 25,000	九眼桥菜市场 九眼桥菜市场 九眼桥菜市场 九眼桥菜市场 九眼桥菜市场	
衣着类					
10 阴丹士林布	国产	市尺	200,000	春熙北路 52 号中国国货公司	
11 白细布	中等	市尺	180,000	春熙北路 52 号中国国货公司	

续表

物品类别名称	品质	单位	价格	查询之商号或行帮名称与地址	特殊变动之原因
12 白士布	中等（宽二尺二寸左右）	市尺	120,000	春熙北路 52 号中国国货公司	
13 冲哔叽或土毛呢	国产	市尺	210,000	春熙北路 52 号中国国货公司	
14 棉花（衣花）	中等	市斤	340,000	荔枝巷 12 号锦城花房	
15 呢鞋	国货呢中式男鞋	双	1,200,000	提督东街 75 号三江鞋店	
16 皮鞋	当地产小牛皮短口男鞋	双	2,250,000	走马街口宝元同公司	
17 线袜	国产中等三十二支纱	双	340,000	春熙北路 113 号恒义升袜衫厂	
房租类					
18 房租	无卫生设备（即无洋瓷或水泥面盆、澡盆、抽水马桶）之普通中式、半中式或砖墙房屋	市方丈之房间	910,000	两方丈大小之房间，每月租金 1,200,00；每方丈 900,000	
燃料类					
19 煤或柴	松柴	市斤	9,000	水津街柴市	
20 电光煤油或柴油	电光	度	35,674	川省府核定启明公司电价	
杂项					
21 水	河水、井水或自来水	挑	1,600	成都自来水公司	
22 肥皂	中等	块	100,000	成都中国国货公司	
23 毛巾	中等　长二十二市寸宽九市寸	条	200,000	成都中国国货公司	
24 牙膏	三星牌（或其他中等国产牙膏）	支	100,000	成都中国国货公司	
25 茶叶	中等绿茶或红茶	市斤	380,000	永兴巷西南茶厂	
26 沐浴	盆汤	次	170,000	太平街长江大浴室	
27 理发		次	120,000	提督东街 15 号兰芳理发店	
28 洗衣	中衣裤褂一套	套	60,000	祠堂街小名宋洗衣店	

说明：1. 主要食粮、肉、食油三项何地须查何项物品，应依查编办法第五条之规定，并将其名称及权数分别填入品质及权数栏内。

2. 查房租时如调查之房间大小与一方丈略有出入，须切实注明每间为多少市方丈。

3. 燃料类第十九、二十两项应查何项物品，依查编办法第五条之规定，择其当地最通用者一种，其品质单位及权数并应于各栏内详细填明。

国立四川大学校长
经济研究部

四川省成都市公务员生活必需品价格调查表

三十七年六月廿一日

物品类别名称	品质	单位	价格	查询之商号或行帮名称与地址	特殊变动之原因
食物类					
1 主要食粮	中熟米	市斗	950,000	金泉街 112 号益民米厂	
2 肉	猪肉	市斤	160,000	九眼桥肉市	
3 食油	菜油	市斤	220,000	太平街 107 号和记油坊	
4 鸡蛋	中等大小	个	12,000	九眼桥蛋市	
5 盐		市斤	80,000	星桥街 117 号泰源盐店	
6 糖	中等白糖	市斤	180,000	椒子街 95 号稻香村糖店	产区提价
7 酱油	中等	市斤	120,000	致民路蜀山酿造厂	
8 豆腐	（应查明每块之重量并拼合每市斤之价格）	市斤	40,000	白塔市街豆腐房（八块一斤，每斤五千）	
9 蔬菜	青椒 洋葱 茄子 建南菜 黄瓜	市斤 市斤 市斤 市斤 市斤	80,000 45,000 45,000 32,000 25,000	九眼桥菜市场 九眼桥菜市场 九眼桥菜市场 九眼桥菜市场 九眼桥菜市场	
衣着类					
10 阴丹士林布	国产	市尺	300,000	春熙北路 52 号中国国货公司	
11 白细布	中等	市尺	230,000	春熙北路 52 号中国国货公司	
12 白士布	中等（宽二尺二寸左右）	市尺	150,000	春熙北路 52 号中国国货公司	
13 冲哔叽或土毛呢	国产	市尺	330,000	春熙北路 52 号中国国货公司	
14 棉花（衣花）	中等	市斤	450,000	荔枝巷 12 号锦城花房	
15 呢鞋	国货呢中式男鞋	双	1,800,000	提督东街 75 号三江鞋店	
16 皮鞋	当地产小牛皮短口男鞋	双	3,000,000	走马街口宝元同公司	
17 线袜	国产中等三十二支纱	双	400,000	春熙北路 113 号恒义升袜衫厂	
房租类					
18 房租	无卫生设备（即无洋瓷或水泥面盆、澡盆、抽水马桶）之普通中式、半中式或砖墙房屋	市方丈之房间	900,000	两方丈大小之房间，每月租金 1,800,00；每方丈 900,000	
燃料类					
19 煤或柴	松柴	市斤	10,000	水津街柴市	
20 电光煤油或柴油	电光	度	35,474	川省府核定启明公司四月电价	

物品类别名称	品质	单位	价格	查询之商号或行帮名称与地址	特殊变动之原因
杂项					
21 水	河水、井水或自来水	挑	5,000	成都自来水公司	
22 肥皂	中等	块	120,000	成都中国国货公司	
23 毛巾	中等 长二十二市寸 宽九市寸	条	300,000	成都中国国货公司	
24 牙膏	三星牌（或其他中等国产牙膏）	支	150,000	成都中国国货公司	
25 茶叶	中等绿茶或红茶	市斤	400,000	永兴巷西南茶厂	
26 沐浴	盆汤	次	200,000	太平街长江大浴室	
27 理发		次	150,000	提督东街 15 号兰芳理发店	
28 洗衣	中衣裤褂一套	套	80,000	祠堂街小名宋洗衣店	

说明：1. 主要食粮、肉、食油三项何地须查何项物品，应依查编办法第五条之规定，并将其名称及权数分别填入品质及权数栏内。

2. 查房租时如调查之房间大小与一方丈略有出入，须切实注明每间为多少市方丈。

3. 燃料类第十九、二十两项应查何项物品，依查编办法第五条之规定，择其当地最通用者一种，其品质单位及权数并应于各栏内详细填明。

国立四川大学校长
经济研究部

敬启者：

查行政院统计室嘱编"成都市主要生活必需品价格调查表"七月一日应编二份，业已编就，相应检送贵组查照为荷。

此致

文书组

经济研究部 启
七月二日

四川省成都市公务员生活必需品价格调查表
三十七年七月一日

物品类别名称	品质	单位	价格	查询之商号或行帮名称与地址	特殊变动之原因
食物类					
1 主要食粮	中熟米	市斗	1,600,000	金泉街 112 号益民米厂	
2 肉	猪肉	市斤	240,000	九眼桥肉市	
3 食油	菜油	市斤	340,000	太平街 107 号和记油坊	
4 鸡蛋	中等大小	个	20,000	九眼桥蛋市	
5 盐		市斤	150,000	星桥街 117 号泰源盐店	

物品类别名称	品质	单位	价格	查询之商号或行帮名称与地址	特殊变动之原因
6 糖	中等白糖	市斤	300,000	椒子街 95 号稻香村糖店	产区提价
7 酱油	中等	市斤	160,000	致民路蜀山酿造厂	
8 豆腐	（应查明每块之重量并拼合每市斤之价格）	市斤	64,000	白塔市街豆腐房（八块一斤，每斤八千）	
9 蔬菜	番茄 洋芋 姜豆【豇豆】 冬瓜 青椒	市斤 市斤 市斤 市斤 市斤	30,000 40,000 30,000 40,000 20,000	九眼桥菜市场 九眼桥菜市场 九眼桥菜市场 九眼桥菜市场 九眼桥菜市场	
衣着类					
10 阴丹士林布	国产	市尺	550,000	春熙北路 52 号中国国货公司	
11 白细布	中等	市尺	400,000	春熙北路 52 号中国国货公司	
12 白士布	中等（宽二尺二寸左右）	市尺	320,000	春熙北路 52 号中国国货公司	
13 冲哔叽或土毛呢	国产	市尺	600,000	春熙北路 52 号中国国货公司	
14 棉花（衣花）	中等	市斤	1,500,000	荔枝巷 12 号锦城花房	
15 呢鞋	国货呢中式男鞋	双	4,000,000	提督东街 75 号三江鞋店	
16 皮鞋	当地产小牛皮短口男鞋	双	6,000,000	走马街口宝元同公司	
17 线袜	国产中等三十二支纱	双	800,000	春熙北路 113 号恒义升袜衫厂	
房租类					
18 房租	无卫生设备（即无洋瓷或水泥面盆、澡盆、抽水马桶）之普通中式、半中式或砖墙房屋	市方丈之房间	3,000,000	两方丈大小之房间，每月租金 1,800,00；每方丈 900,000	
燃料类					
19 煤或柴	松柴	市斤	15,000	水津街柴市	
20 电光煤油或柴油	电光	度	35,474	川省府核定启明公司电价	
杂项					
21 水	河水、井水或自来水	挑	5,000	成都自来水公司	
22 肥皂	中等	块	300,000	成都中国国货公司	
23 毛巾	中等　长二十二市寸宽九市寸	条	560,000	成都中国国货公司	

续表

物品类别名称	品质	单位	价格	查询之商号或行帮名称与地址	特殊变动之原因
24 牙膏	三星牌（或其他中等国产牙膏）	支	560,000	成都中国国货公司	
25 茶叶	中等绿茶或红茶	市斤	700,000	永兴巷西南茶厂	
26 沐浴	盆汤	次	400,000	太平街长江大浴室	
27 理发		次	250,000	提督东街 15 号兰芳理发店	
28 洗衣	中衣裤褂一套	套	100,000	祠堂街小名宋洗衣店	

说明：1. 主要食粮、肉、食油三项何地须查何项物品，应依查编办法第五条之规定，并将其名称及权数分别填入品质及权数栏内。

2. 查房租时如调查之房间大小与一方丈略有出入，须切实注明每间为多少市方丈。

3. 燃料类第十九、二十两项应何项物品，依查编办法第五条之规定，择其当地最通用者一种，其品质单位及权数并应于各栏内详细填明。

国立四川大学校长
经济研究部

径启者：

查本大学应报七月份（十一日）中旬生活必需品价格调查表未荷。

贵部制送，即请缮制二份，俾使转送。又七月份下旬（廿一日）之表，并盼一并检赐为荷。

此致

经济研究部

文书组 启
卅七年七月廿一日

四川省成都市公务员生活必需品价格调查表
三十七年七月十一日

物品类别名称	品质	单位	价格	查询之商号或行帮名称与地址	特殊变动之原因
食物类					
1 主要食粮	中熟米	市斗	1,500,000	金泉街 112 号益民米厂	
2 肉	猪肉	市斤	260,000	九眼桥肉市	
3 食油	菜油	市斤	320,000	太平街 107 号和记油坊	
4 鸡蛋	中等大小	个	24,000	九眼桥蛋市	
5 盐		市斤	150,000	星桥街 117 号泰源盐店	
6 糖	中等白糖	市斤	320,000	椒子街 95 号稻香村糖店	产区提价
7 酱油	中等	市斤	180,000	致民路蜀山酿造厂	

物品类别名称	品质	单位	价格	查询之商号或 行帮名称与地址	特殊变 动之原因
8 豆腐	（应查明每块之重量并拼合每市斤之价格）	市斤	80,000	白塔市街豆腐房（八块一斤，每块一万）	
9 蔬菜	番茄 洋芋 姜豆 冬瓜 青椒	市斤 市斤 市斤 市斤 市斤	38,000 44,000 30,000 42,000 25,000	九眼桥菜市场 九眼桥菜市场 九眼桥菜市场 九眼桥菜市场 九眼桥菜市场	
衣着类					
10 阴丹士林布	国产	市尺	700,000	春熙北路 52 号中国国货公司	
11 白细布	中等	市尺	450,000	春熙北路 52 号中国国货公司	
12 白士布	中等（宽二尺二寸左右）	市尺	360,000	春熙北路 52 号中国国货公司	
13 冲哗叽或土毛呢	国产	市尺	720,000	春熙北路 52 号中国国货公司	
14 棉花（衣花）	中等	市斤	1,450,000	荔枝巷 12 号锦城花房	
15 呢鞋	国货呢中式男鞋	双	4,800,000	提督东街 75 号三江鞋店	
16 皮鞋	当地产小牛皮短口男鞋	双	6,500,000	走马街口宝元同公司	
17 线袜	国产中等三十二支纱	双	820,000	春熙北路 113 号恒义升袜衫厂	
房租类					
18 房租	无卫生设备（即无洋瓷或水泥面盆、澡盆、抽水马桶）之普通中式、半中式或砖墙房屋	市方丈之房间	3,000,000	两方丈大小之房间，每月租金 6,000,00；每方丈 3,000,000	
燃料类					
19 煤或柴	松柴	市斤	16,000	水津街柴市	
20 电光煤油或柴油	电光	度	35,735	川省府五月份核定启明公司电价	
杂项					
21 水	河水、井水或自来水	挑	5,000	成都自来水公司	
22 肥皂	中等	块	350,000	成都中国国货公司	
23 毛巾	中等　长二十二市寸宽九市寸	条	700,000	成都中国国货公司	
24 牙膏	三星牌（或其他中等国产牙膏）	支	500,000	成都中国国货公司	

续表

物品类别名称	品质	单位	价格	查询之商号或行帮名称与地址	特殊变动之原因
25 茶叶	中等绿茶或红茶	市斤	900,000	永兴巷西南茶厂	
26 沐浴	盆汤	次	400,000	太平街长江大浴室	
27 理发		次	300,000	提督东街 15 号兰芳理发店	
28 洗衣	中衣裤褂一套	套	200,000	祠堂街小名宋洗衣店	

　　说明：1. 主要食粮、肉、食油三项何地须查何项物品，应依查编办法第五条之规定，并将其名称及权数分别填入品质及权数栏内。

　　2. 查房租时如调查之房间大小与一方丈略有出入，须切实注明每间为多少市方丈。

　　3. 燃料类第十九、二十两项应查何项物品，依查编办法第五条之规定，择其当地最通用者一种，其品质单位及权数并应于各栏内详细填明。

国立四川大学校长

经济研究部

四川省成都市公务员生活必需品价格调查表
三十七年七月廿一日

物品类别名称	品质	单位	价格	查询之商号或行帮名称与地址	特殊变动之原因
食物类					
1 主要食粮	中熟米	市斗	1,500,000	金泉街 112 号益民米厂	
2 肉	猪肉	市斤	280,000	九眼桥肉市	
3 食油	菜油	市斤	320,000	太平街 107 号和记油坊	
4 鸡蛋	中等大小	个	25,000	九眼桥蛋市	
5 盐		市斤	150,000	星桥街 117 号泰源盐店	
6 糖	中等白糖	市斤	320,000	椒子街 95 号稻香村糖店	产区提价
7 酱油	中等	市斤	196,000	致民路蜀山酿造厂	
8 豆腐	（应查明每块之重量并拼合每市斤之价格）	市斤	80,000	白塔市街豆腐房	
9 蔬菜	番茄 洋芋 姜豆 冬瓜 青椒	市斤 市斤 市斤 市斤 市斤	46,000 45,000 26,000 45,000 20,000	九眼桥菜市场 九眼桥菜市场 九眼桥菜市场 九眼桥菜市场 九眼桥菜市场	
衣着类					
10 阴丹士林布	国产	市尺	900,000	春熙北路 52 号中国国货公司	
11 白细布	中等	市尺	500,000	春熙北路 52 号中国国货公司	

续表

物品类别名称	品质	单位	价格	查询之商号或行帮名称与地址	特殊变动之原因
12 白士布	中等（宽二尺二寸左右）	市尺	380,000	春熙北路 52 号中国国货公司	
13 冲哔叽或土毛呢	国产	市尺	850,000	春熙北路 52 号中国国货公司	
14 棉花（衣花）	中等	市斤	1,300,000	荔枝巷 12 号锦城花房	
15 呢鞋	国货呢中式男鞋	双	6,500,000	提督东街 75 号三江鞋店	
16 皮鞋	当地产小牛皮短口男鞋	双	7,000,000	走马街口宝元同公司	
17 线袜	国产中等三十二支纱	双	850,000	春熙北路 113 号恒义升袜衫厂	
房租类					
18 房租	无卫生设备（即无洋瓷或水泥面盆、澡盆、抽水马桶）之普通中式、半中式或砖墙房屋	市方丈之房间	3,000,000	两方丈大小之房间，每月租金 6,000,00；每方丈 3,000,000	
燃料类					
19 煤或柴	松柴	市斤	20,000	水津街柴市	
20 电光煤油或柴油	电光	度	42,830	川省府核定七月份启明公司电价	
杂项					
21 水	河水、井水或自来水	挑	5,000	成都自来水公司	
22 肥皂	中等	块	370,000	成都中国国货公司	
23 毛巾	中等　长二十二市寸宽九市寸	条	760,000	成都中国国货公司	
24 牙膏	三星牌（或其他中等国产牙膏）	支	500,000	成都中国国货公司	
25 茶叶	中等绿茶或红茶	市斤	1,280,000	永兴巷西南茶厂	
26 沐浴	盆汤	次	500,000	太平街长江大浴室	
27 理发		次	400,000	提督东街 15 号兰芳理发店	
28 洗衣	中衣裤褂一套	套	20,000	祠堂街小名宋洗衣店	

说明：1. 主要食粮、肉、食油三项何地须查何项物品，应依查编办法第五条之规定，并将其名称及权数分别填入品质及权数栏内。

2. 查房租时如调查之房间大小与一方丈略有出入，须切实注明每间为多少市方丈。

3. 燃料类第十九、二十两项应查何项物品，依查编办法第五条之规定，择其当地最通用者一种，其品质单位及权数并应于各栏内详细填明。

国立四川大学校长
经济研究部

径启者：

敝部所编八月份物价调查表已将一日物价表格制竣，特附函内奉上，即希查收，转报为荷。

此致

文书组

经济研究部　启

八月三日

附：八月一日物价调查表二份（8月5日寄）

四川省成都市公务员生活必需品价格调查表
三十七年八月一日

物品类别名称	品质	单位	价格	查询之商号或行帮名称与地址	特殊变动之原因
食物类					
1 主要食粮	中熟米	市斗	1,300,000	金泉街 112 号益民米厂	
2 肉	猪肉	市斤	380,000	九眼桥肉市	
3 食油	菜油	市斤	350,000	太平街 107 号和记油坊	
4 鸡蛋	中等大小	个	35,000	九眼桥蛋市	
5 盐		市斤	240,000	星桥街 117 号泰源盐店	
6 糖	中等白糖	市斤	370,000	椒子街 95 号稻香村糖店	产区提价
7 酱油	中等	市斤	240,000	致民路蜀山酿造厂	
8 豆腐	（应查明每块之重量并拼合每市斤之价格）	市斤	120,000	白塔市街豆腐房	
9 蔬菜	番茄 洋芋 姜豆 冬瓜 青椒	市斤 市斤 市斤 市斤 市斤	50,000 45,000 40,000 55,000 40,000	九眼桥菜市场 九眼桥菜市场 九眼桥菜市场 九眼桥菜市场 九眼桥菜市场	
衣着类					
10 阴丹士林布	国产	市尺	980,000	春熙北路 52 号中国国货公司	
11 白细布	中等	市尺	820,000	春熙北路 52 号中国国货公司	
12 白土布	中等（宽二尺二寸左右）	市尺	680,000	春熙北路 52 号中国国货公司	
13 冲哔叽或土毛呢	国产	市尺	1,200,000	春熙北路 52 号中国国货公司	

续表

物品类别名称	品质	单位	价格	查询之商号或行帮名称与地址	特殊变动之原因
14 棉花（衣花）	中等	市斤	1500,000	荔枝巷 12 号锦城花房	
15 呢鞋	国货呢中式男鞋	双	6,800,000	提督东街 75 号三江鞋店	
16 皮鞋	当地产小牛皮短口男鞋	双	8,000,000	走马街口宝元同公司	
17 线袜	国产中等三十二支纱	双	1,040,000	春熙北路 113 号恒义升袜衫厂	
房租类					
18 房租	无卫生设备（即无洋瓷或水泥面盆、澡盆、抽水马桶）之普通中式、半中式或砖墙房屋	市方丈之房间	3,000,000	两方丈大小之房间，每月租金 6,000,00；每方丈为 3,000,000	
燃料类					
19 煤或柴	松柴	市斤	30,000	水津街柴市	
20 电光煤油或柴油	电光	度	42,830	川省府核定七月份启明公司电价	
杂项					
21 水	河水、井水或自来水	挑	5,000	成都自来水公司	
22 肥皂	中等	块	420,000	成都中国国货公司	
23 毛巾	中等　长二十二市寸宽九市寸	条	700,000	成都中国国货公司	
24 牙膏	三星牌（或其他中等国产牙膏）	支	560,000	成都中国国货公司	
25 茶叶	中等绿茶或红茶	市斤	1,080,000	永兴巷西南茶厂	
26 沐浴	盆汤	次	480,000	太平街长江大浴室	
27 理发		次	300,000	提督东街 15 号兰芳理发店	
28 洗衣	中衣裤褂一套	套	250,000	祠堂街小名宋洗衣店	

　　说明：1. 主要食粮、肉、食油三项何地须查何项物品，应依查编办法第五条之规定，并将其名称及权数分别填入品质及权数栏内。

　　2. 查房租时如调查之房间大小与一方丈略有出入，须切实注明每间为多少市方丈。

　　3. 燃料类第十九、二十两项应查何项物品，依查编办法第五条之规定，择其当地最通用者一种，其品质单位及权数并应于各栏内详细填明。

国立四川大学校长
经济研究部

附：八月一日物价调查表二份（8月5日寄）

四川省成都市公务员生活必需品价格调查表
三十七年八月十一日

物品类别名称	品质	单位	价格	查询之商号或行帮名称与地址	特殊变动之原因
食物类					
1 主要食粮	中熟米	市斗	1,600,000	金泉街 112 号益民米厂	
2 肉	猪肉	市斤	380,000	九眼桥肉市	
3 食油	菜油	市斤	380,000	太平街 107 号和记油坊	
4 鸡蛋	中等大小	个	35,000	九眼桥蛋市	
5 盐		市斤	300,000	星桥街 117 号泰源盐店	
6 糖	中等白糖	市斤	360,000	椒子街 95 号稻香村糖店	产区提价
7 酱油	中等	市斤	340,000	致民路蜀山酿造厂	
8 豆腐	（应查明每块之重量并拼合每市斤之价格）	市斤	120,000	白塔市街豆腐房（八块一斤，每斤一万五）	
9 蔬菜	番茄 洋芋 姜豆 冬瓜 青椒	市斤 市斤 市斤 市斤 市斤	90,000 70,000 50,000 65,000 45,000	九眼桥菜市场 九眼桥菜市场 九眼桥菜市场 九眼桥菜市场 九眼桥菜市场	
衣着类					
10 阴丹士林布	国产	市尺	1,150,000	春熙北路 52 号中国国货公司	
11 白细布	中等	市尺	820,000	春熙北路 52 号中国国货公司	
12 白土布	中等（宽二尺二寸左右）	市尺	600,000	春熙北路 52 号中国国货公司	
13 冲哔叽或土毛呢	国产	市尺	1,200,000	春熙北路 52 号中国国货公司	
14 棉花（衣花）	中等	市斤	1,750,000	荔枝巷 12 号锦城花房	
15 呢鞋	国货呢中式男鞋	双	7,500,000	提督东街 75 号三江鞋店	
16 皮鞋	当地产小牛皮短口男鞋	双	8,600,000	走马街口宝元同公司	
17 线袜	国产中等三十二支纱	双	900,000	春熙北路 113 号恒义升袜衫厂	
房租类					
18 房租	无卫生设备（即无洋瓷或水泥面盆、澡盆、抽水马桶）之普通中式、半中式或砖墙房屋	市方丈之房间	3,000,000	两方丈大小之房间，每月租金 6,000,00；每方丈 3,000,000	

物品类别名称	品质	单位	价格	查询之商号或行帮名称与地址	特殊变动之原因
燃料类					
19 煤或柴	松柴	市斤	20,000	水津街柴市	
20 电光煤油或柴油	电光	度	59,880	川省府核定八月份启明公司电价	
杂项					
21 水	河水、井水或自来水	挑	5,000	成都自来水公司	
22 肥皂	中等	块	350,000	成都中国国货公司	
23 毛巾	中等　长二十二市寸宽九市寸	条	700,000	成都中国国货公司	
24 牙膏	三星牌（或其他中等国产牙膏）	支	330,000	成都中国国货公司	
25 茶叶	中等绿茶或红茶	市斤	1,280,000	永兴巷西南茶厂	
26 沐浴	盆汤	次	500,000	太平街长江大浴室	
27 理发		次	300,000	提督东街 15 号兰芳理发店	
28 洗衣	中衣裤褂一套	套	400,000	祠堂街小名宋洗衣店	

　　说明：1. 主要食粮、肉、食油三项何地须查何项物品，应依查编办法第五条之规定，并将其名称及权数分别填入品质及权数栏内。

　　2. 查房租时如调查之房间大小与一方丈略有出入，须切实注明每间为多少市方丈。

　　3. 燃料类第十九、二十两项应查何项物品，依查编办法第五条之规定，择其当地最通用者一种，其品质单位及权数并应于各栏内详细填明。

国立四川大学校长
经济研究部

国立四川大学（3）

案卷 15　53 **"教育研究会、文学研究会、经济研究学会、成文学会"**（1932—
1946 年）

卷内 5　国立四川大学："**李思道等呈请成立四川大学中国经济研究会简章等及
联系去工厂参观的来往文件**"（1932 年 6 月）

为呈请备案事。窃查社会情形复杂万端，真理认识所见各异，追原其本，莫不以经
济组织之变迁为转移。是以有原始之自然经济，然后有共产社会之产生；有现代之私有
财产制度，始有资本主义社会之涔起。如欲洞悉社会之变迁及适应其环境，首在研究经
济组织之趋势及符合社会之需要，始因时制宜方属至善。惟经济一科，较其他科学更为
重要，理论分期比其他科学更为复杂，但一人精力有限，非群策群力不足以奏肤功；兼
吾人身居中国，与吾人发生更密切之经济关系者，亦为中国。若中国之经济情形尚未明
了，遑论欧西至世界经济？有见于此，特组织一国立四川大学中国经济研究学会，于国
历六月十一日假本校南较场法学院开成立大会，通过简章，并票选李思道等五人为执行
委员。是否有当，理合呈请备查示遵。

谨呈

国立四川大学校长 王（兆荣）公鉴

内附国立四川大学中国经济研究会简章一份。

国立四川大学中国经济研究学会执行委员：

李思道　龚浔　万淑贞　詹声　熊兴读

【批复】准予备案。廿一年六月廿二日

国立四川大学中国经济研究学会简章

第一章　总纲

第一条　本会定名为国立四川大学中国经济研究学会。

第二条　本会以研究中国经济为宗旨。

第三条　本会刊木质正方阳文图记一颗，文曰："国立四川大学中国经济研究学
会"，以昭信守。

第四条　本会会所设于国立四川大学法学院。

第二章　会员资格

第五条　凡本级经济系同学均得为本会会员。

第六条　有违反本会宗旨之言论或行为及损坏本会名誉等事经证明确实者，得由大会之议决，开除其会员资格。

第三章　组织及权责

第七条　本会以全体大会为最高权力机关，其权责如次：

（一）决定本会全部会务进行计划。

（二）接受并采纳执行委员会及会员之提议案。

（三）选举执行委员及候补执行委员。

（四）审议本会会员之入会及开除事宜。

第八条　本会票选执行委员五人、候补执行委员二人组织执行委员会，执行本会事务，其职员任期为一学期，得连选连任，但以二次为限。

第九条　本会执行委员会设文书、财务、交际、研究四部，除研究部设二人外，其余每部设主任一人。至各部之职掌如次：

（一）文书部：管理本会一切文件事宜。

（二）财务部：管理本会一切财务事宜。

（三）交际部：担任本会对内对外一切交际事宜。

（四）研究部：担任本会一切研究事宜。

第十条　本会执行委员会有缺额时，由候补执行委员分别依照得票多寡递补之。

第十一条　本会候补执行委员得出席本会执行委员会，但有发言权，无表决权。

第四章　会议

第十二条　本会大会分左列二种：

（一）常期大会：每学期开学一周后及寒暑假前一周各举行一次，由本会执行委员会文书部召集之。

（二）临时大会：遇有特别事件发生时，由本会执行委员会或三分之一以上之会员用书面请求，由本会执行委员会文书部召集之。

第十三条　本会执行委员会分左列二种：

（一）常会：每月举行一次，由本会执行委员会文书部召集之。

（二）临时会：遇有特别事件，由本会执行委员过半数之请求，由文书部召集之。

第十四条　前二条所列各种会议均以应出席者过半数以上之出席为正式会议，出席者过半数以上之通过为决议。

第五章　金费

第十五条　本会会费分左列三种：

（一）基金：每名五角，于入会时一次缴纳。

（二）常金：每名每期一角，于每期常期大会时缴纳。

（三）特别捐：量力捐助。

第六章　附则

第十六条　本简章自大会通过时实行。

第十七条　本简章如有未尽事宜，得由大会修正之。

呈为成立上海战后经济调查团请予备案存查事。窃属会成立，曾经呈奉钧校核准在案。查我国经济情形，至为复杂，彻底研究，首重纲领。上海为我国第一商埠，握全国经济枢纽，有调查之必要。尤兹中日战后，商业停滞，工厂倒闭，工人失业，百业萧条，兵燹之余，疮痍满目，愈觉调查之不可缓，以便知上海经济之实在现象及目前之恢复方针、将来发展之计划；更以此为根据，然后分查各省之经济状况，以定全国经济之政策，用备当道之采纳。属会特选江漫天、杨宗序、邓思尧、邓克笃等组织国立四川大学战后经济调查团，前往实地调查，经费由属会自行筹措，于暑假中启程赴沪。所有成立调查团之处，是否有当，理合具文，呈请指令祗遵。

谨呈

国立四川大学校长 王【兆荣】公鉴

国立四川大学中国经济研究会执行委员：

龚浔 熊兴读 李思道 万淑贞 詹声

中华民国二十一年七月

【批复：】交文书课核办。廿一年七月六日

准转据经济研究学会：为呈请函知造币厂以便十月廿八日前往参观由

中华民国廿一年十月廿二日拟稿；十月廿四日封发

笺函

径覆者：

顷准来函，备悉一切。查学生团体出校参观应以不妨课业为原则。十月二十八日……【不详】该经济研究学会会员请准于是。参观造币厂对于课业实有妨碍，未便准行。特此呈覆，即请查照转知为荷。

此致

吴代院长

王【兆荣】

呈

为呈请实地参观，藉广见闻，恳予转知事。窃属会自成立以来，迄今半载有余，会务固应力求维新，发阳【扬】学旨；参观亦须继续进行，增广智识。是以去岁有兵工厂之行旋后，有参观造币厂之请。皆蒙采纳，允为转知在案。嗣因省垣发生巷战，兹事未克果行，属会引为遗恨。今者治安恢复，造币厂长易人，内部大有更改，而其影响即及于本市金融界与全省、全国，波动所及，亦有攸关。值兹工商衰蔽，百业不兴，目前之中国现况，尤应重视货币，以为振兴实业之一助。以上所呈，属会认为事关重要，应遵旧案办理。冀将来参观所得，或有贡献刍荛于政府之处，则以此为改革币制之方针，于国于民，有厚利焉。除呈请校长具文转知、请其确定时间以便集队前外参观外，理合具文呈请。

谨呈

校长 鉴核

属会中国经济研究学会 谨呈

中华民国廿二年四月廿四日 谨呈

【批复】文书课核办。廿二年四月廿四日

事由：函请覆知星期日可否参观，兹定参观日期由

中华民国廿二年四月廿五日拟稿；四月廿六日封发

批示：

国立四川大学中国经济研究学会呈请实地参观、恳予转知一案由。呈悉：查该会去年下期先后请求转函兵工厂、造币厂，以便前往参观，均以有妨课业，未予照准。兹据奉由，前请准予转函，请查覆星期日可否参观，再行饬知。此批。

公函：

径启者：

据本大学中国经济研究学会呈恳转函贵厂准予参观、藉广见闻等情，前来□以呈悉仰候，转请查覆星期日可否参观、再行饬书等语。批示处相应函达，即请查照。为星期日可以参观，请覆知某星期日准该会会员集队前往参观，以凭饬知为荷。

此致

四川造币厂

校长 王【兆荣】

径覆者昨准：

昨准大函，具悉贵大学中国经济研究学会会员拟于本星期日来厂参观，不胜欢迎。届时自前派稽查员引导，以□雅嘱专覆。

此致

国立四川大学

财政部成都造币分厂 启
四月廿七日

笺函

径启者：

案查前据本大学中国经济研究学会呈，恳转知财政局成都造币分厂，以便前往参观等情，前来经分别批示函知各在案。前准造币厂覆称，昨准大函……此致等因由。准此，特用函达，即请查照。饬知于本星期日整队前往参观为荷。

此致

法学院

秘书处 启
四月廿七日

案卷20 68"川大夜校商学组课程安排、升学、转学等规定"（1944—1947年）

卷内1 国立四川大学："国立四川大学夜校商学组五年课程一览表"（1944年）

国立四川大学夜校商学组五年课程一览表

科目	学分	一年级	二年级	三年级	四年级	五年级	备注
国　文	6	6					一年级应修三十二学分
外国文	6	6					
经济学	6	6					
会计学	8	8					
数　学	6	6					
商业史	3		3				二年级修三十二学分
商　法	4		4				
货币银行学	6		6				
统计学	6		6				
财政学	6		6				
经济地理	3		3				
法学通论	4		4				
商　法	4			4			三年级修二十八学分
商用数学	3			3			
商品学	2			2			
市场学	3			3			
国际贸易	4			4			
高等会计学	6			6			
社会学	6						
政治学	6						
经济学	6	以上社会学、政治学、经济学三科任选二科					
刑法总则	6						
国际公法	4~6						
民法债编	8						
民法物权	4						
民法亲属继承	4						
刑法分则	4						
商　法	6						
行政法	6						

卷内 3　国立四川大学："呈报本大学夜校各组学程表"

事由：为呈报本大学夜校各组学程表，请予鉴核示遵由

查本大学夜校中文、法律、商学三组五年课程分数表业经送达钧部，须发课程标准，分别拟定。前谨缮具各组学程表各一份，备文呈请钧部核备示遵。

谨呈

部长朱【家骅】

附呈国立四川大学夜校各组学程表三份。

校长　黄【季陆】

卅四年七月十九日

卷内 5　教育部："查大学商学院各系科目表系二十七年十一月颁布施行"
（1945 年 5 月）

准贵校夜校四月十六日来函奉悉：查大学商学院各系科目表系二十七年十一月一日颁布施行，迄未修订，详载大学科目表内，相应函达是项科目表一份，即希查照转发为荷！

此致

国立四川大学

教育部高等教育司　启

卅四年五月三日

卷内 6　国立四川大学："查教育部新颁课程标准仅文、法、理、师四院等"
（1945 年 4 月）

本月十三日大函奉悉：查教部新颁课程标准仅文、法、理、师四院，并无商学院者，特用函复，即请查照为荷！

此致

夜校主任办公室

注册组　启

卅四年四月十四日

卷内 7　教育部："夜校商学组学程表"

夜校商学组学程表赍请鉴核示遵由

呈件均悉，"三民主义"【课程】应计四学分，并应增设"伦理学"三学分。二、三年级"商学及商法"一科目应为"商事法"之误，已代为更正。余无不合，准予备查。该夜校应就现有学生办至毕业时为止。业于卅五年十月二十五日，以高字第二七四八八号代电饬遵在案。本学程表谨适用于原有学生，并仰知照件□。此令。

部长　朱家骅

案卷 20 69："川大夜校商学组课程安排、升学、转学等规定"（1944—1947 年）
卷内 10 国立四川大学："国立四川大学夜校商学组学程表"（无具体日期）

国立四川大学夜校商学组学程表

学程	学分	第一学期	第二学期	备考
一年级				
三民主义				
国文	六	三	三	两周须作文一次
英文	六	三	三	每两周须作文一次
数学	六	三	三	注重商业上之应用及练习
经济学	六	三	三	
会计学	八	四	四	
共计	三二	一六	一六	
二年级				
商业史	三	三		
经济地理	三		三	包括中国及世界两部分
法学通理	四	二	二	
财政学	六	三	三	
商法（公司法 票样法）	四	二	二	与法律组合班
商用数学	三	三	二	
高等会计学	六	三	三	
运输学	三		三	
商法（保险法）（必选）	二		二	与法律组合班
共计	三四	一六	一八	
三年级				
统计学	六	三	三	
货币银行学	六	三	三	
商品学	二	二		
市场学	三		三	
商法（海商法 破产法）	四	二	二	与法律组合班
民法总则（必选）	五	二	三	与法律组合班
民法物权（必选）	四	二	二	与法律组合班

学程	学分	第一学期	第二学期	备考
银行会计（必选）	三		三	
共计	三三	一四	一九	
四年级				
工商组织与管理	六	三	三	
国际贸易	四	二	二	
国际汇兑	三	三		
经济政策	六	三	三	注重民生主义之经济政策
民法债编（必选）	六	三	三	与法律组合班
银行会计（必选）	三	三		
审计学（必选）	三		三	
共计	三四	一七	一七	
五年级				
商业实习	二	二		校外实习应缴实习证明书
民法物权（必选）	四	二	二	
毕业论文	四		四	
共计	一〇	四	六	
总共一百四十二学分（部定至少须修一三二学分）				

案卷 29 "川大工商、农气系学生转校函件"（1947 年）

卷内 2 "函请收纳工商管理学系各级学生转入贵校学系肄业 附名册"（1947年 5 月）

事由：为函请收纳工商管理学系各级学生转入贵校学系肄业请卓裁示复由

径启者：

敝院（私立川康农工学院）现已奉令改为国立成都理学院，仅设物理、数学、化学三系，原有工商管理学系一、二、三年级各系学生计××人，请求于卅六年度上期转入贵校××学系肄业，用是具函，奉商希能惠允按级收纳，俾该生等如【得】偿所愿，与维学业。兹造具名册一份，随函送达，请烦查照，并祈卓裁示复为盼。

此致

国立四川大学、国立重庆大学

院长 魏

卷内 3　国立四川大学："收纳工商学系学生转入本校经济系一案；工管系转重大拟拨经费预示书"（1947 年 3 月）

教育部代电

发文高字第 12451 号　中华民国卅六年三月四日发出

国立成都理学院据呈：请准前川康农工学院农艺、工商管理系学生转入国立四川大学、国立重庆大学肄业一案，已分别电知各该校设法收录，合函电仰该院造具各该生名册，连同历年成绩径向各该校接洽。

教育部　印

卷内 9　"工商管理系各年级现行课程表；函送各系转学各生名册及证件"（1947 年 5 月）

敬启者：

关于敝院工管系学生转学贵校事，前蒙惠允，无任感荷。昨已遵嘱造送，拟拨经费预算书。此项预算乃比例敝院农艺系学生转学川大之拨发经费预算数额计造者。目下诸生纷纷前来问探转学之事，众心惶疑，深恐失望。在川大方面已覆函承诺矣。拟恳吾兄迅予核准，早日示复，以便转饬诸生下期来贵【校】注册。

贵校工管系一年级肄业此事亦当以理【字】第六十八号公函送请贵校查核示复，仍盼垂注是幸。现时珍兄犹在上海，弟代行院权，本学期行将结束，上述二事必须于结束前办妥，弟庶免僭越之虞。匆竣拳拳，诸希蕴照。专此。

弟　胡助　六月十日
六月十一日发出

事由：函送××学生转学各生名册及转学证明书、修业证明书，请烦查照办理由

国立成都理学院公函　（中华民国）三十六年八月七日

敬启者：

查敝院农艺、工商管理学系各年级学生转学贵大学肄业一案。前蒙覆函同意，甚为感荷。敝院并当造具转学各生各册，以理字第八一号呈处赍送教育部，请求明令分发去讫。前奉教育部本年七月廿五日高字第三八一六四号指令开"照录全文"等因。奉此，除前予转学诸生各一函，饬其于贵大学开学时提交以凭注册外，相应造具××学系各年级转学生名册一份，连同转学证明书××件、修业证明书××件随函奉达贵大学。至希查照办理，并请示复，无任感荷！

此致

国立四川大学、国立重庆大学

院长　魏

教育部指令　中华民国三十六年七月九日发

令国立成都理学院三十六年六月理字第八一号呈一件为赍呈前私立川康农工学院工商管理及农艺两系转学生名册恳予明令特发由

呈件均悉：查是案前据电请，业经电令四川大学及重庆大学遵照前电复各在案，仍仰遵照前电，将各该生名册连同历年成绩分别径送国立四川大学及国立重庆大学洽办，

仰即遵照，名册发还。此令。

附发还名册四份

部长：朱家骅

国立成都理学院牌告
中华民国卅六年六月十七日

查自下年度起，本院农艺系各年级学生应转入四川大学农学院、工商学院，但该两系学生如因环境关系或以求学志愿请求考入他系或考入他校者，本院为辅助该生等学业计，业已尽量设法代为办理。前特再行牌告，凡转学各生中，尚有第二志愿请求改校或改系者，应一律于二日内前往注册组登记，以便汇办为要。

院长　魏

第二部分　校报校刊资料

《国立四川大学周刊》

第 1 卷第 2 期，1932 年

纪事：新聘教授略历【节略】

本大学新聘文、理、法理、法教四院教授，计有二十余人。兹将已到校教授略历，分录于后：

姓名	行号	籍贯	略历
黄永川			日本商科大学商学士，曾任安徽大学教授。

第 1 卷第 4 期，1932 年

纪事：新聘教授略历（续第二期）【节略】

姓名	行号	籍贯	略历
孔庆宗		四川长寿人	国立北京大学经济系毕业，比国京都大学政治学博士，曾任国立中央大学教授，曾任京师地方检查厅书记官，中国驻新义州领事馆及驻丹麦公使馆主事，驻比公使随员兼副领事，现充二十四军顾问及政治经济讨论会副委员长

第 1 卷第 5 期，1932 年

纪事：图书馆新到图书【节略】

本大学图书馆新到图书甚多，兹刊表披露于后：

书名	著者	册数
财政学原理　上	李权时	一
南美三强利用外资与国事例	卫挺生	一
协作	楼桐孙　译	一
食料与人口	董时进	一
信托及信托公司论	资耀华　译	一
资本主义经济学之史的发展	林植夫　译	一
国际经济问题	陈家瓒　译	一

书名	著者	册数
消费协社	于能谟　译	一
国际经济总论	王首春　译	一
中国国际商约论	邓斌	一
世界人口状况	侯厚吉	一
世界农业状况	吴觉农	一
世界工业状况	侯厚培等	一
世界金融状况	朱彬元	一
世界货币状况	侯哲庵	一
世界贸易状况	侯厚培	一
世界劳动状况	丁同力	一
世界交通状况	杨哲明	一
经济思想小史	蔡庆宪	一
欧美经济学说史　上	陈汉平　等译	一
德意志经济思想史	周承福　译	一
马先尔的经济学说	郑学稼	一
中国国民经济概况	何汉文	一
国际政治之理论与实况	余汉平　译	一
中国农村经济研究	陈代青　等译	一
经济学及赋税之原理	郭大力　等译	一
战后世界经济政治概观	罗波克	一
日本最近之经济	潘文安　等译	一
近世欧洲经济思想史	王学文	一
中国今日之财政	卫挺生	一
货币价值论	李权时	一
合作经济学	寿勉成	一
最近上海金融论	丁裕长	一
战后欧洲之经济　上下	侯厚培	二
商业之改造	许鸿达	一
票据法概论	谢菊曾	一
遗产税问题	李权时	一
十九世纪经济史	侯厚培	一
经济学说史纲要	安绍芸	一
李权时经济论文集	李权时	一
现代财政经济评论集	马寅初	一

（未完）

第1卷第6期，1932年

纪事：图书馆新到图书【节略】

书名	著者	册数
吉林省之林业	汤尔和　译	一
中国经济地理	张其昀	一

（未完）

第1卷第7期，1932年

纪事：图书馆新到图书（续）【节略】

书名	著者	册数
社会经济发展史	王若冰　译	一
经济科学大纲	施存统　译	一
高级中学商科课程暂行标准	教育部	一

（未完）

第1卷第8期，1932年

纪事：图书馆新到图书一览（续）【节略】

书名	著译者	册数
会计学原理及实务	Stroightoff	一
经济思想史	朱通九　金天锡	一
货币银行学	朱彬元	一
劳动经济	朱通九	一
中国经济地理　上	王金铖	一
仝右　下	仝右	一
中国经济问题研究	严灵峰	一
战后欧洲关税政策	褚保时　译	一
经营经济学	增地庸治郎　潘念之　译	一
经济决定论	刘初鸣　译	一
财产之起源与进化	杨伯恺　译	一
经济学	杨汝梅	一

书名	著译者	册数
近代各国审计制度	杨汝梅	一
苏俄新经济政策	顾树森	一
中国农村经济问题	古杂	一
统计学	唐启贤	一
川盐纪要	林振翰	一
财政资本论	王伯平　译	一
德意志经济思想史	周承福　译	一
货币银行学	朱彬元	一
经济学说及赋税之原理	郭大力　等译	一
各国财政史	邹敬芳　译	一
欧美经济学说史　上	陈汉平　等译	一
国富论	郭大力　等译	一
政治经济学批判	郭沫若　译	一
中国地价问题	王先强	一
马先尔的经济学说	郑学稼	一
中国农村经济研究	陈代青　等译	一
农业问题论	章子建　译	一
中外货币政策	彭学沛	一
经济学季刊　第三卷第一、二期		二

第 1 卷第 25 期，1933 年

公牍：呈报廿年度各系科毕业学生

呈：为呈报事，案查本大学二十年度各级学生一览表，业经呈报钧部并奉指令二、三、四各年级，准于一体备案各在案。兹查二十年度各科系应届毕业学生，计有专门部中文本科吕赓枬等一百零三名，截至二十年十二月止，修业期满；又中国文学系雷应溥等二十名，英文学系汪辉等十二名，史学系王文彝等十一名，教育学系蒋梦鸿等六名，数学系陈尔康等十名，物理学系李仲卿等六名，化学系李胤等十一名，生物学系桂长城等三名，政治学系樊汝勋等十一名，法律学系涂琼等六名，经济学系谢里融等九名，艺术专修科岳翔淑等三十一名，体育专修科蒋志忠等二十三名，专门部英文本科傅成镛等四十一名，法律本科张子坊等三十六名，月政经本科李长策等二十四名，截二十一年六月止，修业期满，业经分别举行毕业试验，考查成绩及格，应予毕业，理合缮就毕业学生表、毕业试验成绩表，并补具历年成绩表，连同毕业证书，备文呈请钧部核示祗遵；再毕业证书应贴印花，因成都具有特殊情形，一时无此多量印花，拟俟该毕业生承领时，

分别饬贴；又专门部中文本科吕赓梽等一百零三名，其毕业时期系在本大学整理期间，未饬缴纳像【相】片，并拟俟该生等承领之时，再行饬缴照贴。合并呈明，谨呈教育部。

计呈送毕业学生表四册，毕业试验成绩表四册，历年成绩表三册，专门部中文本科毕业成绩表一册，各学系毕业证书一零五张，专门部及专修科证书二五八张。

第1卷第14期，1933年

纪事：本大学增聘教员

本大学本期开学后，各学院教员，除原有者统续聘外，法学院又新聘翟士煊教授一人。翟教授系山东人，日本九州帝国大学经济系毕业。现已到校，住南较场校内，即日授课。此外文学院新聘杨次臻、叶正仓、张采芹、李雅南、王松生、沈女士等讲师六人，理学院新聘沈在铨、刘鲁瞻讲师二人，均已先后到校授课矣。

第1卷第15期，1933年

纪事：图书馆新到图书【节略】

书名	著者	册数	出版处
（法）Introduction to the Study of Economics	Bullock	1	N. Y.：Silver Burdett Co.
（法）Principle of Economics	Seligman	1	N. Y.：Longmans Green Co.
（法）Economic Geography	Mefarlane	1	London：Pitman & Sons
（法）资本论	王慎明　等译	1	国际学社

第2卷第5期，1933年

纪事：新聘教授陆续来川

本大学新教授来川消息，业已迭载本刊。兹闻法学院教授黎学澄，已于本月四日到校，住南较场校内；蔡伯文教授，已于本月六日抵省，住东大街；又文学院程仰秋教授，暑期中因事离省，刻已返校，照常授课矣。

第2卷第7期，1933年

纪事：本期新聘教员担任科目

本大学本学期新聘教员十余人，均已先后来川，到校授课（迭载二卷本刊各期）。兹将各教授所担任科目录后：计文学院教授涂序瑄，系担任英文学史、文学形态论、文学概论；齐博士担任生理学；理学院教授郁树锟，担任热力学、一般物理、几何、光学；周植生担任高等无机化学、无机工业化学、矿物；隆屏章担任有机化学、定性分析、定性分析实验；法学院教授林绍昌担任战时国际公法、国际公法、欧美外交史、政党论；蔡伯文担任劳工法、土地法、比较政府政治史；黎学澄担任簿记学、统计学、经济地理；黄静斋担任民法债权、国际私法；向盘箴担任民法总论、罗马法。

第 2 卷第 20 期，1934 年

近代政治科学之发展即将来之趋势（续）

樊汝勋

二、各时代的政治学说

甲 商业资本经济时代的政治学说

初期资本主义的政治思想的标准概念是个人主义，而最初采取现实的个人主义的（即经济的自由思想的）就算重农学派（Physiocrats）。他们受了启蒙哲学思想家们，如孟德斯鸠（Montesquieu）、卢梭（Rousseau）、洛克（Locke）、休谟（Hume）等的影响，所标举的最高正文，是为放任（Laissez faire）或勿拘（Laissez passer）的自由任放的原则，主张政府的唯一职务，专在于保护人民的生命自由及财产；自由及财产原与人生而俱来，亦为个人所必须，国家立法当认可之，助成之，保护之。直至古典经济学派（Classical School）的亚丹·斯密（Adam Smith）仍和重农学派的自由放任的主张相一致，盖自由主义（Liberalism）是资本主义的长成期中之资产阶级的政治政策，资产阶级与贵族地主等封建势力的残骸斗争，遂主张放任个人的独立行动和一切的自由，尤其是要使国家的职分只限于维持社会秩序，保护财产和防卫国土之资产阶级，以推倒封建制度时的思想。概括言之，个人主义的政治思想漠视了环境的影响、社会的团体生活和经济基础，只陷入于偏狭和独断的见解而已。

乙 产业资本经济时代的政治学说

在此时期中的实际政治，是以制限选举、资本家的自由竞争、财产权的保护和三权分立等为内容。然在政治学说方面，发生了以社会为本位的新思想运动，乃对于德国革命之极端的个人主义有所反动，而且是矫正其弊而倡导的；始倡者为圣西门而至其弟子奥古斯特·孔德（Auguste Comte）。此种社会学的科学始有组织，同时并提倡社会政治的政治理想，此种政治理想对于德谟克拉的个人主义之破坏思想统一而置社会于无秩序与分裂之中，大加反对，故否定个人之责任，而肯定家族与社会之责任，而社会主义即此社会本位的政治理想之一。圣西门（Saint-Simon）、傅立叶（F. M. Ch. Fourier）、蒲鲁东 Proudhon 等只不过描尽了社会本位学说的理想乡，到了一八四八年马克斯【今译作"马克思"】《资本论》第一卷出版，于是社会主义复以科学的形态而再行出现，主张社会主义为社会进化之必然结果所实现的政治形态，他暴露了资本主义的秘密，关于说明国家阶级性一点，就说站在反对者方面，也要承认他这种石破天惊之论，佩服他在政治科学上贡献的功劳。

丙 金融资本经济时代的政治学说

资本主义发展到了最高阶段，就是握在极少数独占之大银行手中的银行资本和采取了托辣斯、加尔特尔、辛狄克及近代大公司形式的工业资本家之独占同盟的资本相结合了的资本形态，谓"金融资本"。资本家在这时已造成庞大无比的独占势力，在政治上可以独揽政权，更无须做借民治自由的口号，遂造成了迪克推多（dictatorship），自西部战场，霹震一声，就显露出他们的狰狞面孔。如意大利的法西斯蒂主义（Fascism），就是资产阶级的公开形式；而苏俄的无产专政，也于是时发生，与之形成了互相矛盾的两大壁垒，冲破了政治科学旧来的体系。这时的政治学说，无论站在任何立场都莫不从经济问题、社会问题研究出来；换言之，都是以民生主义为依归。试证之以世界各国的新宪法，如德意志共和国宪法第一百五十一条至一百六十五条对于人民经济生活之规定，其第一百五十五条有平均地权之规定，第一百五十六条有节制资本之办法；又如俄国新苏维埃联邦社会主义共和国基本法第一篇"劳动阶级之权利宣言"，即注重全国民的利害关系、组织全国民的经济生活。这可知他们的政治组织，都是组织民生问题的。其他若代表小资产阶级的名流学者，在法兰西有狄骥（Duguit）氏主张公务职业化（Industrialisation des Publiques），在英国有赖斯几（H. J. Laski）于其所著政治典范 Grammar of Politics 列"生计制度"为一章详加讨论。由此可以证明民生主义必有发扬光大之一日，未来之世界，将由政治机关变为经济机关，由治人的性质转到治事的性质了。

第 2 卷第 22 期，1934 年

纪事：新聘教授陈觉民由平来川

本大学本期新聘教授多人，已志二卷第二十一期本刊。顷闻史学系教授洪应甫，已于三月五日到校，又新聘定教授陈觉民先生为法学院教授，担任财政货币银行等科，已由北平启程来川云。

第 2 卷第 25 期，1934 年

纪事：新教授陈觉民抵省

本大学新聘法学院教授陈觉民氏，闻已于本月（三月）二十五日抵省，现住法学院内，陈教授所担任为财政学、货币、银行等科，本周内即开始授课云。

第 2 卷第 30 期，1934 年

公牍：呈报廿二年度毕业学生

案查二十二年度本大学各学院应届毕业学生计有中国文学系、英文学系、史学系、教育学系、数学系、物理学系、化学系、生物学系、法律学系、政治学系、经济学系、艺术专修科、体育专修科等十三班；毕业试验日期，亦经本大学校务会议决定，自六月十一日开始举行，理合缮具学生一览表，备文呈祈鉴核，并先期派定毕业试验委员负责办理。谨呈教育部。

计呈送试验课目表一册，又学生一览表、历期成绩表各一册。

第 3 卷第 2 期，1934 年

纪事：本期新聘教授多人

本大学于本年暑假内添聘教授十余人。……经济系有陈绍武先生，长沙人，德国柏林大学经济系毕业，上海法政学院教授。……均已先后启程来校云。

第3卷第11期，1934年

纪事：图书馆新到图书一览【节略】

书名	著者	册数	出版处
（法）统制经济论总观	向扱逸郎	1	改造社
（法）东北铁路问题之研究　下	王同文	1	交通大学
（法）政治成绩统计　廿三年四月份	中央统计处	1	
（法）纺织年刊　民国廿二年度	中国纺织学会	1	
（法）政治成绩统计　廿三年五月份	中央统计处	1	
（法）日本在太平洋上之经济战	日本评论社	1	日本评论社
（法）日本国民发展经济概况	日本评论社	1	日本评论社
（法）日本之矿业	日本评论社	1	日本评论社
（法）各国货币银行法规汇编（一）法国	中央银行经济研究处	1	
（法）各国货币银行法规汇编（二）比利时	中央银行经济研究处	1	
（法）各国货币银行法规汇编（三）丹麦	中央银行经济研究处	1	
（法）中国农村经济参考资料索引	国际贸易导报社	1	
（法）民国廿二年第三季第四季贸易报告	国际贸易局	1	
（法）统计汇刊　第一号	广东调查统计局	1	

（未完）

第3卷第12期，1934年

纪事：图书馆新到图书一览【节略】

书名	著者	册数	出版处
（法）统制经济原理	向井鹿松	1	改造社
（法）政治成绩统计　廿三年六月份	中央统计处	1	

第3卷第12期，1934年

纪事：本期新聘教授担任课程科目

本期新聘教授，已先后到校授课，兹将各教授担任课程科目，分别志后：……裘千昌先生担任票据法、公司法、民法债编，邵毓麟先生担任会计、簿记、统计云。

第3卷第28期，1935年

公牍：呈报廿三年度应届毕业学生

案查二十三年度本大学各学院应届毕业学生，计有中国文学系、英文学系、史学系、教育学系、数学系、物理学系、化学系、生物学系、法律学系、政治学系、经济学系等十一班。其毕业试验业经校务会议议决于六月十七日开始举行，理合缮具应届毕业各班学生一览表、历期成绩表暨毕业试验课目表，备文呈请鉴核，并先期派定毕业试验委员负责办理。谨呈教育部。

计呈送应届毕业学生一览表、历期成绩表、试验课目表一册。

第 3 卷第 39 期，1935 年

公牍：函法学院酌设合作课程

径启者：

案奉教育部训令开"准全国经济委员会、行政院农村复兴委员会、实业部，会农字第四五四五号，劳字第三七二八号公函，抄送全国合作事业讨论会议决之推行合作教育各案，请查核办理等由，查各议决案中，第四组审查报告第九号审查结果修正案三，请教育部通令各大学设法多设合作讲座一案；堪以采用。合行令仰该校在经济、商业、社会等系科酌设合作研究，以应需要。此令"等因，自应遵办，特用函达，即请查照为荷。

此致
法学院

第 4 卷第 2 期，1935 年

公牍：本校续招教育系及政经系新生发表

为榜示事：查本大学本年度续招教育系及政经系新生，试卷业经评阅完竣，所有取录学生姓名合行榜示周知，须至榜者：

……【略】

政经系正取学生十名：

朱文虎　王敏治　王文靖　蔡英俊　江祖桂　江子鼻　蒋汇泽　杨照华　马骅　陈开运

政经系备取学生二名：

康重才　庄孝移

以上两系备取生于正取生不到时依次递补。

第 4 卷第 5 期，1935 年

纪事：法学院继续办理奖励论文会

上学期法学院各教授，为鼓励学生发抒志趣、练习著述起见，特组织奖励论文会。其会员即由院长及各教授担任，每月各捐二元，多捐者听。凡取中之学生论文，视其优劣，分为甲、乙、丙三等，甲等奖金十元，乙等七元，丙等五元。每学期内征文二次，题目由各会员拟定公布，凡法学院学生，均可选作。成立以来，学生投稿者，异常踊跃。兹已将是项论文，评阅完竣，其等第及应得奖金数目，特分别公布于后。并闻前次该院院务会议议决，本期内仍继续办理，并将尽量改善，以期收效宏富云。

附取中各生等第及应得奖金一览表

姓名	系级	论文题目	等第	奖金	备考
郑袭	经四	复兴农村方案	乙	七元	乙等四名
杨镇华	经四	美国之吸收白银政策与我国之关系	乙	七元	
杨诗藻	政四	复兴农村方案	乙	七元	
朱辉琪	法四	契约自由论	乙	七元	
廖俊	政四	复兴农村方案	丙	五元	丙等五名
胡嘉榕	前政四班	同前	丙	五元	
杨俊	政四	美国之吸收白银与我国之关系	丙	五元	
詹声	前经四班	复兴农村方案	丙	五元	
张开铭	经四	同前	丙	五元	
以上共九名					

第 4 卷第 16 期，1935 年

纪事：本校法学院农村经济调查团在青羊场举行实际调查

本校法学院农村经济班学生为明了社会实际状况及农村经济之确情，特组织农村经济调查团。本月十六日下午由沈嗣庄教授率领赴华阳县属之青羊场，从事实际调查，收获甚多，并与该地乡民聚餐联欢，极为融洽，乡民表示今后颇愿该团常往调查云。

第 4 卷第 16 期，1935 年

纪事：法学院图书室开放

本校法学院，曩无图书分馆之设，学生有所参考，必须至图书馆借阅。本学期徐敦璋院长到校后，即着手开辟图书参考室，刻已布置就绪，凡关于政治、经济、法律之书籍报章杂志，均由图书馆移置该室，并续购大批图书，以供学生参考。本月十九日午后三时徐院长特请图书馆主任桂质柏先生在该院演讲"怎样利用图书馆"。讲毕即率同学生赴该室参观，并定于次日起开放云。

第 3 卷第 39 期，1935 年

纪事：函发学位分级细则

顷奉教育部训令颁发，学位分级细则一份，当由校照抄原件，分函各学院查照矣。兹录其致各院函及附件如后：

径启者：

案奉教育部训令，廿四年发高一四第六六〇八号开"案查学位授予法，前奉国府明令公布，当经通饬知照在案。兹按照本法第二条之规定，特制定学位分级细则十二条。除公布并分令外，合将细则抄发，令仰知照，此令，计发细则一份"等因，奉此，相应抄同函达，即请查照为荷。

此致各学院。

学位分级细则

第一条 本细则根据学位授予法第二条之规定订定之。

第二条 文科学位分文学士、文学硕士、文学博士三级。大学文学院或独立学院文科，设有政治学系、经济学系及文科研究所设有政治学部、经济学部者，其学位之级数及名称，应与法科同。

第三条 理科学位分理学士、理学硕士、理学博士三级。

第四条 法科学位分法学士、法学硕士、法学博士三级。大学法学院或独立学院法科，设有商学系及法科研究所设有商学部者，其学位之级数及名称应与商科同。

第五条 教育科学位分教育学士、教育硕士、教育博士三级。

第六条 农科学位分农学士、农学硕士、农学博士三级。

第七条 工科学位分工学士、工学硕士、工学博士三级。

第八条 商科学位分商学士、商学硕士二级，大学商学院，或独立学院商科，设有经济学系及商科研究所设有经济学部，其学位之级数及名称，应与法科同。

第九条 医科学位分医学士、医学硕士、医学博士三级。

第十条 大学或独立学院及其研究院所设，有特殊系部者，如对于该系部所授学位须用何项名称发生疑义时，应呈请教育部核定。

第十一条 各级学位证书应载明受学位者在本科所属之系或研究所所属之部，学位证书格式另定之。

第十二条 本细则自公布之日施行。

第 4 卷第 36 期，1936 年

本校二十四年度第二学期毕业及学期试验课程时间表

时间 科目 日期	上午 九时——十一时	下午 二时——四时
星期四 （六月十一日）	训诂学 古代文字学 近代文学 中国上古史 职业教育各体文 莎士比亚（外，三）古地理学 教育视学 力学 军用化学 小说 西洋教育史 积分方程式论 流体力学 会计 声韵学 生物化学 植物生理学 函数论 仓库论 高等有机化学 财政学 债法各论 债权总论 比较政府 亲属法 高等昆虫学 日文（农，三乙）	校勘学 十九世纪文学 课程编制 先秦史学 唐宋文学 史学名著研究 票据法 统计学 蔬菜园艺学 应用英文 教育统计 国际私法（化，生，二）各科教学法 英语
星期五 （六月十二日）	现代欧美文学思潮 莎士比亚（外，四）市政及地方自治 教育名著研究 西洋哲学名著研究 西洋近世史 海商法 东亚各国史 教育社会学 近世物理 化学史 近世代数 细胞学 理论热学 工业分析 微分方程式 工艺作物学 动物组织 有机化学 继承法 农村经济 英文（农，三）公司法 热力学 诗学	传记文 近代中国文学思潮 浪漫诗 测验概要 造园学 英文（中，史，教，化，生，农，政，法，二） 胶体化学

时间 科目 日期	上午	下午
	九时——十一时	二时——四时
星期六（六月十三日）	国故概论　戏剧史　西洋文化变迁史　初等教育　细菌学　胚胎学　中国中古史　汉魏六朝文学　演说　中国上古史　教育心理　变分学　定量分析　生物统计学　理论电磁学　分光化学　普通物理　文艺评论　定性分析　经济思想史　法理学　社会政策　行政法　刑法分论　政党论　造林学　电化学　群论	东北史　古代礼乐制度　近代诗　儿童心理　社会心理学　姜白石集之研究　西洋史学史　西洋近古史　农业经济　日文（农，三甲）
星期一（六月十五日）	经学通论　文学批评　东亚各国史　社会教育　名著选读　中国近世史　英文学史　高等植物病理　财政学　行政法　物理　行政学　制革法　胎生生理　色质化学　教育原理　光学　无脊椎动物　植物病理学　强制执行　民事诉讼法　林业经济及林政学　解析几何　工业化学　偏微分方程式　保险学　遗传学	第二外国语　中国近古史　合作　罗马法　森林利用
星期二（六月十六日）	条约论　巴雷及高斯倭斯　教育行政　英文（经三教—四三）中国文学史　中国文化史　罗马史　理论化学　冶金学　养鸡学　刑事诉讼法　劳工法　历史目录学　高等微积分　西洋外交史　中国外交史　刑事诉讼务　遗传　公文程式　诗选	周秦诸子　比较教育　吕氏春秋　商业经济　军事看护学　现代政治问题　保险法　学校行政　史传文　英文政治选读　田间技术
星期三（六月十七日）	党义　高等数学　西洋近世史　中国教育史　诸子文选　十八世纪散文选　微分几何　果树园艺学　土地法　辩论　国际公法　庄子	金石学　唐宋诗　图书馆学　十六七世纪文学　周礼研究　诗选　地理制图　欧美近代政治思想　监狱学　经济政策　银行论　造林学

◎此表系根据注册课底稿另行编制而成，如有遗误，则仍以注册课公布者为准。
◎本校一年级学生因须集中军训，业经提早试验，不列本表。本刊附识。

第 5 卷第 13 期，1936 年

校闻：本校消费合作社将成立

本校师生鉴于消费合作，为建设国民经济之基础，特联名发起消费合作社之组织，参加者极为踊跃。于昨（十一）日午后三时，假文学院礼堂开发起人会议，讨论议案多种，并推定张院长、曾院长、魏院长、徐院长、孟秘书长、杨佑之、李超然、黄宪章、刘维汉、钟行素诸先生及樊锡芳、彭文龙、张惠昌、鲜于善、秦承先、李家英、陈新钰、饶幼晖、阎锡礼、蓝正平诸同学为筹备员，当互推孟秘书长为筹备会主席。闻现正着手征股，及办理入社手续等事，一俟就绪，即定期正式成立。关于该社社务之进行，系由本校法学院经济系毕业同学张鹗君负责云。

第 4 卷第 32 期，1936 年

校闻：法学院奖励论文会本期奖金揭晓

本校法学院各教授，为鼓励学生从事研究，及练习著述起见，特组织奖励论文会。自上年办理以来，结果极为良好。本学期投稿学生，更为踊跃，兹已将是项论文，评阅完竣，其等次及应得奖金数目特列表于后：

取中各生等第及应得奖金一览表

系级	姓名	等第	奖金	备考
经四	杨镇华	甲	十元	甲等一名
经四	李云吉	乙	七元	乙等三名
经三	徐暘生	乙	七元	
政四	余存佩	乙	七元	
经三	朱咸熙	丙	五元	丙等三名
法四	李照锐	丙	五元	
政四	王嗣鸿	丙	五元	
以上共七名				

第 4 卷第 33 期，1936 年

校闻：本校成立西南社会科学研究所，何廉博士任顾委会委员长、徐敦璋院长兼任所长

本校任校长，自去秋来长本校后，本其发展文化研究学术之素志，多方努力策进，惟远大计划绝非一蹴可成，年来除对于学生研究学术之团体，极端鼓励，以养成研究学术之空气外，月前并成立民众法律顾问处，本月初复成立西南社会科学研究所，以研究西南部之经济及政治社会之症结，并重精密之调查，俾于实际上有所贡献。研究所组织，设所长一人，由法学院院长徐敦璋博士兼任，另设秘书一人协助所长办理一切日常事务；并设顾问委员会，除本校各学院院长及秘书长为当然委员外，特聘国际知名之劳工问题专家，现任国立清华大学教授陈通夫博士，国际公法专家，现任武汉大学教授周鲠生博士，生物学专家，现任中国科学社生物研究所所长胡先骕氏，及社会学专家，前北平社会调查所所长陶孟和氏等为顾问委员会委员；并聘经济学专家，现任南开大学商学院院长兼经济研究所所长何廉博士为顾问委员会委员长。何氏前曾来校商讨研究事宜，将于暑期中再度飞川，检察调查及研究情状。又社会学专家现任燕京大学社会学系主任吴文藻博士，将于最近来校，对于研究事宜亦将有所商讨。月前来川之南开经济调查团鲍觉民、叶谦吉、张锡羊、谷源田四君，均经聘为研究专员，现正加紧工作。鲍、叶二君曾于上月赴灌县□县等地考察一周，张君将于周内赴重庆调查，谷君将于下周赴彭县调查云。

第 5 卷第 3 期，1936 年

社会科学研究所书目清单

黑龙江流域的农民与地主　一册

中国北部的兵差与农民　一册

上海公共租界制度　一册

亩的差异　一册

难民的东北流亡　一册

统计表中的上海　一册

封建社会的农村生产关系　一册

台湾的租佃制度　一册

近代农村经济的趋向　一册

第 4 卷第 18 期，1936 年

专载：杨礼恭先生四川农村经济调查报告

院长，诸位先生，诸位同学：

曾院长今日要兄弟来将"四川农村经济调查"作一个报告，可是，目前关于调查的工作，正在进行，并且已搜集的资料，是正在整理和统计，所以今日不能具体地作一个有系统的报告，只好将大概的情形谈一谈：

目前我们做的四川农村经济调查，除政府、党部、学校及其他各机关，直接间接协助以外，并由四川农村经济调查团派有一部份临时调查员，到各县工作，总计有数百人在动员。调查区域，可以分作两部分：一部份是四川省会近郊的农村，就是以成、华两县为中心；一部份是四川全体的。共有一百五十二个的县单位，现正积极进行。属于前一部份的，又可以分为两部：一部是以华阳县得胜乡为基本区域，即六合保的一千二百个农家挨户调查；一部就是以靠近盛会近郊数十里以内的农村概况调查和抽象的农家经济调查。整个的四川农村调查，俟将来完成后再发表。今天仅将省会近郊的农村概况调查，向诸位简单的报告一下：

一、调查区域

包括成、华两县，土地总面积为：六五一二六亩。统计的结果：

a. 水田占六三〇五四亩

b. 旱地占二七八五亩

c. 山地占一八九〇亩

d. 园圃占五三五亩

e. 荒地占八〇亩

f. 坟地占七七八一亩

二、农户统计

农户总数为：一二六六三家。人口总数为：五二三七五人。每户平均在四人以上。地主占百分之五．三。自耕农占百分之六．四。半自耕农占百分之六．七。佃农占百分之四二.六。雇农占百分之三九。我们从这样统计数字去研究，自耕农所占之百分比。在一九二八年 H. D. Brown 和李明良氏对于成都平原曾做过一次农村调查。

其统计结果为：地主租户及半地主所有之田地数目，在所调查之田区当中，有百分之四十四的耕地，是耕者自由的。百分之四十六是完全租人的。其余百分之十则半为自有半属租人的。

这个统计：如果是非常正确的话，那末，这还不到七年的时间，这自耕农，转落得如是至速，的确是骇人听闻。所以我们从农民转变的数字上，加以研究，就可以亲察到四川农村经济的破产的速度。

三、租佃形态

租佃制度，是农业经济中一个很重要的问题。就四川省会近郊的租佃状况来说，物租约占百分之七十以上，每亩最高租额为两石，中等一石八，最低一石六，钱租不到百分之三十。租额每亩约十四元。我们由这个租佃关系，很可疑认识四川农村经济发展的阶段。因为物租显然是以自然经济为前提，自然经济之渐加资本主义化，物租也就必然的随之趋于货币化。因此我们可以看出在四川农村经济上，资本主义生产的成分，是比较的少。

四、主要农产物及食料

前面我曾说过，在我们已调查的六五一二六亩的土地当中，有六三〇五四亩是水田，所以在农产物方面，以米谷为大宗，其次为麦、豆、蔬菜等物。农村副业，除少数畜养以外，尚有一些是原始的手工业的存在，但对农村，作用极微。至于农村主要食物为米，麦次之，通常多有将麦、豆售出，而购米回村食用的。

五、农村劳动力

四川农村因地权分配之不平均，一面造成田连阡陌的地主，一面形成贫无立锥的劳动阶级。有广大土地的地主，而不能自己耕种，能耕种的，而又无土地可耕，所以农村劳动力有过剩的现象。在工资方面，日工每日平均约二角，月工平均约二元七角，长工以年计算，每年约七十元——连伙食在内。

六、农村教育

识字者约占百分之二十一，文盲约占百分之八十左右，在我们已调查的区域，一二六六三户中，差不多有四万不识字的人。这六五一二六亩的广大的地面上，只有二十五所小学校。所谓二十五所，大半还是简陋不堪的。

七、农村交通

在交通方面，完全可以表出社会的形态。四川省会近郊唯一的交通工具，是鸡公车及载重车之类。以这样不发达的交通组织，农产品的运销，想不成问题是非常困难的。所以就从教育和交通的落后，也可以看出四川农村文化水准之低下了。

八、农村负债

至于在负债方面：负债者，占百分之六二。利率，以月利一分五到二分的为最多，高者常有达到七分的。农村金融的枯竭，这又是不言而喻的。说到担保品，是比较的少，纯靠亲友信用拉垫的很多，这也可看出四川农村社会温情主义的宗法势力。

九、农村灾害

灾害，则以虫灾为最多，约占百分之五。其次为畜疫，为兵灾，水灾、旱害可以说是很少。成都坝可得天独厚，概括说来，大自然的灾害，反不如社会的灾害之严重。

由于前面的农村概况调查的报告，我们对于四川省会近郊的农村经济，借以说已得到了一个轮廓。不过因为时间匆促，调查材料，尚未能详细分别整理，不正确的地方，恐怕是免不了的。在调查尚未结束，还没有得到更正确的结果以前，片时只能做如此概括的报告。

末了，我有一点感想，便是：所谓农村调查，也不过是做改良农村的张本。换句话说：就是如医生对于病人的诊断一样，我们对于这好像肺病已到第三期似的四川农村，加一番诊断以后，究竟如何下药？就看诸位先生之如何领导，诸位同学之如何努力了。兄弟是抱着十二万分的热忱，在期待着，并愿随着诸位一致的努力。

第 4 卷第 38 期，1936 年

附录：中国经济学社备奖征文

敬启者：

敝社因根据社章，提倡经济问题之研究，特备奖征求国民经济建设方案，业登京沪平津汉各大报，兹为唤起各大学及专科学校教授与学员之注意起见，特附上征文规则二份，祈在贵校适宜地点代为张贴，无任感祷。

此致

国立四川大学

中国经济学社征文委员会谨启

中国经济学备考征文规则

本社根据社章提倡研究经济问题之宗旨，拟定备奖征文办法列后：

一、题目　国民经济建设方案

1. 可通论一般经济建设，或专论特殊制度之建设。

说明：如通论一般经济建设，应注重整个的经济建设方针，为有系统的研究，而不可枝枝节节，讨论许多问题。如专论特殊制度之建设，则以某一种或两三种经济建设事业为限，而不及全体问题；所谓特殊者，乃对一般而言，如农业、工业、矿业、交通、金融、贸易之类，非谓其异乎寻常也。又讨论时注重经济方面，不注重技术方面。

2. 须有具体方案，切能实行者。

说明：无论所讨论者为一般或特殊的经济建设，应附有具体方案，而勿尚空谈，更不可剿袭他人之计划，而攘为己有。讨论特殊问题者方案自应较详。

3. 思想结构须缜密，文字叙述须简明透辟。

说明：文字不求高深，但须明白简洁，议论须透辟，思想须有系统，而有前后衔接之结构。

二、文稿

须用墨笔誊清，语体文体皆可，并加标点，稿上须加封面，写明文题、著者姓名及通讯地址，并加盖印鉴，稿内只写文题。

说明：文稿须用中国或外国墨笔誊清，虽毋须正楷，然亦不可潦草。文体语体皆可，

但不可二者掺杂并用。标点能用新式者更佳。稿内只写文题，不写姓名，而将姓名写于封面，以便征文委员会收到后将封面撕下，另编号码，交评判者审查，即等于弥封之意。如不写姓名，另用别号，亦无不可，所有一切函件及领取奖金或稿费，皆以印鉴为凭。

三、字数

以一万字至二万字为合格。

说明：如文稿甚佳，须超过二万字，亦可录取。

四、应征

社员与非社员皆可应征。

说明：无论是否社员在发给奖金或稿费时一律待遇。

五、寄稿

文稿应挂号寄"上海邮箱四〇一九号转交中国经济学社征文委员会"。

说明：本社总社在南京，而征文委员则皆在上海，故借用上海中国经济统计研究所为通信地点，但为避免与该所函件混淆起见，来件请写明"上海邮政信箱四〇一九号转交中国经济学社征文委员会"为要。如能先将所拟文稿之纲要寄交委员会备查，尤佳。

六、时期

民国廿五年九月三十日为收卷截止时期，十一月三十日前在上海新、申两报发表评判之结果。

七、奖金

第一名国币二百元。

第二名国币一百元。

第三名国币五十元。

其余凡采登本社季刊者均酌送稿费。

说明：奖金每名只一人，共三人。其不得奖者，如文稿经本社季刊编辑审查合用，当按季刊定章，酌送稿费。如应征者在收卷截止期限之前，将文稿寄来，并希望早得现金报酬，可来函声明，则收稿后可先交季刊编辑审查，如果合格，即先将稿费寄付；但原文暂不发表，候收卷截止，仍一同送交评判员评判。一经评定，应给奖金，则除扣还已发之稿费外，余款仍照寄。

八、评判

由本社公推专家三人担任之。

说明：评判员另行公推，并非即以征文委员会兼充。

中国经济学社征文委员会

第 4 卷第 20 期，1936 年

附录：中比庚款委员会第二次大学论文奖金各科试题

…………

戊、商科会计学系试题

（1）纺纱织布厂成本会计概要（约以三万字为度）

（2）帐簿系记录营业者财产增减变化之工具，故记帐之主体应为主观的。自欧美簿记传入中国以来，以会计科目为分录之主体遂变为客观的记帐，而营业者自身的贷借关系常隐藏而不表现。然现今分录式 Cash Journal Method 的日记及英国式的资产负债表又系一部分的主观的记法，是其客观的记作法未能始终一贯。而吾国固有之帐簿，其形式虽尚多缺点，而始终以银钱收付为记帐之主体，凡收款记入收项，凡付款记入付项，日记誊清以至结算报告始终一贯，通俗易晓合乎帐簿之自然，此为吾国会计上固有之特点。试依科学的方法研究其理论上、事实上之根据，并将主观的记帐法及客观的记帐法作一比较评论。

············

第 6 卷第 10 期，1937 年

校闻：中英庚款董事会聘送本校教授七人

本大学于九月二十九日，接得管理中英庚款董事会艳电，允予补助本校教育哲学、工业化学、物理学、数学、政治学、经济学、人类考古学教授各一人。嗣经张校长与中英庚款董事长朱家骅先生、总干事杭立武先生多次函电磋商，对于人选，极端慎重。截至现在止，计已到达间讲授者有人类考古学教授冯汉骥先生，原任国立中央研究院研究员；物理学教授吴大猷先生，原任国立北京大学教授；工业化学教授张洪沅先生，原任私立南开大学教授。川资月薪统由中英庚款董事会完全负担。是均一代积学专家，海内外知名之士，本校同学得此机会，俾能亲承教海，自将别有一番新气象云。又本大学请求中英庚款董事会聘送，现已在途者尚有政治学教授萧公权先生，原任国立清华大学教授；经济学教授赵人俊先生，原任国立清华大学教授。现在尚在接洽中者有邱椿先生，原任国立北京大学教授。至数学教授，则已接洽者姜立夫、曾远荣两先生均不能来；而同时本校农学院教才又尚须充实，故校方现拟请中英庚款董事会聘送一农院教授云。

第 7 卷第 1 期，1938 年

校闻：本校新教授纷纷莅校【节略】

本大学自去岁张校长接办以来，其方针即在提高各科程度，尤于延聘教授方面礼罗贤俊不遗余力。在二十六年度，计曾增聘新教授朱光潜、向宗鲁、向仙乔、路朝銮、蒙文通、李晓舫、曹任远、李相洁、周太玄、方文培、杨伯谦、曾天宇、吴永权、高新亚、熊世骐、王善佺、邵钧、冯汉骥、吴大猷、张淇沅、萧公权、赵人俊、黄建中、杨人楩、徐中舒等二十余人。在本年度，计又增聘董时进、何基鸿、薛培元、王文元、郑衍芬、朱公谨、李华宗、金瑞璜、张文湘、李顺卿、阎玟玉、忻去邪、汤腾汉、蓝梦九、徐则骏、方学李、王绍成、周煦良、饶余威、宋君复等十余人。兹并将其分配情形及详细履历与所任学科表志如左：

姓名	履历	现任职务
王绍成	德国柏林大学经济学博士	法学院经济教授

第 6 卷第 26 期，1938 年

专载：马寅初先生讲演：中国应自谋出路

薛星奎　记录

四月四日本大学全体员生在文学院大礼堂举行纪念周，首由孟秘书长领导行礼如仪后，次即介绍马寅初先生讲演。按马先生为经济学专家，中外知名，曾任国立北京大学及厦门大学、中央大学等校教授多年，现任立法院委员。国民政府一切财政计划，马先生均多所贡献，实施起来很合国情，每遇经济问题发生，马先生均发表论文，抒其所见，极为国人所欢迎。更足证明马先生的学问，是于理论、实用两方面都能兼顾的。兹志当日讲演词如后。

今天承诸位同学聚集在这一块，使我得有与诸位见面的机会，本人非常荣幸。刚才在省党部讲过"中心思想与适当方法"。因为那里是举行的军政联合纪念周，讲得很粗浅。大意即谓凡革命必有中心思想，表现出来即为主义，再具体化则为法律，为条文。凡条文均必须合乎社会状况，也不能过于抽象。我在立法院的时候，即根据总理所创的主义，高级领袖所定的原则以定条文。若有未当，则交由监察院弹劾。

我极力主张四川的军人与学者彻底合作，则四川一省即可做很大的事。因为天时、地利、人和三种之中，尤以人和为最重要，四川在地利方面是很不生问题的。

现在所要讲的，即"中国应当自谋出路"。

一、我国一般人，不是希望俄国出兵助战，即是希望各国对日经济绝交。本来想与人互助，想与人交朋友，是没有什么不可以的，不过整天整夜只想人家来帮助我，我自己一点不设法以图自力更生之道，是很不行的。总之，靠人之处应少，靠己之处应多。因为，目前俄国不会轻易出兵，已是事实胜于雄辩；至于各国若是真的对日经济绝交，还会失败的。例如，阿比西尼亚也是国联会员之一，国联各国对意侵阿事件，曾对意国实施过经济绝交。事先本是得过五十六国同意的，但结果仍然未能完全办到，阿国还是灭亡了事。这其中的原因：（A）经济绝交是根本上办不到的事，即美国原来即不在国联，日本又已被国联开除，即或五十六国都已绝交，余者仍可不绝交。（B）五十六国中，匈牙利、奥地利亚、巨歌斯拉夫诸国，均毗连意国，但均不敢得罪意国，所以不能对意实行绝交。（C）五十六国中，英国不卖飞机与意国，土耳其固很赞成，但土耳其仍然占在自己的利害立场，卖其煤炭与意国。（D）凡五十六国不与意国卖买者，均非重要东西，均非必须品，至于像汽油这类重要东西，仍然不敢不卖给她，因为意国本无汽油，若真地不卖给她，固可致之死命，但她则可使其飞机四处轰炸，或加毁坏，或施威胁，均可使其屈服。（E）意国对各方均有组织，对出口贷实施廉价倾销办法，商人即或赔了本，政府亦可按价抵偿。（F）美国不卖麦与意，意亦自有其代替品，意国并能以水电力代煤。（G）意国的糖果是出口大宗，交到奥国装好后，便可卖与英美无阻，如日货到中国之先，即与以改装一样。（H）土耳其、捷克、南威尔斯之煤到了意国后，英国即或运煤到意反转不能行销了，如像吸美丽牌纸烟习惯了的人，即不再像吸三炮台纸烟了。英国因此上了当，故英国再不愿用此方法对付日本了。

总之，靠人是不行的，只好先靠自己。不但俄国为自存计，不能轻易出兵，各国为自己利益计，不能对日经济绝交，即或经济绝交也是无法彻底办到的。所以我在汉口时，《大公报》屡催我作这类的文章，我始终没有承认。

二、我国一般人认为日本财政马上便会崩溃，其实也是一件很难料定的事，莫是估计错了的；不过日本认为我国的军队不行，不能打仗，估量在很短时期便可把我们一概摧毁，也算是估计错了的。日本为工业国，对英、美、法等国投资不少，其确数不但为外人所不能知道，即日本政府也难得知道。日本现正极力将其人民在外国所投资之股票债票均移为政府对外之用，否则大收其所得税，这在经济学上的名词叫做投资动员。这种力量也是很大的，所以我们此刻不必希望人家经济崩溃，要先求自己的经济，要如何才不至崩溃的道理。

三、我国一般人均以为入超是不好的，实际上也不完全这样。例如，进口货值十万万，出口货为八万万，则其入超固为两万万，但此也许还有"人力"的出口超过两万万，为海关所未计算的可以相抵，也未可知，所以是否真的入超或出超，是否正可相抵，都是很难估量的。又中国入口为香港、厦门、汕头等处，去年入超约为一万万，常年则为三万万或二万万。入超并非坏事，因中国出口者为农产品，如茶叶、桐油等，入口者为消费品，如布、米、棉纱等。假如反过来，入口者为生产品，如铁路材料、其他机器等，则不但入超无害，而且有使我们增加生产力的可能，反转是件很好的事。通常有所生重工业和轻工业，重工业都是生产品，轻工业都是消费品，我们若以农产品去交换生产品，消费品能由自己供给就很好了。所以我们现在，先要能制造消费品，后来再求能制造生产品，即或目前入超，正是我们求之不得的事。只要我们生产力增加，则购买力也因之增大，顺次便可发达工业。所以我们现在应当对于田租、租税、交通、种子、肥料等等从速改良，增加四川最后方的生产力，那末，就以四川为根据地，以四川的富力，四川的人力，便可以败日本有余无不足了。

第 7 卷第 16 期，1939 年

二八年度特设农业经济会计统计各专修科每班经费分配总额

专修科全年每班经费总额	一一四〇〇元	以一班全年计算如上数
一、俸给	七五六〇元	教职员俸给、校工工饷月支六三〇元，全年合计如上数
二、办公费	一六八〇元	文具、邮电、印刷纸张、茶水、薪炭、杂件等月支一四〇元，全年合计如上数
三、购置费	九六〇元	器具等设备月支八〇元，全年合计如上数
四、学术研究费	一二〇〇元	图书仪器实习消耗研究调查等月支一〇〇元，全年合计如上数
合计	一一四〇〇元	

《国立四川大学校刊》

1939 年 11 月 11 日

经济学系之展望
赵人俊

经济学向为治事之学，设立专系，即所以训练人材，使其对于公的经济方面，能参预各项经济行政之工作，或经济之研究与实际所得之阅历，进而擘划【画】国民经济建设之政策。对于私的经济方面，凡属商业性质之组织，无论其为公营或私营，悉能运用其知识，执业于某一部门，浸假而管理全局。依次方针，故将经济系课目确定其性质，厘定其先后，归纳其学程，就本校目前及最近之将来需要，划为两大类，一为偏重于一般经济之训练所需课目，一为偏重于商业经济之训练所需课目，亦即公、私经济之分野云耳。至于大学声誉，非可朝夕之间，即能雀【鹊】起，读书风气，亦非少数之势力便可养成，必也校中各方面通力合作，了然于学问之名贵，师道之尊严，弗慕巧获而变志，必踏实地以求功。经济之学，尤重准确知识、基本训练，倘能成为真正建设人材，无论其为公为私，庶无负所谓大学教育亦即本校设立经济专系之原意也。

1939 年 12 月 21 日

经济学会开座谈会赵人俊教授讲战时经济问题

本月十六日午后三时，经济学会开学术座谈会，特敦请赵人俊教授讲演战时经济平汇问题（讲词另载）。赵教授系本校现任经济系主任，为研究战时经济问题专家，著述甚丰，曾任国立清华大学等校教授多年。现该系学生对于课外研究学术风气，极为浓厚，最近并将各种问题研究结果，特编辑经济壁报，公开讨论云。

1939 年 10 月 11 日

文告：教育部训令：中华民国二十八年九月日：令国立四川大学

本部鉴于抗战以来，农、工、商，医等科专门人才，需要甚切，前经增设各种专修科在案。兹查本年度国立各院校统一招生结果，投考工科及经济学系学生人数甚多，为应社会需要，预备人才起见，除已指定各校充分利用原有设备，分别增设土木、机械、电机、化工、矿冶、纺织等系班级十五班，并分发录取新生外，兹再指定该校增设经济学系一年级一班，所需奉给，购置添建一部份校舍，及学术研究等项经费，准予由部每年增拨一万三千元。除另分发学生外，合行令仰遵照办理，具报。

此令。

部长　陈立夫

1939年10月21日

教育部分发本大学各院系新生名单【节略】

法学院

（1）法律学系

…………

（2）政治学系

…………

（3）经济学系

李家骄　胡季平　徐际可　唐尧治　谢文楷　张淑宝　严昭俭　张开智　那绍宪
谢克猷　李树勋　王德长　常樵生　萧荫羲　吕彦志　张先华　徐德明　辛明福　莫谁敌
姚其树　黄麟　汤其逊　张克尤　杨允康　蒋永湖　吴兆苏　吴其钿　罗世钰　冯国忠
欧阳益和　万文秀　杨魁　胡燕杰　王铁臣　余钟藩　梁家驹　汤玉润　丁祖同
相重瑞　刘潜章　尉迟定一　高君忠　孟繁英　秦文淑　余天爵　吴载民　杨朝贵
都德谦　刘治九　吴纯斋　欧阳一　吴光斗　邓传瑄　李崐□　杨仲贤　刘裕瑁　甘品光
林禄田　高维昉　李芷芳　胡佑玲　骆竞涛　刘昌仁　胡兀水　曲润田　张俊德

第8卷第4期，1940年

政经学会近状

本校政经学会为成立最早学术团体，出版《政经学报》，销路甚广，颇博得社会人士好评。最近该会为宏实内容，调整人事起见，特遵照简章规定，业将下年度负责职员选出，兹将该会新职员名单志次：

总务部

　　总干事：周声名

　　文书干事：唐顺舆

　　事务干事：彭远芳

研究部

　　总干事：杨长富

　　政治问题研究：罗升平

　　经济问题研究：屈智杰

出版部

　　总干事：张锡九

　　总编辑：林宏仁

　　政治编辑：唐成钊　雷恩溥

　　经济编辑：蔡启仕　黄维海

时事编辑：陈硕　凌定贤

发行：伏怀刚

又悉该会指导教授经程校长聘定为赵守愚、胡鉴民、李德家、吴君毅、叶叔良、凌均吉、杨佑之、杨伯谦诸先生。又闻该会最近出版第四期《政经学报》，已由蓉印妥运峨，日内即分寄各方。

第 9 卷第 7 期，1940 年

附载：本大学各种学术团体指导员及导师名单：廿九年度【节略】

经济地理学会导师

赵守愚　王文元　梅远谋　余俊生

第 8 卷第 5 期，1940 年

二十九年度特设农业经济会计各专修科每班经费分配总额

专修科全年每班经费总额——四〇〇元，以一班全年计算如上数：

1. 俸给：七五六〇元，教职员俸给、校工工饷月支六三〇元，全年如上数

2. 办公费：一六八〇元，文具、邮电、印刷、纸张、茶水、薪炭、杂件等目月支一四〇元，全年如上数

3. 购置费：九六〇元，器具等设备月支八〇元，全年合计如上数

4. 学术研究费：一二〇〇元，图书、仪器、实习消耗、研究调查等月支一〇〇元，全年合计如上数

第 8 卷第 3 期，1940 年

国内税务机关服务同学

本大学历届经济系毕业同学应税务机关聘任工作者甚众，兹采得部分服务银行及所得税征收处同学如次：

孙邦治　成都所得税区分处主任

骆昌秀　成都所得税区分处税务员

郑昌苁　内江所得税区分处主任

蓝家纯　内江所得税区分处税务员

罗　终　遂宁所得税区分处税务员

倪　镇　江油所得税区分处主任

陈慕涛　永川所得税区分处主任

廖　俊　康定所得税区分处税务员

夏代年　乐山所得税区分处税务员

朱咸熙　宜宾所得税区分处税务员

李宗叵　万县所得税区分处税务员

师绍先　永川所得税区分处税务员

黄大晋　万县所得税区分处税务员

曾昭晟　中央银行行员

徐开映　中央银行行员

黄　俊　所得税成都分处会计员

詹　声　所得税自流井区分处税务员

徐旸生　五通桥财政部盐务稽核总局科员

张九铭　中国工业合作协会隆昌指导员

第 11 卷第 8 期，1941 年

毕业同学消息：第十届经济系毕业同学服务机关调查

（1）四川省银行

杨泽　雷家瑞　林宏仁　邱鼎伯　许廷生　邵松乔　张继埒　王晋护　邢道祥
华有年

（2）直接税局

黄维海　李清泉　游存志　萧家辉　尹邦芬　许泽春　凌宗慧　江国涛　黄孝庆
李同高　黄宗淑　杨元厚

（3）美丰银行

雷培光　熊鼎芳　邓光田

（4）重庆银行

吴福临

（5）经济部

刘善钊

（6）社会部

蔡启仕

（7）主计处

钱承培

（8）粮食部

杨继伯

第 10 卷第 3 期，1941 年

毕业同学消息：湖北建始县合作金库经理

本大学经济系第七届毕业同学陈亨如近由三台县合作金库，调任湖北建始县合作金库经理，已于前月往该处履新。

第 10 卷第 4 期，1941 年

毕业同学消息：邱家珍等同学服务中国农民银行

经济系第九届毕业同学邱家珍、马文英、崔克纳等前考入中国农民银行，刻奉调赴

渝受训云。

第 10 卷第 6/7 期，1941 年

给经济学会成立

出版季刊正在编辑中

本大学自迁峨以来，研究空气极为浓厚，各种学会，如雨后春笋，次第成立，惟经济学会尚付阙如。该系之主任金孔章氏，以该系各年级学生人数最多，应组织一健全学会，用收集体之效，特发起各级学生筹备。兹悉该会已于本月中旬正式成立，会内组织，计分总务、学术、出版三部，现已展开工作，除在学内出壁报外，并决定出版《经济季刊》，阐扬政府经济政策，介绍中外经济学说。创刊号，刻正编辑中，不日即将问世。闻该刊内容，甚为丰富，有金孔章先生【之】《马克斯【今译"马克思"】之重要经济学说及其批评》，梅一略先生之《凯恩斯学说之介绍》，刘觉民先生之《平均地权在近代地租学说上之位置》，及曹茂良先生之《战时经济之体系》等论著云。

第 12 卷第 8 期，1942 年

经济学会改选戴钺、姚劭等当选为干事

本大学经济学会，自成立以来，会员研究兴趣浓厚，成绩甚佳，为各方所称誉。本月十三日午后二时，该会特于大礼堂召开常期大会，计到金主任孔章，及教授会员共百余人，行礼如仪后，由各部负责会务人报告工作完竣，旋请金主任训词，略谓：本人对于上届各位干事，努力工作，成绩良好，深感欣快；《经济季刊》自出版后，在社会上博得不少好评，此可告慰本会同人；本年度校中对经济系研究费，较前增加，希望各位会员在各教授先生领导下努力研究工作。词毕，其余出席各教授均有恳切训词。最末改选下届职员，兹将当选各干事姓名并志如下：干事戴钺、姚劭、黄祖钰、张克光、欧阳容、苏仁瑞、罗玉芳、曹果萱、陈志环、萧定玉、张化琛、严容英、秦起舞，候补干事陈玉美、苏克芬。

第 15 卷第 7 期，1943 年

教授动态【节略】

经济系教授梅远谋氏前赴东北大学讲学，业于上月底载誉归来，所授各科在加速讲授中，并闻教授何士芳氏所授各科之进度，亦在加速中，盖不日将拟赴渝，实地考察各大企业之会计行政云云。（元）

第 15 卷第 4 期，1943 年

本校教授题名录【节略】

胡次威

字长清。现任本校法律系特约教授。胡氏对中国民法之全部，有极精深之研究，所

著《民法总则》、《债编总论》、《亲属法》、《继承法》、《中国婚姻法》等书，均早刊行问世，而为学者所推重不已。胡氏现任四川省民政厅【厅】长，建树亦多，颇得地方人士称誉。胡氏能于百忙中来本校讲学，以作育人才，其精神实值得钦仰也。

赵人俊

字守愚，浙江兰溪人，现任本校经济系教授。赵氏在美国哈佛大学得经济学博【士】学位，归国后历任清华大学教授，国府统计室名誉顾问、本校教授兼经济系主任等职。赵氏为国内有数之经济理论专家，译著甚多，多称权威之作，颇得学者称道。

萧公叔

现任本校政治系教授。萧氏早年赴美国留学，在密苏里大学得硕士学位，康乃尔大学得博士学位。历任清华大学、南开大学、本校教授多年。萧氏对中国政治思想史及西洋政治思想史二科之造诣极深，其见解及阐发之处，在国内学术界多成定论，备受推崇。现萧氏正积极从事整理其历年来"中国政治思想史"及"西洋政治思想史"之讲稿，不久即可刊行问世。

裘千昌

浙江奉化人，现任本校法律系教授。裘氏早年在日本帝国大学留学，得法学士发微；归国后，历任国立中山大学教授、安徽大学教授兼法律系主任；民国二十五年，来本大学讲学，以迄今日，凡十余年。裘氏对民法债编之研究，甚有权威，学者多宗之；而对民、刑【事】诉讼法，及商事法规之研究，亦极深刻。所著《民法债编》之底稿，已整理就绪，全书计五十余万字，不久即可付梓行世。

吴永权

字君毅，四川成都人。现任本校法学院教授兼政治系主任。吴氏青年时代，即以才华驰誉锦城。后来东渡日本，在东京帝国大学得法【学】学士学位。复赴英国、德国，在伦敦大学、柏林大学，从事专门研究。回国后，历任国立北京法政大学教务长，政治系主任、教授，国立北京大学讲师，法制院参事，成都大学法学【院】院长，本校法学【院】院长等职务，建树颇多，为一般人士所称道。吴氏对政治学、中国政治史二科之教授，前后凡十余年，故研究精博，阐发之处甚多，尤为学者所推崇。

第 15 卷第 5/6 期，1943 年

农业经济系创始纪

未雨绸缪

民国二十七度，本校农学院即有农业经济组及农业经济研究室之设立，其时教职员共有四人，助理员及练习生各一人，教授二人，除作者担任农业金融及农产运销等课外，尚有金陵大学农经系欧阳蘋先生担任农村合作（课）。此时选读农经课程的学生很多，每班总在五十人左右，毕业论文中以农业经济为题目者有四五人，这些学生多是借读生。

二十八年度农经课程稍有增加，除经济学、农业经济、农村合作、农业金融、农业政策等课程由笔者担任外，尚添聘光华大学沙凤岐教授担任农场簿记一课，严中沙先生因事赴渝，改请何士芳先生代授课程方面除原开课目外，增开农场管理、土地经济、垦殖学、农业推广等课，并有特约教授李焯林先生担任会计学。本届农经组毕业生有十余人，论文题材多为粮食问题，毕业后大都服务于直接税局。这一年值得提起的有两件事，一为学术研究的空气非常浓厚；一为学生要求成立农经系，首先由三四年级的农经组学生组织农业经济研究会，内部工作分为二项：一为出壁报，每两周出一次，内容有学术论文、农经情况、会务报告，材料之丰富，缮写之清楚，在他壁报均望尘莫及。一为问题讨论，选择现实问题分组讨论，记得首次讨论的题目为"米价上涨之原因"，意见纷呈辩论热烈。其次陈列各种杂志书籍于研究室，以供学生阅。是年农经组毕业生约十人，高考及格者二人，继续研究者一人。

廿九年度增添专任教授一人（沈文辅），助教一人（李光治）。

卅年教员课程如上年，惟至冬季，沈文辅先生辞职改就浙大之聘，下学期课程少开数门，毕业论文题目关于土地问题者为最多，毕业生约二十余人，高考及格者五人，入地政学院研究者三人，余多服务于直接税局。

卅一年度专任教授一人，助教一人，兼任教授二人，教员人数较去年减少，所开课程亦不如去年之多，但毕业生亦有十四人，毕业论文题目偏重特产之运销问题，毕业生出路，大都均往直接税局工作。

事有必至

农经组的历史虽然不久，可是学生很多，农学院各系中以农艺系为最大，学生人数约占全系人数之半，而农经组学生又占农艺系全系人数之半，故以全院而言，农经组的学生约占全院人数四分之一。

因为在名义上，农经组隶属于农艺系，有志于农经的学生必须读完农艺系必修课程，方能毕业，可是农经学生对于这些课程，往往不感兴趣，结果读也不好，不读又不能毕业，在负行政责任方面既感麻烦，而学生也觉恼火。此其一。

农经组因为不是系，所以每年所开课程不多，学生对于农经知识不能充分获得，毕业后不论升学或作事均感不足应付，因为志在农经，对于农艺功课大多不求深【甚】解，结果非牛非马，在学生方面，诚为一重大损失。此其二。

再就出路言，各机关征求农经人才，以理而言，我们农经组的学生当够格，但学校证明书，只填"农艺系"，在前几年学校方面往往拒绝加注"农经组"字样，以致良好机会垂于失去，凡农经组毕业生都认为憾事。此其三。

由于事实上的这些困难，所以大家都希望农经组改系。最早发动的是民国廿八年多的农经学会策动，各级推派代表，记得有一天午饭后有学生五六十人往王前院长公馆请求成系，当时王院长答复彼本人极为赞成，尤为转呈校长请示，学生们乃安心上课；程校长每回由峨眉到农学院或到重庆开会路过成都，学生都推派代表同他请愿成立农经系，但终因经费困难，未能实现。

有志竟成

去年冬天各级学生又有农经成系之发动，适逢黄校长奉命主持川大，学生推派代表请求校长赞助，黄校长本着发扬川大的热忱，满口采纳，大家听了，颇为兴奋，乃由各级学生推派代表二人成立农经成系促进会，分文书、交际、宣传各股，积极进行，首由农学院院务会议通过农经组改系原则照准，在未正式成系前增开农业经济地理、农业统计等课程，并由农经组起草成系计划，计划书中举出成系理由三项：

一、农业经济在农院为各系枢纽，农艺、园艺、森林、蚕桑各系研究试验之结果，均须得农业经济之综合，其效始能益彰。

二、抗战以来，社会对于农经人才需要甚殷，诸凡粮食增产地政设施，金融调剂，地税整理，以及合作之推行，农村之调查在在需人，为适应社会需要，农经均应成系，以广人才之造就。

三、农经组历有年所，就原有基础略加扩充，实轻而易举之事。

该计划书由农院转呈学校当局，并经校务会计通过最后再由学校呈请教部，至本年度开学前数日始得部令批准。

自接到部令后，即由作者起草农经组改系计划书，内分四项：

一、添聘教职员——专任教授三人因部令规定专任教授至少三人方可成系，助教一人，助理员一人。

二、开设各必修几选修课程。

三、添置设备。

四、补招新生

经校长核定后，乃于九月下旬正式成立农业经济系。

现况可观

农经系现有专任教授三人，即刘世超、王益滔与作者。王先生尚未到校，刘先生久已来校，但因中训团工作甚忙，一俟国防十年计划审查完竣，即可启程。在未到校前，请由金大农经系主任应廉耕先生暂代。特约教授四人即董时进、刘伯量、徐蔚南、承正元四先生均已到校上课。助教二人，即李天福、谢晖二先生。

本期所开课程，除选读他系功课外，纯粹农经科目共有十余门，即经济学及农业经济、农业金融、农村合作、农产价格、农业统计、农业政策、会计学、农场管理、农村社会学、中国农业经济问题、土地经济系、农产贸易等。

学生人数，因一年级新生入学考试时，多填为农艺系，迄今尚未分别登记，故本系人数无法统计。惟据目前估计，大约四年级有二十余人，三年级有四十人左右，二年级有二十余人，一年级约有四五十人，总计全系学生约在百人以上。

前程远大

农经系就如初生的婴儿，许多事正待推行充实。据作者之意，欲使农经系发扬光大，必须做到下列几桩事。一、训练学生学习能力，使每个学生：（一）中文至少要通顺；（二）外国文至少学一种能看能写。二、提倡学术研究精神。三、师资优良。四、与机关团体合作举办各种经济调查。根据这个认识，我们计划在最近的将来举办下列数事。

举办学生中西文竞赛，尤其一二年级生在此阶段对于中西文字务须加紧用功。

扶助并指导学生组织学术研究会出版壁报或其他刊物。

鼓励学生阅读参考书并作研究报告。

利用假期举办农村调查。

与四川省银行合作举办川省农林畜牧调查。

试办农民服务处。

照例，农经系在各大学农学院中，是最大的一系，人数最多，出路也最好，本系成立后，据闻有许多学生都要转入本系。将来的发展，不卜可知，作者已尽孕育栽培之微劳，希今后大家共同爱护扶助，他日枝叶扶疏，不特本校之光，亦社会之称也。

第 17 卷第 8 期，1945 年

新都校友近况

新陆军军官预备学校本期新聘大批本校毕业同学担任教官，颇受学生欢迎。此外在新服务之本校同学，有田粮处处长陈恒容（八届政治系）、民众教育馆馆长魏绍勋（十届教育系）、县中教务主任马昌龄（五届生物系）、省银行办事处主任张起煌（十届经济系）等二十余人，经常均有聚会，感情颇为融合。

又悉本校十二届政治系毕业同学韩如祥君现任新都直接税局课长兼陆军军官学校教官，韩同学作事干练，颇得该地一般人士之好评云。

第 17 卷第 6 期，1945 年

本年度教授阵容一般【节略】

法学院

经济系：

彭迪先（兼系主任）

刘泽膏　张先辰　周伯棣　胡寄聪　陶大镛　赵守愚

农学院

农经系：

刘运筹（兼系主任）

曹茂良　朱剑农

第 18 卷第 3 期，1946 年

经济学系现况报导

法学院经济系不仅在本大学为"大系"之一，即在全国各大学经济系中，恐亦将首屈一指。人数既多，业务亦繁。过去已令人有为者不"困"之感，及至去秋彭迪先教授自武大转就川大教职并兼理系务以来，工作愈益增加。本系特点，约言之，有三多：

一、学生多。本系一年级生一百三十九人（男生一〇六，女生三三），二年级生一百零六人（男生八八，女生一八），三年级生一百零二人（男生八四，女生三二【编者按：三年级男女人数相加后与总人数不符，但原文如此】），四年级生九十九人（男生八

五，女生一四），合计四百四十六人。平均每班有一百一十一人至之多。

二、课程与教授多。四个年级合计，本系课程共三十八种。就中必修课程占十五，选修课程占二十三。除共同必修科外，本系所开必修课程，计有：经济学、会计学、统计学、货币银行学、西洋经济史、中国经济史、经济思想史、财政学、经济政策共九种。选修课程计有：现代经济学说、高级经济学、英文经济名著选读、土地及农业政策、商事法概论、银行会计、高级会计、地方财政、会计报高告分析共九种。课程堪称完备，合乎标准。至于教授，本系有专任教授七人，兼任教授二人，兼任讲师一人，共计十人。

三、工作多。A. 会计练习：本系一、二、三、四年级各种会计学，每周各作练习一次，由助教二人负责批改。

B. 统计练习：本系二年级统计学每周作练习一次，由助教一人负责批改。

C. 计算机实习：本系加添计算机实习，现由三、四年级学生补习中，以后再由一、二年级实习。每一学生皆有实习机会，务期人人均能运用纯熟。

D. 管理图书：本系利用学校分发之设备费购得图书百余册。由系保管，供本系学生之用。四年级学生因须作毕业论文，借者甚为踊跃。甚盼今后能多多置备，使本系学生可利用之"精神食粮"得以日趋充实。

E. 编制物价指数：成都为国内较大消费中心之一，物价指数之编制，甚属重要。此种指数之编制，实为本大学经济系应负之责任。本系现正发动二年级生分领调查本市物价（包括零售及□售价格），由系按月编制物价指数，印发各方备用。

F. 协办经济研究部：本大学西南社会科学研究出于上期末增设经济研究部，准备对四川经济问题作较有系统之研究。并拟对各部研究工作制成报告，供各方参考、采择。一切均由本系负责协助。现并发动本系三年级生协助调查、研究。积极筹备，将及一月。工作已于三月一日正式开始。

本系人多事繁，俱如上述。以是颇有易于见过，难于见功之感。所幸半年以来，全系师生感情和谐，研究空气且日趋浓厚。撮要言之，略有数端：

一、本系教授们常相过从，均愿对系务努力，相期以充实本系，发扬川大精神。

二、本系各教授各级级会常有欢聚，并已发现若干天才剧艺家。

三、本系各级学生所组织之经济研究学会，现正举办中国经济问题联【连】续讲座。已讲座第三讲。此后将继续邀请经济学专家任中国经济问题之专题讲演。

四、经济研究学会创办一经济研究月刊，创刊号已编辑就绪，月内即可问世。

五、其他小规模之讲演会、座谈会、读书会，有如雨后春笋，不胜列举。

最后谨标揭三点愿望，愿与本系师长同学共同努力：

一、希望校方及本系师生其为充实本系课程、图书、设备，提高本系声誉，而努力不懈。

二、希望本系学生阅读外文著作之能力，在相当时间内得以逐渐提高，并进而谋本系学生程度之一般提高。

三、希望本系已毕业同学，或在校学生志趣高远，勿过于现实。十年后本系教授，最好由本系毕业生担任。

第 20 卷第 2/3 期，1947 年

经济系概况

本系办公室

本系学生人数，素来较多，本期仍保持以往纪录，一年级新生为一百二十人，二年级一百二十九人，三年级一百七十八人，四年级一百一十八人，合计五百四十七人。因人数众多，系务较为繁冗，诸如教授之延聘，课程之开设，图书设备之充实，各项实习之举办，以及一切经常工作之□动等，均属特别繁重。本期系务，由吴院长兼任。开学以来，各事均已次第办理，兹就其荦荦大者，略述一二。

本校教授阵容，与上期无甚变更，惜张先辰教授返乡离校，未能续为本系学生授业解惑，此外则无更□。计专任教授有彭迪先、谢荣康、黄宪章、李光忠、杨伯谦、刘泽膏、林如稷等先生，兼任教授有杨东莼、杨佑之、何幼农、钱德福等先生；所授课程，专任每周至少九小时，最多如彭迪先、杨伯谦、谢荣康三先生，每周授课十二小时，超过额定之时数，亦可见诸先生之不辞辛劳矣。

诸教授中，仅林如稷先生系本年新聘，林先生在各大学任教多年，士林感知，固毋庸介绍也。

本系经济学一课，开设几遍全校，若分别讲授，须开十余班始能容纳，现虽尽量合并，亦共开七班，且每班有几及二百人以上者，岂经济之重要，已为知识界所公认欤？

计算机之运用，为本校学生必具技能。自前系主任彭迪先先生指定助教一人，担任指导实习以来，同学极感兴趣，本期仍继续办理，现已开始实习。又会计、统计二科，本系素重实习，以期学能致用，此项实习，现已开始。至习题之评阅，期仍由本系助教担任。

本系举办之成都市零售物价调查，工作年余，迄未中断，本期仍旧办理，此项资料，倘能积之□远，实具有珍贵之价值也。

图书方面，现有一百余册，业自上周开始接触，学生借阅，颇为踊跃。惜专门参考书过少，不能满足各同学求知之需求，故图书设备之充实，当为本系今后努力之方向也。

第三部分 川大所办经济学、商学期刊选编

《经济科学》

编辑及发行者：国立成都大学经济学会

编辑略例

1. 本刊为国立成都大学经济学会出版刊物，定名曰"经济科学"，每三月出版一次。

2. 本刊持客观态度，用科学方法，研究经济学理，分析经济现象，及介绍一切经济学说。

3. 本刊内容分：A 论著　B 批评　C 译述　D 调查　E 讲演　F 通信　G 其他

4. 本刊稿件，文言语体，均行接收，但须缮写清楚，并加标点符号。

5. 投寄本刊文稿，如系翻译须注明书名、著者及其篇章页数。

6. 投寄本刊之稿，无论登载与否，概不退还，但上一万字并预先申明在例外。

7. 会外投寄本刊之稿，一经登载其著者，除得欢迎为本会名誉会员外，并增本刊一册。

中华民国十八年□月出版

第一期

目录

1. 怎样研究经济学　　　　　　　　　　　　　　　张表方
2. 论经济科学　　　　　　　　　　　　　　　　　王宜昌
3. 资本主义经济与社会主义经济概论　　　　　　　苏友农
4. 资本主义经济组织下之怪现象　　　　　　　　　萧铁峰
5. 马克斯主义概论　　　　　　　　　　　　　　　张与九
6. 唯物史观研究　　　　　　　　　　　　　　　　无我
7. 财富是什么　　　　　　　　　　　　　　　　　王文彝
8. 劳动者的财富　　　　　　　　　　　　　　　　谢熟和
9. 解决中国目前经济问题的着眼点　　　　　　　　杨逸子
10. 利加图分配论之研究　　　　　　　　　　　　　张与九
11. 中国经济之危机　　　　　　　　　　　　　　　滕临江
12. 关于中国土地分配的统计　　　　　　　　　　　凌空

13. 外国汇兑价格变动的观察　　　　　　　　　　　周子龙
14. 货币经济概念与经济之发展进化　　　　　　　　沈月书
15. 产业革命后之新自贡　　　　　　　　　　　　　无放
16. 中国田赋变迁之史的观察　　　　　　　　　　　松云
17. 中世纪的基尔特　　　　　　　　　　　　　　　王宜昌
18. 韩非子的经济思想　　　　　　　　　　　　　　隽灵
19. 帝国主义发生之必然性　　　　　　　　　　　　黄纲祖
20. 由辅币说到中国铜圆　　　　　　　　　　　　　何正明

怎样研究经济学？

（本会成立纪念日张校长表方先生讲演）

今天是经济学会成立的日子，我很感觉到这是一件极其重要的事情。因为我们研究学问，原贵乎自动，教师不过是一个指导研究、解答疑问的人，绝不能给我们好多学问的；大学内面，尤其是这样的。因此，今天这个经济学会的成立，才是大家求学问的开始，或者说求高深学问的开始！

但是经济学会成立后，不能说就可以得学问，也不能说只要会内的人勤快用功，就可以得到，都有它特殊的研究门径，单靠普通方法还不成功。

对于经济学呢，据我所想到的，在大体上，应向着这两方面努力：第一是经济学的理论；第二是经济学的实际。

说到经济学的理论，大家必以为就是通常在课堂上所讲的那些讲义本子，其实这不尽然。我们应该晓得现在的经济学有两种，就是资本主义经济学和社会主义经济学。前一种是以亚丹·斯密为始祖而发展下来的，后一种是以嘉尔·马克斯为始祖而发展下来的。研究那一种合乎科学些呢？这不是一个容易解答的问题，但我可以比较的说一个大概。

第一，资本主义经济学在生产、消费、流通、分配各个部分中，虽各有其法则，然而不见得正确，且不免有各部分散乱、孤立之嫌，实在不如社会主义经济学那样有正确地说明各部分的法则且又有概括全部分的法则，以组成一个很严整很精密的完全的系统。

第二，资本主义经济学所研究出的结论，一则多属于表面，再则没有紧严地抓着时间性；不像社会主义经济学那样，把我们的现代社会即资本主义社会作了一个深刻的分析，认识出资本主义的生产法则，使我们了解资本主义是什么一回事，帝国主义是怎样长成的。

第三，资本主义经济学是一种静的研究，即是说它惯研究死体。社会主义经济学就不然，它用动的见地，用辩证法的方法，对于资本主义的生产作横的解剖外，又作纵的解剖。我们因而得了解资本主义的产生、发展、衰老，和它给我们所孕育出的新社会形态——大同的共产社会。换一句话说，就是它指出经济制度的新陈代谢，人类生产之进化。

总括起来说，资本主义经济学只能给我们一些经济常识，零碎的经济说明，并不能给我们以整个的生产法则、生产组织的系统知识。在这个见地上说，或者站在科学方法的见地上说，简直可以肯定说资本主义经济学还未形成一个很完全的知识，像物理学、化学那样。可是社会主义经济学就恰恰与这个相反。

讲到这里，我想一定有人要说：马克思的社会主义经济学是一个很危险的东西。研究社会主义的经济学，不会变成共产党吗？殊不知我们是研究学问，不是去加入政治团体。我们研究学问的人，只问是真理不是真理，合科学不合科学，绝不应该因为避免时忌，就不去探讨经济真理。并且社会主义经济学近来在各国大学中，都也有多人研究它了。即如戴季陶先生翻译《资本论解说》，胡汉民先生介绍马克思《经济学入门》，并不能说他们就是共产党。"反共"是另一问题，我们不能拿反共来作为一种遮蔽真理的成见。这是大家在研究经济学理论时，应该注意的。

现在我们说经济学的实际。

大凡研究一种学问，一方面是为求真理——认识围绕我们的一切现象；一方面是为应用，以企图丰满我们的生活。但无论在那一方面说，我们不能抛弃了当前的实际，而只在书本子里去研究陈说。要把已有的道理深切了解，必定要用实际去对照它。要使我们的学问是活的，切于应用，更非研究实际不可。这也是科学所昭示于我们那种不因袭，不保守，要求新，要前进的精神。

实际是什么？就是当前世界经济现象和中国经济现象。因此，我们要分成三步来研究。

第一，研究世界的经济现象。中国是世界上的一部分，我们中国人，同时又是世界上的一份子，所以中国和我们个人的一切，都是不能离开世界而孤立。因此，必要了解：现今世界的经济是何种组织，何种制度？它是怎么样到现今这个地位？其趋势如何？——就是说，世界经济在向着那方面进行？

第二，研究中国的现象。这个问题更复杂了。我们要懂得：何以中国几千年来的经济没有什么变动？何以不能产生资本主义？现在工业经济和农业经济在中国的形势怎样？中国资本主义已到何种程度？又有无发展的可能？军阀官僚资产阶级与帝国主义的经济关系如何？要怎样才能发达生产？发达生产又应采取何种经济制度？还有如像民众的经济生活，其受压迫剥削的状况，都是急须注意的。

第三，研究中国与世界在经济上的关系。那就是这一类的问题：帝国主义侵略中国的状况、程度、方法和趋势。中国是否已在世界资本主义的笼罩下？世界资本主义的崩溃，对于中国的关系如何？共产在欧美有了经济基础，中国也是否要跟着一路走？

此外，像俄国的经济情形，也是应该深加研究的。俄国经济过去如何？现在如何？什么是新经济政策？新经济政策的性质和趋势，也要同样地弄一个清楚。

若是像这样去研究，对于这些问题都了解，那末，我们所研究的经济学，才是活的，真的，实在的，且非常合用。同时，我们还要知道现在是资本主义反对共产主义，共产主义反对资本主义最显著而激烈的时代，差不多像到短兵相接的阵势了。我们只有明白上面所说那些问题，才能够理解它们的曲直是非，世界情形，而决定我们自己的态度和中国的前途，使将来能够在一个光明大道上走，不致误入歧途或没有进步。倘若对于经济真理不完全知道，对于实际不懂，那就是把经济学古董化了。那种经济学者，只可说是一个经济学的考古家罢了，或者还简直配不上说经济学者咧！

经济学释名

青 晋

"经济学"（economics）这个名称，是沿用日人的释名，而不是创自我国的。我国从前虽有"经济"一辞，而其意义则与近代经济学的内容甚不相同：前者含有"经世济民"的政治意义，后者则以研究"遂欲厚生之道"为其主要的企图。

严复译《原富》时不谓之曰"经济学"，而谓之曰"计学"，且从而为之辞曰："译此为'计学'，而不曰'理财学'，亦自有说。盖学与术异，学者考自然之理，立必然之例；术者据既知之理，求可成之功。学主知，术主行。计学学也，理财术也，'术'之名必不可以译'学'，一也；财之生分理积，皆计学所讨论，非'理'之一言所能尽，二也；且'理财'已陈言，人云'理财'，多主国用，意偏于国，不关在民，三也。吾闻古之司农，称为'计相'，守令报最，亦曰'上计'，然则一群之财，消息盈虚，皆为计事，此'计学'之名所由立也。"然严译之名偏于财富方面而略与人之关系，又重以近世以来，此学之范畴□广，远非"计学"一名所能兼包，故"计学"之称，严氏之后，从者盖寡。

反观希腊，凡其人所有妻子、奴隶悉谓之曰"ecos"（oikos）；其管理之法则谓之曰"economics"（oikonomiky）。训释其义为"家庭"（oikos）、"管理"（nomos），即治家之术而已；其后拉丁语沿其意而恢张之书为"Economia Politica"，即英语之"Political economy"，便又含有"政治经济"的意思了；近世以还（十七世纪至十八世纪），研究"经济"之学问渐成专科，由是治是学者，始授用希腊字"ics"为其语尾，以表示其成为专科之意义（即由术而学之意义）。

论经济科学

王宜昌

（一）

经济学是一种科学。经济科学和其他科学一样，都是因为现象形态与事物的本质间的不直接一致，而为阐明事物的本质，明白理解事物和其现象形态的关系法则的必然和必要而产生的。

一切科学的产生，是人类生存竞争于自然界，由变动自然界的行动而发生对于自然物彼此关系的区别之认识。此种认识自然的科学，与人类变更自然的行动相因而存在、变化、发展。同样，在别一方面，科学作用的性质上，常为人类变更自然的行动所限制。

所以古代的经济科学，局限于人类变更自然的行动（原始的生产力，简单的生产方法，简单的生产关系），只能产生粗陋的经济科学的理论。用近代科学的眼光看来，只是零碎的一些经验罢了。

这种古代的经济科学的片断理论，是不见于记载。不过我们的推论可以知道是如此的。有记载了的古代希腊柏拉图、亚里斯多德、宰我峰（Xenaphon）的经济科学理论，到（倒）多近于事物的本质的关系。但是片断的理论和玄想的理论，这局限于当时的人类变更自然的行动，是使他们的理论不足完成经济科学的。

罗马的人类变更自然的行动，比希腊进步不多。罗马的经济思想——即经济科学之粗形——只随政治的人类变动自然的行动的结合，而反复讨论希腊柏、亚二氏之理论，而更以人类经济活动隶属于政治而已。

中世纪的人类变更自然的行动，因蛮族之侵入而退后。且在基督教的神学基础上，建立圣法学者艾奎纳（Thomas Aquinas）的经济科学理论，【即】神学的经济科学理论。

十字军以后，人类变更自然的行动向前迈进了。因之希腊柏拉图等的理论，又重为人们所学习。

十六世纪至十八世纪末叶，人类变更自然的行动，更加向前进展。货币经济变更了人和人的变更自然的行动。政治家的重视货币的重商主义，也不是有组织、有系统的经济科学理论，而只是自然经济时代进化到货币经济时代的过渡思潮。

十八世纪的重农主义，【因】反对重商主义的流弊而兴起。系统化的思想，是初期资本主义下的人类变更自然的行动的有系统的反映。

资本主义经济下，人类变更自然的行动，更益加大。同时，人类认识自然的需要，日益迫切，认识自然的方法，近时所称的"科学方法"，遂出现了。

而且人类变更自然的行动的结合，人和人的社会劳动关系，在资本主义之下，是更复杂的关系，是更须得要明白的科学去阐明它的本质的关系。新兴的科学，倒无能力过问此事。于是亚丹·斯密士（Adam Smith）于其道德哲学系统中（可见之于其著作《道德情操论》），建立起最后一部分的政治经济学（简称"经济学"）了。

近代科学的定义，有一种说法是"系统的智识"。亚丹·斯密士的政治经济学，确是系统的整理历来的片断经济科学理论的。

（二）

资本主义社会的社会关系，是随着机械的发展而更复杂了。在资本制大量生产之下，大宗的商品和原料，因为系私人经营，而为自己利益计，是不得不研究经济方法了。

在过去的生产中，人类变更自然的行动，多是社会的事业和干涉的行动。这是限制个人的自利行动的。而且过去的国家经济，常在侵掠【略】战争上和强取租税上着想。即是重商主义的经济，也只是欺诈夺取财物。这样，经济科学的发展，只能限于片断智识的经济思想（Economic thought）而不是经济学（Economics or Political Economy），更说不上经济科学（Economic Science）。这是经济科学发展的第一阶段。

亚丹·斯密士继承其师赫起孙氏的道德哲学，而特别发挥光大其最后一部【分】的经济思想。一七七六年亚氏公表了他的名著《国富论》，是为经济学成立之始，而亦经济科学发展的第二个阶段。

亚氏的主张，是个人主义的经济思想，多是人所道过的。亚氏的价值，不在于其独唱学说，而在于其集大成的统整思想。依照那时产生的简陋的科学方法，和其自己的哲学方法，组织成为一个系统的智识。这个系统的智识，被称为"富的哲学"，是说明富的性质及原因的。在理论上明白地确认资本主义的生产方法，在实际上以为资本主义的个人自由活动的结果，自不期然而增进社会的福利：A. 因为个人自由活动，可使生产增加。B. 因交换自由，使大家可得平均分配。国家不须干涉个人生产。这是自然的自由主义（Natural Liberalism）。

美利坚的独立革命，与法兰西的人权革命后，第三阶级独占自由。因而反抗第三阶级自由的社会主义空想（兴）起了。马尔萨斯（Malthus）反对空想社会主义者高德文（Godwin）与康多塞（Condorcet），而于一七八九年匿名公表其第一版的《人口论》。其第二版《人口论》里，更根据事实，减少了许多玄学的独断。他的经济学，被称为"贫的哲学"，是说明贫的性质及原因的。在理论上明白地确认资本主义的分配方法；在实际上以为资本主义的分配，是自然的永久的分配方法，由人们的自由活动的结果，自不期然而增加社会的福利的。他认为资本主义为"天经地义，万古不灭"的原则。比亚丹·斯密士主张资本主义由进化来，仍可向前进化，独断多了。

黎加多（Ricardo）氏更进一步：马尔萨斯以为人类与贫穷是结合在自然法则上面；而黎氏的分配论，更进一步主张贫穷加在大多数的无产阶级上面是对的。其地代论、劳银论、利润论都是拥护资本主义而牺牲劳动者的。其劳动价值说，到【倒】开了以后经济科学的一个锁键，然而他也以为根据经济上法则不得已的现象，把剩余价值正当归于资本家了。

亚氏、马氏、斯氏三位经济学者，把经济学完全建立起来了。经过边沁（Bentham）的功利主义，法律、政治与经济结合更密切。

大穆勒（James Mill）把经济学划分成为四个部门：一是生产论，二是分配论，三是交易论，四是消费论。这样一分，分配论里的劳银，活生生的与交易论里的商品分开了。然而以后的经济学者，是多宗奉如此支离灭裂的分割学问的。

小穆勒（John Stuart Mill），马克思称他为"开了一双眼睛的"经济学者。他是资本主义与社会主义思想过渡的代表人物。他在初年笃奉资本主义经济学，在中年则为人道主义者，在晚年成为赞同社会主义的人了。他的不彻底的思想，在生产论里把资本主义生产法则看作永久的自然的；而在分配论里把则把资本主义分配法则看作一时的历史的。这样的把生产与分配支解分离。这种支解分离一切学问为各自独立的部门，这是第二阶段的科学思想所造成的，即第二阶段的经济科学造成的。

（三）

十八世纪以来，资本主义更向前发展，十六世纪以来发展的科学方法，是理解不了社会现象（的），如上所述的经济学所表现的。到十九世纪，科学方法便更见发展了。社会主义者们，支节的各自批判旧的经济学，利用新的科学方法——发展了的科学方法——来建立新的理论。同时，在社会科学里，批判一切以旧日的假科学方法——实在说是科学方法不发展，不足以处理复杂社会现象，而由哲学方法所处理的冒牌子科学方法——研究得来的社会科学。在有些资本主义学者【看来】，他们在学问上有高深的研究，也明白资本主义的经济学的不对，而提出支节的改良和修正。这一些学者们，均局限于那时的经济缓慢的发展和科学方法的不完备，只是半开眼就完了，只是空想就完了，只是情感主义就完了，而不能再进一步。

阿文、圣西门、傅立叶、高德文、普鲁东、斯体纳、巴机宁等等社会思想家，都有其片断的经济科学理论。

已经说过的，小穆纳【穆勒】对于资本主义经济学，是要改良修正了。奥国的心理学派和德国的历史学派等等对于古典派的经济学——亚丹·斯密士以来的美国派经济学——也多所修正。固然他们多有片断的经济科学理论，其根本上仍是资本主义的经济学的。

即是【使】他们否认资本主义社会经济之特殊法则，而确认为永久法则，他们的学问不过是常识的罗列罢了。

社会思想家普鲁东的经济思想，在其整个的方法上面，仍然是科学方法——未发展的科学方法，只适于自然科学的方法，在社会科学上为哲学所假冒了的方法——而把经济抽象成几多范畴，当作一定不变的范畴，把此种范畴，排列成一个联系的思想系统就了事。

这样的抽象了的经济的范畴，资本主义的生产关系中的分业、信用、货币等等，成了固定、不动、永久的存在，而远离于实际，而成为纯粹是自己发生与现实无关系的诸观念。

这些经济学上肯定资本主义经济法则的永久性的见解，是人们变更自然的行动，是生产力、生产方法的发展，是科学方法的发展所局限了的。

而这些□【多】情的社会主义者，则在此种无可奈何的资本主义经济法则肯定之下，建立其幻想的乌托邦了。

（四）

资本主义生产力的发展，愈到资本主义后期，速度愈大，进步愈大。这个变化的速度，是引起人们不得不以对待自然科学的客观的研究方法去研究社会科学了。社会科学的一般的对象，是繁复的社会现象，发展了的资本主义生产力，使生产方法和生产关系更加复杂。这种变动的复杂的社会现象、社会关系，根本的是人和人的关系，是有人类意识的精神作用存在其中的。自然科学研究对象的自然界，是纯粹的物质的变动。所以研究自然科学的科学方法，今日一般人所称的"科学方法"——哲学家们以为不能用此以处理社会现象，因而承认社会现象只是人类心理作用【的】结果，因而以社会现象为法则可寻的（其实此种科学方法，是自然科学上的一般的科学方法，是不恰合于社会科学上的）——只能在自然界合用。而在社会现象上，则只有让哲学的假科学来冒牌。因而在十九世纪中叶的科学思想上，社会科学成不成为科学，是成了大问题了。

然而有深刻的科学素养，而又要求明白认识社会现象法则的人们，和不以资本主义经济和经济学为满足的人们——社会主义者——是努力去认识社会的真正关系和努力求得认识的工具——新科学方法的。

新的科学方法的发展，是建立在旧的科学方法上和一切旧的认识经验上的。旧的哲学方法的发展，随着资本主义经济的急速发展，而成了黑格尔的进化的方法。黑格尔是个哲学者，他以为一切事物的变动的复杂的现象关系，都是理性自身的辩证法的发展。他抽象了一切事物变成了理论的范畴，同样得到抽象状态上的运动，纯形式上的运动，运动的纯理论的公式。在此运动的理论的范畴内找出一个一切事物的实体——黑格尔谓为"理性"。因而在运动的理论的公式里，找到一个不但单是说明一切事物而犹包含着事物的运动之"绝对的方法"。黑格尔谓此方法"是被任何客体都不能逆抗的绝对、唯一、最高、无限的力量；这是在一切事物中想认识自己的理性的倾向"。

黑格尔依据其广泛深厚的历史学、哲学的研究，以为这个方法，"即是运动的抽象。运动的抽象是什么呢？这即是抽象状态上的运动。抽象状态上的运动是什么呢？这即是运动的纯理论的公式，或纯粹理性的运动。纯粹理性的运动是由什么而成的呢？是由定立自己，对立自己，组成自己，即由照着措定，反措定，综合等而规定自己而成的；或则更换句话说，是由肯定自己，否定自己，否定自己的否定而成的"。

这个运动的进化的学说，打破了历来静止的不变的学说。然而理性自身，是决定于物质的。赫尔德连堡攻击黑格尔，虽未如此中的；而新科学方法的发展者，菲迪南·因倪斯（F. Engels）和卡尔·马格斯【马克思】（K. Marx），却如此地推翻了黑格尔的方法，揭去了它的神秘的面幕，而颠倒地如其实际地发展了新科学方法。

他们说明一切事物的运动，只是独立于人类意识——理性、精神之外的物质的运动。此运动是由肯定自己，否定自己，否定自己的否定而成的。他们把自然科学里的规律性应用到社会科学里，他们发现了社会的各种规律，他们的新的研究方法是：

（一）研究客观的实际——从具体的事实中发现固有的必然法理而不凭空去想。

（二）研究全般的实际——以社会整个的现象为对象，不作孤独的分裂的观察。

（三）研究实际的运动——分析事物之纵的连续而探讨其变化的关系，不独研究固定的静止状态。

（四）用事实检证理论——科学的理论必与事实相合，所以事实足以鉴别理论，理论必用事实来检验，而且应当具有实践性。

（五）用行动发展理论——以觉悟实践已有的理论，并从而积聚经验，获得新的智识。

这是适合于一切事物的研究的科学方法。不仅是适合于自然界，更适合于社会现象的研究。这即是辩证法的唯物论。

由此，由片断的经济思想，系统的排列事实的经济学，到达了阐明现象形态与事物本质关系的经济科学，成就了经济科学发展的第三阶段。

（五）

经济科学所处理的现象形态与事物本质关系——研究对象，为人们社会的经济活动，即人们生活而必然的一定的加入于那独立于人们意识之外的社会的生产关系。而其目的，则为"人类需要及以人类精力之可能的最少的耗费来满足此种需要的方法之研究"。所谓"社会的生理学"。

历来的经济学教科书上所下的定义，谓为"研究财富的学科"等等，不【过】是表示其"不科学"与"无社会心"罢了。

社会的生产关系，是人和人为生活而劳动以变更自然、采取自然的社会劳动关系。

在这个劳动关系的采取自然的生产方面的形式，决定了消费和获得消费的手段的分配和交易等关系。固然消费的心理的欲望是使人去生产，然而生产却是限制消费的；在生产发展的时候，生产又是提高消费欲望了。所谓地位的特殊欲望，是可以如此解释的。

过去的经济学，把生产、交易、分配、消费各各【自】分开，以为彼四者各自有其独立的特殊的法则，可以各不相关，而且或者为永久性的，或者又是历史性的。这只不过是玄学方法的——（一）主观玄想；（二）观察孤独；（三）只究静态；（四）不用证明；（五）不作实践——研究结果。只是些玄想罢了。

经济科学的目的，在最终的是求得以最小耗费得到满足的最大的物质幸福的消费。可以说生产是充分的消费的手段，交易是容易的消费的手段，分配是平均的消费的手段。而消费是内心的，生产是外物的，消费实为生产所限制；但是生产、交易、分配和消费，是整个的密切关系的全体的各部，是不能分开的。【这】是明白的事。

理解现社会的生产关系，在现社会的人们【来看】是必要的。而且理解现社会的生产关系，是理解过去的各阶段的生产关系的一个锁钥；犹之如人的解剖，是猿的解剖的一个容易的锁钥。

要理解现社会的生产关系，不在于把捉现象形态就了事，而在于把握事物的本质而加以理解。过去的经济学者只把那现象形态——像煞有介事的加以学术名词——不出一步地记述出来，他们的学问经济学，所以只不过是常识的罗列。就是他们对于各种社会形态的发展，退缩或变化【为】所谓"历史的发展"有所理解；但常基于一面的理解，认为自己所住的社会是最后的穷极的东西，那过去的一切社会形态便单为达此穷极目的的手段，而失去独立的存在。他们以观念的现象的批判为出发点，他们去理解欲望，去说明社会的生产关系。这些都不过是唯心论者的见解。

人们变动自然的行动的生产关系，是规定人们的生活情态的。而这个生产关系的事物，是变动的，所以人们经济上的法则是变动的。这种变动的法则，黑格尔有名的"量的递变成为质的改变"是适用的。这个法则，是各种事物的变动的法则。协作的工人数目的增多，因而由基尔特手工业的生产变成工场的生产了。协作工人的量的变化，变成生产的质的变化。此其一例。

我们理解现社会生产关系的出发点，第一是独立人们意识之外的物质的事物，第二是我们变动自然、采取自然以营养生活的财富，第三是由财富的获取的人与人间的关系。

独立于人们的意识之外的财富，是人们的劳动创造的，是为生产力所限制的；其性质与数量，而又创造人类的欲望；一个欲望的满足，又生出更高程度的一个欲望。这个财富在社会上所表现的关系，是社会的劳动关系，是生产关系。所以经济科学的研究，其最终目的虽在于经济的消费，而却要从财富的生产研究起首，而更要从财富的本身运动——物质的运动研究起了。

现社会的财富，都是商品。财富只是商品的堆积，商品是财富的单位，所以商品是经济科学研究的起始。

商品的运动于现今社会，是资本的出发点；商品的运动于现今社会，是社会的交换关系。故在今日资产阶级的商品社会的最简单、最普通、最多数、最常见的亿万回中可以观察出来的关系，是商品运动的交换关系。这便是资本主义社会的细胞。

从这个外物的财富的商品研究分析起，即从商品的运动分析起，卡尔·马格斯完成了经济科学的研究，发现了经济科学的法则。

一切社会的关系，建筑在生产关系上面，卡尔·马格斯更进而发现了一切社会科学的根本法则。

卡尔·马格斯发现的经济法则和一切社会法则，此处不详述了。

他的经济科学法则，不是反【对】于经济科学最终目的的经济的消费，而乃是使人得到去明白认识经济法则，而得到最终目的的经济的消费。所谓自由，是把握住一切自然界、社会界事物的法则，而服从于法则而利用法则的。

（六）

经济科学的发展，由片断的经济思想，到系统的智识排列的经济学，而到达了真实地阐明经济的现象形态与其事物本质的经济科学了。人们从经济科学上去理解社会的生产关系，而努力去求得最经济的物质幸福。这是人们的生存的欲望啊！努力罢，由经济科学而理解了现在各种困厄我们自己的真实的事象的人们。那些困厄我们的真因，并不是因为土地太狭，人口太多，外国人太横暴，也不是因为我们不努力，这完全是横在我们眼前的现代社会组织必然会发生的事象。如我们要免除这些困厄，如我们要求得最经济的最美满的物质幸福，无论如何，我们觉得只有以革命的手段破坏这些社会组织。

这是谈经济科学的结尾。

一九二九年五月三日

作者收尾几句话——作者如果在文中理论不充分，或致谬误的地方，作者以为读下面这几本书，是一定能令读者满意的。作者本文中多有引用文句等，为免麻烦，一律未注明出处，不敢掠美，特此申明。

A. 论文

1.《哲学的贫困的拔萃》（载《思想月刊》第二、三两期）

2.《科学方法的产生》（载《科学思想》第十期）

3.《科学方法的发展》（载《科学思想》第十三期）

4.《经济学的哲学与逻辑》（载《光华期刊》第四期）

B. 书册

1.《马克斯主义经济学》（河上肇 著）

2.《面包略取》（克鲁泡特金 著）

3.《社会组织与社会革命》（河上肇 著）

4.《社会变革的必然》（河上肇 著）

5. *The student's Marx*（By Edward Aveling）

财富是什么
王文彝

一、早期的财富观念——重商派——重农派

二、财富的界说

三、近代的财富观念——经济财——经济财或服务的价值

四、财富与富的区别

五、财富与财产的区别

人们在经济活动的进程中，最普通而最流行的观念，便是所谓"财富"（Wealth）。"财富"是什么呢？这个问题，的确非常的重要，因为许多混乱思想，曾由之而生，这些思想，流行国中，对于民众的生活，具有极大的影响；所以研究经济学的人们，于这个问题，实不容轻易放过。近年来各国的经济学者，曾将这个问题，仔细地探讨，实际上，他们毕竟求得了它的正确意义。

早期的经济书籍，常称经济学为"财富学"（Science of Wealth）。但那时对于"财富"的意义，却还是异常的暧昧。美洲发现后，欧人由那里运回了大量的金银，因而惹起了彼洲人士对于经济情况热烈的留意。当美洲尚未发现之前，旧大陆的贵金属，尚觉不敷应用，及与美洲交通以后，贵金属源源而来，显著的变化，就是欧洲列国商务的繁荣，有一日千里之慨，所以当时的政治家和留心经济状况的人士，都毫不迟疑地认定谋国的要图，在求货币（money）——或金银等贵金属——的增益；且惟有货币才是财富。因此，他们皆力谋货币增益的方术，以贡之于国而施之于政。这种风气，在欧洲列国中异常的流行，尤以英国为最盛。他们竭力鼓吹的学说，称为"重商主义"（Mercantilism），他们所实施的政策则曰"重商制度"（Mercantile System）。

重商主义派（Mercantilists）的目的，简单地说来，即是禁止货币的输出，鼓励货币的输入。详言之：国家最要的企图，在致力于售货他国，以求货币之换得，并须极力生产本国必需之物，以图自给，而免外国货物的输入及本国货币的输出。由政府方面，制定严密的法规，管理商务，如是，贸易的比较（balance of trade）始能占得优势。换言之，国家的输出额，方能超越输入额；其差率，即表明该国财富实际上的增加。

重商制度推行的结果，自然是许多国度里，都囤聚着大量的金银。但为时未久，有些人士，便觉得国里纵有大量的金银，也不能使民生的幸福有所增益。西班牙（Spain）囤集的金银极多，而其国人的生活，比之畴昔，却依然没有什么特异的好处！且干涉之极，反动随之，于是法国重农学派（Physiocrats）的经济学者，便应运而生了。

彼辈断言"仅以货币为财富"，乃谬妄之见；且谓增益国家财富者，既非货币，亦非工业（industries），惟有农业（agricultural）发达，才是国富的增加；惟有耕稼（farming）和自然（Nature）才是极堪注重的事物；惟有自然力和自然律（Natural laws and force）才足当彼辈的考虑。因此，主张政府方面，取消商业管理，采行放任政策，美其名曰"Laissez-faire"（不干涉主义），但此说亦陷于谬误，而不能获得吾人的赞许。

亚当·斯密（Adam Smith）于一七七六年刊行的《原富》（*An Inquiry into the Nature and Cause of Wealth of Nations*）为创建经济学之第一部有系统的著作。他批评其前代的经济学说，并谓一国的财富，系得自各种实业，其尤要者，为农业、制造（manufacture）和贸易（trade）。正宗派的学者拉所审勒（Nassau Senior）更为财富下一明晰的界说，曰："'财富'一辞只包括可以转移，供给量有限，且能直接、间接产生快乐或阻止痛苦的东西。"（Under that term we comprehend all those things, and those things only, which are transferable, and limited in supply, and are directly productive of pleasure, or preventive of pain.）反复寻绎，其言良是。兹引申其说，而略加补苴与修正，使成完善之"财富"界说，曰："'财富'一辞，只包括可以转移或利用，供给量有限，且为有用（useful）之外的服务（service）或物品。"分言之，可以称为"财富"的服务和物品，必须具备四种特质：

（一）可以转移或利用的。

（二）供给量有限的。

（三）有用的。

（四）外在的。

（一）能够转移或利用的东西，就是指可以由此移彼，或取供人用的东西。如钟表、书籍等物，的确可以实际地转移；土地、房屋等物的转移，则只好采用法律管有（legal possession）的方式，以契约（deed）来作交付的工具了。至于"服务"呢，亦可以由此予彼，如轿夫之于乘客，音乐家、教师之于听众等是。但是社会上有许多可爱的东西，不能由此予彼的，比如富人虽可雇用苦力，但他却不能买得苦力的健康（good health）；他虽然可以敦请名医，为他施行健身的服务，但若名医所施的服务无效，那他便没有什么别的办法了。同样，亲戚的情爱，友朋的尊仰，良好的意识，都是不能买卖的。所以财富虽可供人许多用途，但是有几多比金珠宝玉还可贵的事，却非财富所能为力。因此，经济学中所考研的，并不是一切不能买卖的幸福之原和道德之富（Cause of happiness and those moral riches）。又如不能采伐的森林，或今人尚不能利用的潮汐，亦不得谓之"财富"。因为财富的本身，必须是可以转移或利用的，若不能如此，那便与人没有关系了。一个贫士，他有良好的意识，他有亲朋的友爱，他有壮健的身体，他若与缺乏这些条件的富人相比较，容或他还更要快乐，更有幸福；但从反面看来，拥有财富的人，往往能利用他的财富，得到许多贫人所不能享受的幸福和快乐。是故财富虽非人生幸福唯一的泉源，然而它的确能够使我们免掉"过分的劳动"和"生存的忧虑"；且能使我们得到许多可以转移或利用的物品或服务，以增进我们人生的兴趣呢！

（二）天壤间的东西，苟非其供给量有限，亦不得谓之为"财富"。例如"空气"，其对于吾人的利益，实在不可估计，断绝了它的供给，我们便不能继续的生存；但在通常的环境中，空气乃自由之天惠（free gift of nature），其分量，实取之不尽，用之不竭，我们只要张口动鼻，便可尽量地享受。这类的东西，经济学家特名之曰"自由财"（free goods），且摈之于财富的范畴之外。然而天壤间许多东西都非自由之天惠，吾人苟欲利用之以充足欲望（wants），必须耗费几多经济的劳动。此类必须经济的劳动始能获得的东西，经济学家谓之曰"经济财"（economic goods）。如在潜水艇内或在深邃的矿坑中，"空气"的供给量，有了限制，于是我们便要目之为财富了。英国的隧道完成之后，怎样输入空气，以供隧道中人的呼吸，实是个最要的问题。又如麦提洛卜里坦的地底铁道（Metropolitan railway tunnel）里，虽少量的新鲜空气，亦有很高的价值。但只有供给量有限或分量稀少，也不能创造价值的。土壤中有许多金属物或矿物，其分量虽【亦】是非常的少，然而它们却并没有什么价值可言。是故有价值的东西，必其本身还要另具特殊之用。金钢【刚】石之所以贵重，一面固由其分量稀少，一面还由其质坚而美，可以作装饰，割玻璃，凿石崖呢。

（三）"有用"为构成财富的要件，这是显而易见的事。审勒说"财富是能够直接、间接满足欲望或阻止痛苦的东西"。他的话真正不错。情调和谐的音乐使人快乐，适当的药方使人病愈；但所生的快乐和所阻的痛苦，究竟达到什么程度，乃通常所不易决定的。比如说，我们得佳馔以饱饿腹，则既快我人之口，复阻我人之饥，究竟谁是生快乐的作用呢？又谁是阻痛苦的作用呢？至于直接、间接的标准，通常也不易决定。比如说，我们所着之衣是直接产生快乐的，缝衣的机器是间接产生快乐的。又如自用之车，能使吾人减省足力，其有用是直接的；车夫之车，乃彼获得食物的工具，那末，其有用便成间接的了。至如纳物于口，是直接的；而纳物之箸，岂非又成为间接的了吗？是故直接、间接的问题，也是相对的，而非绝对的。

（四）财富又必须是外在于人的（external to man），若为内在的（internal）东西，如所谓"体性"、"心性"或"道德性"（physical, mental or moral characteristics）等，则不得谓之为"财富"。人若以其内在的体性、心性、道德性等，用服务之形式，表现于外；或生产物品，以资应用，则所谓"财富"，便由之而生了。是故财富因人而存，但人的本身，或其内在的一切性能，却都不是财富（若其人为奴隶，于是便成为财富了；但他之成为财富，乃是对人而言，并非对己而言）。由是知财富必为外在的现象（phenomena），而非内在的现象，但我们的意思，并不是说，只有可以触觉的东西（something tangible），始得谓之为财富。反之，凡合于上举四个条件的东西，不管它能否触觉，皆得谓之为财富。剧台上悠扬的歌声，能够使我们得到快感，然而我们所购求的，却非有形的实体物，而是些不可触觉的服务；教师领受薪俸，他所给予学生的，却并不是可以触觉的实物，而是些抽象的讲解。然而人类的服务，常能够变更其物质的环境，故就广义言，归之于"物质的"（material）一类，亦不为过；但若我们把"物质的"当作有客观的存在（objective existence），那末服务，便要认为"非物质的"（immaterial）了。但是，实物与服务的分别，毕竟很微，远不如骤视之甚，因为吾人所重视者，但为服务而已。由留声机流露出来的声音与由人口发出来的声音，其结果皆能使吾人的欲望得到满足；用机器以推舟与用人力以荡舟，其结果皆能使舟向前进。我们在这两种情形之下，所享受的都是服务，所仅异者，一则服务之后，犹存故态，且能于将来服相同之职务；一则既经服务，即行消失罢了。是故实物的服务为耐久的（durable），人的服务为易失的（evanescent）。然而，这种区别也是不定的，因为许多物品，如煤、冰之类的东西，皆是一经服务，即行消失的，故以耐久（durability）为财富的标准（criterion），亦属非是。一刹那间的服务（An ephemeral service）有时比耐久的物品还要重要，因为吾人所贵重者，乃以服务之性质为准的，而非以时间之久暂为准的。要之，实物与服务之真正的关系，不过【是】实物为服务的结晶（crystallized service）或多次的服务；而其同为充足人类欲望的服务，则固无丝毫的差异，至其有形无形，亦无足重轻，且人类文化愈进，人之服务，且将较物之服务，更为重要哩。

总而言之，一切财富，皆必具有四种性质：第一是可以利用或转移。空中的闪电，虽有益于人，然若不能利用，则终与人的幸福无关；他人的健康，虽可艳羡，然而不能购归己有，终于毫无所补。第二是供给量有限。若供给量无限的东西，它纵能使人幸福，然人人既可不劳而得之，则人人将轻忽以视之了。第三是有用。没有效用的东西，则人将弃而不顾或摒而去之了（如农场的漂石或有害的昆虫等是）。第四是外在的。若人虽有过人的技术，苟未以服务之形式，施诸于外，或作为器物，以资人用，则彼终不能获得财富。

但是，上述这个结论，是怎样得来的呢？我们便又不得不考究近代的财富观念了。

在近代经济组织的社会中，所谓"财富"，要以能否交易为准；故凡有价值之物，皆为人类所贵。然不能转移或利用的东西，则虽有价值，谁能致之；若供给量无限，则虽有效益，人谁贵之；若其无用，则虽横陈座右，人谁欲之；若非外在的，则附丽于人，谁能得之。但我们从历史方面观察：交易实起于财富之后，所以价值非缘交易而生；反之，交易乃因价值而起。

现社会的财富，既以能否交易为准，而交易又须恃货币为媒介，始能畅利地推行。因而货币在今日的社会中，遂成为代表一切财富的工具了。假如有人于此，我们问他共有财富几何？他虽有若干不同的东西，但他答复我们，必要以货币作代价。若他的房屋、家具、田土等物，共可值银五千元，但彼曾以其房屋典质二千元，付清债务，彼必曰："余之财富为三千元。"仔细地讲，他的意思，的确并未想到银元三千枚，其实不过要表明其所有物的全部价值而已。自然，这种价值，是其所有物的社会价值。

但此社会价值，常附存于实物，故近代有些经济学者，宁顾直接谓财富即是经济财——即是人的物质环境中足以影响其幸福的实体物，故欲知某人的财富，只须统计其经济财的全量便了。然而现代资本主义的社会里，生产的办法，已异常的社会化了，财富的范围，亦因而日益推广了。故我们与其谓财富为经济财，毋宁谓财富为"价值的基本"（wealth as a fund of value）。例如某人有价值千元的银矿股票，彼虽确信股票为其财富之一部，而彼却不能信任股票本的本身具有千元的价值，亦不能确指银矿之某部为其所有；彼可确定者，惟该股票足以代表银矿价值之一部为其所有而已。

现社会中，所谓专卖权、特许权、版权乃至劳役等，其购得与卖出，也和别些物一样，但我们如欲谓之为实体物，在事实上为不可能，然而我们却不能否认它是财富，因为它们都能够充足吾人的欲望，都能够使吾人增加快乐或幸福。故近日各区的经济学者，都渐趋一致地承认财富为经济财或服务的价值了。

"富"（riches）与"财富"，许多作家，都把它们混为一谈，其实它们是有明显的区别的。"富"与"财富"，是两个极有关系的名词：前者表明个人的财物足以超越其侪辈，如所谓富人，必其为该地雄于财富的地主；后者则只表明个人所有的财物或为某种目的所表达于外的服务而已。一人的财物，能远迈其邻人，始可谓"富"，远逊其邻人，始可谓"贫"，推之于国，也是一样。此种标准，要以地域为限，在中国里一个人之财富的总和，可值五千元，便可称之为"富"，但彼若移居纽约（New York）城的富商中，便要被认为贫民了。

"财产"（property）和"财富"的区别，即："财产"为法律学上的名词，而"财富"则为经济学上的名词。前者的意思，即是说物主支配其财物的绝对权；换言之，"财产"是有个人的地位，就其所有物而言的。反之，若由社会的地位，就物品或服务的性质而言，则称为"财富"。故广义的财富，不仅指个人的物品或服务之价值的总和，更包括社会、国家中所有的物品或服务之价值的总和。

本文参考资料

1. Marshall：*Principle of Economics*．1927 年刊印本。

2. Kenneth Duncan：*Essentials of Economics*．1914 年出版（案：此书现已八版）。

3. Jevons：*Political Economy*．1910 年刊印本。

4. Seligman：*Principles of Economics*．1926 年刊印本。

十八年五月一日写于旧蜀王宫

第二期

中华民国十八年七月出版

目次

1. 论经济学 .... 王宜昌

2. 希腊经济史鸟瞰 .... 王文彝

3. 唯物史观研究（续）............................. 无我

4. 列强资本衰落的征兆 .... 全良

5. 价值时差说之批评 .... 谢叔和

6. 实业革命之原因经过及其影响 .... 萧铁峰

7. 马克司【今译作"马克思"】主义概观（续）............. 张与九

8. 克鲁泡特金及其经济思想 .... 杨逸子

9. 论经济史 .... 王宜昌

10. 中国的失业者 .... 全良

11. 成都市的人力车夫 .... 松云

12. 劳动概论 .... 苏友农

13. 先秦道家的经济思想 .... 吴隽灵

14. 成都市物价指数表 .... 王宜昌

15. 读了《解决中国目前经济问题的着眼点》以后 .... 何正明

论经济学

王宜昌

（一）

经济学（Economics or Political Economy）在德意志常常称为国民经济学（Volkswirtsthafthaftslehre oder Nationalokonomie）。它到底是讲些什么？这却是吾人首先要明了的事情。然而历来的经济学大家们，对于这个问题，却各自不同，各自有其解答。然而由这些不同的解答，更有使我们如堕入玄雾中，有莫明【名】其妙之势。我试抄一抄手边所有的所谓"经济学定义"来看一看吧：

"The study of the needs of mankind, and the means of satisfying them with least possible waste of human energy."

——Kropotkin

"Political Economy or Economics is a study of mankind in the ordinary business of life."

——Marshall

"Political Economy or Economics, is the name of that body of knowledge which relates to wealth."

——Walker

"Political Economy treats of the wealth of nations."

——Jevons

"Economics, or Political Economy, is the social science which treats of man's wants and of the goods (i. e. the commodities and services) upon which the satisfaction of his wants depends."

——Seager

"Economics is the science, which deal with the effort of mankind to secure those material commodities and personal services which are needed to support life and to make civilized existence possible."

——Bullock

"Economics, or Political Economy, is the science which treats of the relation of man to his material environment in satisfying his wants and securing his wellbeing."

——Duncan

"Economics, that is, the science that deals with the economy of society and the individuals of which it is composed."

——Seligman

这一些经济学的定义里，所谓"欲望"（wants），所谓"需要"（needs），所谓"财富"（wealth），所谓"人类"（mankind），所谓"科学"（science），所谓"国富"（wealth of nations），所谓……等等炫人耳目的字眼，虽得是把人脑弄昏，然而在我们求学的人，仍然是勉为其难地去钻研这些字眼的。虽然终不明白经济学到底是讲些什么。

专门的经济学家诸君子，常常有下定义的习惯；换言之，即是好用两三整整然的标题，说尽极复杂事物的本质。然而他们观察任何一个事物，只是就那些事物表面现象记述说明起来，而成就了他们的科学。他们对于那事物的起源、发展和没落的过程是不明了【的】，他们对于一个学问为什么要研究，即其必然的发生也不明了，在何时发生也不明瞭。自然的，他们只有朦里朦胧地下些炫人的字眼的定义。

我们对于一个学问，不仅仅是明白他的静态的与其他一切隔绝时的内涵，我们必须要明白他的必然的发生和其发展与没落，即其动态方面，因此我们才可以确切地明白那一个学问所要讲的是什么。如果我们明白了一个学问的必然的起源、发展与没落的历史过程，我们便不致相信那玄学家、那资本主义学者们用假科学方法，从静态研究得一些零碎不完的法则为永久的自然法，如彼等所自己催眠的。我们更将在经济学研究结果的表式的定义上，再不用着那抽象的，超历史的，超时间、空间的，即是说不属于历史范畴的字眼来叙述那些不属于历史范畴的神圣伟怪的事业——玄学家们所发见的。

因此，经济学的定义里面，用不着那抽象的超越时空的各种字眼，如"欲望"、"需要"、"人类"等等，而应改换着那属于历史范畴内的字眼如"资本家生产的法则之发见"等等了。

我们试来探讨经济学的发生、发展和没落的历史过程。我们明白了那过程，我们便可明白经济学讲些什么。而且在这过程里，我们更可以见发那些玄学家、资本主义学者们的发言的阶级根据和实际的经济生产的要求；我们更可以安排那些经济学定义，由我们除去了其超越时间、空间的神秘的外衣，而赤裸裸地解剖出它的本质来。

（二）

一切的学问，都是由经济的生产行为而发生，而又随着生产变化而变化的。一切的学问，都是适应于生产的必要而处理生产的，或是直接的如科学，或是间接的如哲学，去处理生产。所以一切学问在其生产的必要时，便发生了。已发生了物质的生产变化，而学问也必然地随其变化发展而变化发展了。在生产上，学问失去其必要时，便又只好没落下去。

人们经济生活中的生产方法，由原始的群（horde）以到私有制下的封建社会，都是有计划的生产。就是人们都很明白，由自己的如何努力而恰能满足自己的欲望。即是人们的消费与生产之间的人们的经济行为的企图和经济行为的结果之间的关系，人们是明白意识了，而且是由人们计划去支配着的。其间是没有神秘不可思议的隐匿的关系，为人们所不知而要求着去发现，用高深的方法去发现的必要了。

因为这种小规模的生产制，其简单的生产关系上和交通范围的狭小上，是使人容易明了一切的。

科学的必要，在于阐明人们行为和结果中间表面上不一致的内面的隐匿的关系的。这种关系，是复杂的生产关系，广大的交通范围之下，容易发生着而炫惑了人们的。

所以在群以至封建社会里，经济生产上，用不着发现经济行为与经济结果间隐匿的关系的科学。实在的，在那种计划的生产那必要的东西，和差不多必要的那么多的分量的生产里，任凭怎样的搬打，再以寻不出什么必经过深远的研究，用特殊的科学，然后可以阐明的隐匿的关系。于是乎经济学便不能产生了。

然而自从封建的小生产制里面，由多数工人同一时间、同一地点作工的工场兴起，成了资本制大生产的起点以来，一转瞬间工场里人的数量的加多，便随着起了质的变化，而兴起了资本主义的大生产。

资本制的大生产，或资本主义的生产，或资本家的生产，是和历来的生产恰相反。即不是有计划的生产，而是无计划的无政府状态的生产；便是资本家为追求利润而行为市场的商品生产，在自由竞争的形式之下，求增殖其资本，而不是为的人们的消费而生产。

由着这个资本家的无计划的生产，和资本家生产的急速进步的变化，和资本家生产里复杂的生产关系，与广大的交通地域范围，便生出了无数的隐匿的关系，为人们用其简单的认识社会关系的方法所认识不了。而此种不易明白的隐匿的关系，对于生产，即对于人们的经济生活是有非常之大的妨害的。例如：

（一）价格的变动。价格是今日经济学者研究的中心问题，而在日常生活里，价格的变动，是极普通的现象。我们试随便拿一张报纸来看，其经济栏里所载，每数日，或每日，或每日的早、午、晚三时间，货币、汇兑和其他物品的价格的变动，是可以明白看见，为人人所周知的。这个价格变动的时间，既如是其短促（一日或一日中的几小时一变）。由价格的高涨，立刻可以使中等之家变成富翁。反之在几小时间，又立刻可以使百万富翁因所有物品价格的低落而变成乞丐。这是恐慌的危机。这个没有由人力动作的经济行为，得到倏富倏贫的经济结果，其背后是有隐匿的关系存在的。而此关系对于人们经济生活影响之大，无待赘言。因而需要着去发现此种关系而服从之而驾驭之了。

（二）失业。我们在今日中国所能了解的失业，可分为两种：一种是经济落后地方的农业、手工业的封建经济下的失业；另一种是经济比较发达的城市的资本制大生产下的失业。今日的中国，两种的失业者，都一天一天的越发加多了。好似农田日就荒芜似的，然而还在垦荒开地；好似手工业减少了，然而破落的中间阶级还在从事于手工业的小生产；好似资本制生产缩小了，然而还在加增资本，新建工场。这一些矛盾情形，虽然是人们本着封建时代小生产制下的格言"个人的命运，决之于个人的努力"而努力工作，但终于失业在一个相反的新格言所谓"个人的努力，不足以决定个人的命运"之下了。这种决定个人命运的力量，是隐匿在个人行为与结果背后的隐秘的关系，须得要人们去发见了。

资本主义的代言人，资本主义学者们，常常以为求资本家生产的利益增进，即为增进社会福利；即工人们努力为资本家生产，同时即增加自己福利。然而由工人们的努力，越发扩张资本家生产，其结果不惟不增进工人们自己的福利，反之，却是使工人生活更陷于惨苦，工人越发的更多的失业。由此而愈益使阶级分离，愈亦加大无产阶级的数量，形成今日严重的劳动问题。

这种工人失业的隐匿的关系，是人与人间的关系，不是如马尔萨斯在其《人口论》第二版上所言的"自然对于没有生存权利的人的排斥"。如此的隐匿的关系还多，不另举了。

这种资本主义生产中，价格的变动和工人的失业等人们经济行为与经济结果不一致，其间隐匿的关系的阐明，便是经济学的必要了。

因此而经济学在资本制生产之必要上，必然随资本主义生产而发生而发展而没落随之了。

因此，我们便可以明白，经济学的任务，是资本制生产中各种关系之发现，即是资本主义的生产关系的阐明，即是对于无秩序、无政府的资本主义生产，寻出其间的必然的隐匿的秘密关系。

经济学必然发生后，各经济学大家，对于此种隐匿关系的发现，不一定尽是正确的，而且有些简直可以说没有发见而只是记述现象。因为他们的发现，一方面是限于其自己的阶级根据，限于其社会上实际的生产的；他方面是限于其科学方法，即认识社会关系的工具的。

下面就来一述此种经济学上的发现，顺便解说各家的意见。

（三）

资本主义生产的起点，在于集合多数工人，同时同地的协力劳动，以得大量的生产商品，以应十五世纪以来美洲发现和好望角通航后，使商品需要可以加多的要求。这个生产扩张的要求，是必然的反抗着封建制度下的工业制度和经济思想了。

封建制度之下的工业，是由城市基尔特的偏狭的规则所局限了的，不能有更扩大的生产。封建制度底下的经济思想，只是神或人权的私有的神赐奴隶、财产的思想。封建下的政治，是分散的部落形式的，关税是多而且重，交通也不便。这些都是与资本主义生产相抵触的。

商人在十五世纪美洲发现、好望角通航以来，日渐形成更大的势力，而在思想上便发生对于封建势力的批判了。地中海上最富裕的意大利和大西洋岸商业共和国的西班牙，便首先有此种批判发现。十六世纪在意大利的经济学说，其主要的问题，是由彼等自身新式致富——生产——的方法上发生出来的。他们怀疑了封建下虐使农奴以得财的方法。他们问"富是什么？""国家因何而富？因何而贫？"他们从他们的商业活动上得到了解答。即是他们要发现他们的生产法则，他们以为富是可以购买一切东西的黄金。商业是能从别处输入黄金到国内来的，所以商业可以致富。国家对于世界贸易，新大陆的发现，新殖民地的占领及制造品的增加，输出物品的增加，国家都应该奖励。而由外国输入商品和向外国输出黄金，国家是应该禁止的。这个重商主义的经济学说，英、法两国中，在十七世纪也流行很盛的。

这样，经济学的资本主义又是生产方法的发现的学问，随着原始的资本蓄积的商业而兴起，作为新兴阶级的思想上的武器了。

大商人们渐次地打破了封建势力下的基尔特，聚集工人，在郊外工场里自行大量的生产产品，商业资本家便代替了商人。他们发现了自己的生产的便利，为减轻纳税和进攻封建势力的农业（谋资本主义侵入农业，解放农民为工人）而重农主义的经济学兴起了。十八世纪法兰西启蒙学者们说：富决不是黄金，黄金不过是商业上做商品的媒介罢了。富是自然界送给我们，上自国王，下至乞丐，以此一切充其欲望的食料和其他的物质。工业上的制面包的粮食，织衣服的丝绵，造家具的材木、金属，这些东西，是由农业来的。因此，农业是成富的真源泉。商业（工业）不是成富的源泉了。国家为求富之增加，不得不保护农业，即不得不保护农民，使农民免于封建势力的榨取。而国家经费的租税，只有从榨取农民的大地主、封建豪族等处去取。资本家的工业，不是富的源泉的农业，没有生产富的，是没有纳税的必要。

十八世纪中叶以后，发展了的资本主义生产，在英国由亚丹·斯密叫喊出来。经济政治等要依由资本主义去改建了。成熟了的资产阶级在一七八九年前后，在英、法两国握得了政权。他们明白地宣布自己的生产方法出来了。他们所谓——亚丹·斯密代言之——"农业决不是富的唯一源泉。"不问是在农业也好，在制造业也好，总之用在商品生产方面的一切的工钱劳动，是生出富来的（"一切的劳动"，这是斯密说的。然而就是在斯密看来，及斯密后继者看来——他们已经成了新兴资产阶级的代辩者——劳动者天性是资本主义的工钱劳动者）。因为工钱劳动，除生出劳动者自身需要的工钱外，还生出地主所要的地租与资本家和企业者的利润。要增加富的生产，是须要更大的工场，更细的分工和更严厉的监督的。而这生产的进行，生出了供给一切国民之富。即资本家生产的发展，即为国民之富的增进。国家行政，一切足以阻碍资本主义生产的都要废除。自由放任主义下的自由竞争，保护私有财产之安全，是发展资本家生产所需要的。

这样的一个研究"国民之富之研究"的经济学，出现于亚丹·斯密的道德哲学系统之最后一部分。由着亚丹·斯密时新兴资本阶级的直率大胆及亚丹·斯密的详密观察，虽出诸玄学的假科学方法，而卒付与经济学以科学的形式；且其中所说的，亦多真切，只不过亚氏没有明白其历史性而以为永久性的罢了。

亚氏之经济学，偏重于生产问题，于分配方面、交易方面、消费方面则言之甚略。

一七八九年资产阶级革命，化昔日理想家之玄学为幻泡。而彼时英国工人因服从亚丹·斯密之主张，扩张资本家生产，不惟不增进自己福利；反之，却有更多的失业者。资产阶级代言人，资本家生产的赞美者和辩护者马尔萨斯氏，发表其"国民之贫乏之研究"的经济学，所谓"人口论"。这是以分配问题为中心的经济学。他在分配上辩护资本主义下分配所生的罪恶，为由人口法则的自然法而生。但其在人口法则的研究上，只注重到人口的增加，而没有说明到生产食物之增加。故彼所谓自然法的人口法则，实只【对】封建的生产制度到资本制大生产，及由资本制大生产的扩张，由资本组成的比例变换，而必然生出的失业——人口过剩的皮相说明的资本家的辩护罢了；至多只是一个历史法则，是说明历史上某时期必然发生的现象的，而不是永久的自然法。

金融界的活动，造成黎加多经济学的价格论及分配论的主张。黎加多的更【重】要的发现在价格问题。"劳动是交换价值之本源。"劳动之市场价格不断地有决定于其自然价格以下之倾向。增高工钱的惟一政策，在于限制劳动者阶级之人口。这是拥护资本家生产的主张。又彼以为利润与劳动为利害的对立。但不可因工钱而牺牲利润，因为利润归于资本家，是为社会全体计为必要的。其分配问题中地代论的主张，以谷物不因地代而贵，而地代却因谷物之贵而有。这又明明是为资本家生产必要的辩护的说教。从此，其分配论中，以无产阶级之贫穷为必要的。

在以前的经济学——其实以后的经济学还是一样——其内容编次，一任作者意思而定，没有合乎科学的理论的前后一贯的次第。虽说是以前诸家侧重经济生产上某一方面问题，然而其不能得一贯的经济学内容概念是一样的。大穆勒（James Mill）的经济学，把经济学所处理的经济生产内容，强分为生产、交换、分配、消费四部分。以后的经济学者，在其经济原论中多分列四部分而论之。但一般玄学家们，却因此文字上的划分，而强分实际上的经济情形为不相关联的了。于是工钱问题，不是交换问题，而只是分配问题了。

实在的，一些的经济原论，其论述经济事实，不能如物理、化学等先进科学一样，有一定的前后论理次第。这是资本主义下的社会科学一般的现象。

以资本主义生产的发展，所发生的罪恶——分配上的，使小穆勒（J. S. Mill）发生其人道主义者、改良主义者的思想，而在分配法上则否认资本家分配法则的永久性，但仍承认资本家生产法则为永久的法则。这种立脚于资本家生产利益上的主张，因而被马克思称为"开了一双眼的经济学者"了。

在德意志，因为资本主义生产的后起和封建势力的强大，而发生了历史学派的经济学，反对上述亚丹·斯密以来的自由学派或古典主义的经济学。这个站在资本家肩头上鼓吹资本家生产的利益即是国民利益的主张，不让于亚丹·斯密。只不过是因时地不同，国家——资本家的执行委员会——对于生产的行政要改变。如当时德意志的情形，需得要保护政策，用不着亚丹·斯密的自由放任主义。

这样，历史学派攻击自由学派（又称正统学派）的经济学为超越时间、空间了。不过他们继起的只是记述现象，站在资本家立场上，想以个别的事实记述代替法则的阐明。他们只看见个别的经济事实，没有看见在历史过程中有必然的关联的关系。他们在资本主义的经济生产法则【下】，仍得承认【其】为自然法。所以历史学派的大家罗歇尔（Roscher）在以空手捕鱼的原始人类中，也发现了资本的本原的积蓄。

奥国的心里学派，他们对其他学派——即使是立脚于资本家利益上的资本主义经济学派——也一样攻击，而要以心理的抽象法则代替资本主义社会之特殊的历史法则。其领袖巴委尔克氏（Bohm-Bawerk）却谓在以水沟取水的事件中也可以发现资本制生产方法的特征。他们承认资本主义生产法则之为自然法则，和其他资本主义学派【是】一样的。

在实际上的社会生产，因资本主义生产的更高发展，在理论上经济学由小穆勒的发现以后，经济学大致可分为三派。第一派仍旧贯的承继历来的经济思想，把资本主义生产法则抽象化、永久化；在经济学定义上弄些炫人的字眼，如"国富"、"科学"等等。第二派为伦理的感情的反抗资本主义生产所生的罪恶的人道主义经济学。他们在经济学定义上的炫人字眼，如"人类"、"需要"、"欲望"等等。第三派是社会主义经济学，是完成对于资本主义生产法则之发见的经济学。正统学派经济学是对于资本主义出现的学问，社会主义经济学则为对于资本主义没落的学问。因为经济学的任务是在发现资本家生产的发生、发展的法则的学问，则资本家生产的没落的法则自然也由经济学发现的了。由此经济学这学问，由初时资本阶级的武器，变化到资本阶级的致命的凶具。而一切资本阶级的经济学者，只有趋向于玄学的经济学为资本主义生产辩护，为资本家辩护，再不敢向下研究下去，而更积极地反对社会主义经济学了。而且资本家也不愿意听经济学了，他们反至抱怨他们的武器——经济学创始者，将经济生产的真象【相】曾经大胆地说出，如正统学派的主张。他们攻击正统学派，他们藉经济学的名目之下，讲些杂多的学问上的思想与随手糟乱的碎屑。他们早就不依研究资本主义现实的倾向为目的了，反而隐蔽这种倾向，以资本主义为最上的，唯一的，可能的，永久的一个经济制度而拥护之。——这是历史学派、心理学派等及糅杂贩卖经济学商品者干的勾当。

人道主义的经济学，是执着资本家生产的范畴，以为永久不变的东西，而对于其所引起的害恶发生反抗的主张。他们不理解历史过程的资本家的生产，他们只有理想的感情的建设。

巴布夫、圣西门、傅立叶、欧文等的社会思想，于经济学上只有空幻的主张。一八四〇年代德国的威特灵，法国的普鲁东、路易布兰、布兰葵等的经济思想，仍旧脱不了理想上的计划。

普鲁东把资本家生产的经济范畴永久化了，承认着"财产即是赃物"。

这人道主义的经济学，建立于空想的反抗热情之上，不去理解资本家生产法则之运动。此种经济学的实施，粉碎在实际的经济法则之下了。

然而一八四〇年左右，由资本家生产所发生了的物质条件，明白显出无产阶级的命运。资本家生产的发展，明白地表暴出自己没落的倾向。生产的无政府的恐慌和无产阶级的增大，为资本家生产的致命伤。而无产阶级的兴起，其需要的生产方法，是对于资本家生产【的】不得不冲突，因而思想上批评的武器——社会主义经济学出现了。

社会主义经济学，即马克思主义经济学，是由马克思唱出【的】。他立足于英国正统学说经济学研究中止之处，即资本主义的存在而发展之处，开始对于资本家生产法则之研究，用着最高程度发展了的科学方法——辩证法，发现了资本家生产的必然的没落之命运。他完成了资本家生产法则发现之研究。

他阐明资本家生产下所谓富只是商品的堆积。资本家增加富的方法，是榨取剩余价值。资本家执行委员会的国家行政，自然是只有顾虑资本家的利益。

他阐明资本家生产的商品生产，会引起恐慌。资本家的榨取剩余价值，会发展阶级斗争。这二者是资本家生产没落的原因。

在他的经济学内容上，有一定的合于理论的前后一贯的次序。他的经济法则，犹如物理学和化学上的法则一样，是不但表示性质，而且表示着数量。

他又阐明了资本家生产所产生了的物质条件，必然的要使社会的生产由资本家推移到社会主义的。而他更阐明了社会主义的生产之下，富是什么，增加富的方法是什么。由此而把经济学（Economies）转移到不是谋财富增加，而谋社会福利，即为消费而生产的经济科学（Economic Science）上去。

马克思把自己的经济学（通称"社会主义经济学"，其实称为"无产阶级经济学"较当。因为马氏经济学为完成资本家生产法则之发现，是资本主义的，不过是与资本家的代言人资本主义经济学者对立的。我们可以称以前的经济学为"资本家经济学"或"资本阶级经济学"，马克思经济学为"无产阶级经济学"）放在资本家经济学之外，而称为"经济学的一批判"。这是因为马氏经济学所发现的资本家生产法则，是其没落的法则，与以前经济学所发见的生存发展的法则，是一个相反的继续。

由马克思完成了的经济学（或资本主义经济学），是资本家所不愿听的，只有无产阶级才能感受这经济学，因而成为无产阶级的思想的武器。

这个武器——经济学——的任务，只是资本家生产法则之发现，所以资本家生产告终，经济学的寿命也告终了。由着无产阶级经济学的把握着无产阶级，而变成实践的行动，要求依自己的理论而改造生产，使资本家生产之无政府的经济，让座位与无产阶级的以社会总体意识所编成、所指挥的有计划的生产的时候，作为科学的经济学便没落了。

所以经济学的最后一章，就是讲世界无产阶级的社会革命。

（四）

末了，我再来多说几句关于派别的话。我们知道，科学真理，唯一而只有一，没有所谓派别的问题在的。科学方法，是网罗一切的方法的。而科学的结论，是一切科学的结论。即所谓派别问题，只不过是假科学的独断的一种主张，一种固执的主张而已。

我们对于经济学上的见解，一依由科学方法所求得的科学结论，不管什么派别问题的。

自然，阶级利害的根据，使人不敢去认识真理，不敢去把握进展了的科学方法，因而得不到科学的结论；而反为着阶级的利害，固守成见，乱骂其他异己主张。这不是思想上的争斗可以解决【的】，而只有【靠】实践的行动去摧毁阶级根据的。

我们要主张科学的经济学，我们便要走到实践的行动领域中去。资产阶级应用亚丹·斯密经济学的武器而到实践行动，而得胜利了。历史的进展，第二个应用经济学为武器而致胜利的一定到来。学经济学的人们，知所努力了罢！

一九二九六月廿三日完稿

《政治经济月刊》

发行：《政治经济月刊》社
编辑：《政治经济月刊》社编辑委员会
地址：四川大学法学院

创刊号
民国二十五年十二月十五日出版

目录

发刊词
时论：
中日第八次谈判延期
日德同盟与现势
英意君子协定
刘主席兼川康绥靖主任
农村建设运动的琐见
欢送川军出川抗日简言
专论：
政治起源的经济因子……胡鉴民
报酬律与企业……李崇伸
菲律宾之独立问题……李培荣
四川政制改革之检讨……张惠昌
货币贬值与吾川佃农之影响……朱咸熙
新都外北镇的土地调查……李春泉
讲演（四篇）
通讯
关于会考、实科和出路……纯君
编后……编委会

发刊词

法学院一部份同学组织学术团体，名曰"《政治经济月刊》社"。该社将于最近期间发行月刊问世，并要求我写一篇简短的发刊词。

我想学术的阐明贵在研究，研究的结果并不在乎问世，因为世界许多的作品并不是为人类的目前利益而作的。许多的作家——尤其是文学、哲学、艺术方面的——工作的动机，根本只求内心的表现，或真理的追求，并无功利的观念存在心中。但是社会科学方面的研究，比较性质不同。政治、经济、法律方面的研究，根本寄托在人群当中。因此与人群的利害比较来得普遍些，切实些。所以政治经济作品无妨多有表现，以引起人类之共同注意、研究和讨论。所以《政治经济月刊》社的刊物出版我是十分同情的。

唯是，中国近来政治经济刊物已是雨后春笋，五光十色，其中有贡献及有价值的固然很多，而没有特别表现的也不为少。本院所组织的《政治经济月刊》，自是后起的学术刊物，能否在中国学术界中放一线异彩，虽不敢预知，但以该社筹备之周详，和份子之热心，及其态度之审慎，我想日后的贡献，必有可观。——这点，我是要在此处特别的鼓励他们的。

月刊是定期刊物，要维持永久，一方面要该社内部的健全和努力，他方面也望社会人士给他们以热烈的拥护、指示和鼓励。

该社月刊的内容如何，我此时尚不知道，但对于他们的希望是很大的，归纳起来，下列三点，我要特别的提出来：

第一，我希望该月刊多讨论实际的具体的抓得着的社会问题，少谈理论的空泛的抽象的东西；

第二，我希望该月刊多注意近水楼台的中国西南方面的问题，少作广大的普遍的政策或主义的讨论；

第三，我希望该月刊多登载事实的调查的数字及理性的文章，少发表感情的和主观的作品。

我的话，止于此，末了我谨祝该月刊的前途光荣、长久，并在二十世纪的中国社会里发生一点前进、向上的力量！

徐敦璋 川大法学院

编 后

知识是经验的结晶，现代自然科学凭借实验室，即在没有实验室以前，它也是要靠观察和经验的。同样，政治、经济等社会科学自始也便是实践的，它的发生是由于人们对社会法则的发现，它的真理的标准也是凭借【在】社会前实践，"闭门造车是不能合辙"的。

有些外国人称中国为"谜一样的国家"，也有些本国人称四川为"神秘的魔窟"。这些不荣誉的雅号的来源，也许是他们的别有用意，不然，便是他们的原始的愚昧；但是我们中，尤其是四川研究政治、经济等社会科学的人们，没有开门见山的研究和实事求是的改进自己生活于其中的现社会，却要负一种最重大的罪名。

本社同人固知自己的才能是极端的绵薄，不能负担起实践那种巨大的任务，但是既然是研究政治经济等社会科学的人，却也不敢抛弃那种几乎是命中注定的任务，我们也想尽我们的渺小的力量负担那种重大任务【的】万分之一。我们基于这种坚定的信心，便缔造了"《政治经济月刊》社"。我们把研究现社会的心得供献给社会，他方面，也便是要拿现社会的事象来纠正我们的研究。能否如愿，这固然要靠我们本身的努力，但是我们更希望社会人士给我们的【以】巨大的帮助和指导。

这样性质的学术团体，宜乎凡是研究政治经济与社会科学的同学都应该加入。但是丑恶的理实总是和美妙的理想开顽笑。本社以发起到成立，中间颇经过了些周折，虽然不如孕妇的难产，但也怀了两个月的胎，一直到本年十月二十六日，婴儿才呱呱坠地。当时通过了本社简章，并且照章产生了编辑委员会。这个婴儿才算取得法律地位，而且有了监护人。那时选出的编辑委员是：主任张惠昌，时论股田茂轩，发行股蓝家纯，事务股韩朴文等七人。后来，本社更照章聘请法学院院长徐敦章先生为本社名誉社长，以及法学院各教授先生们为本社学术指导及龙维光先生为本社常年法律顾问。

刊物的出版，原定于本月一日，但是社内烦琐的事务活动，和印刷商的许多困难，未能如期办到，一直拖延到今天——十二月十五日，我们的刊物才与世见面。这是要请关心本刊的读者和朋友们原谅的。

末了，本期创刊号的内容应该在这里介绍一下，胡鉴民先生是国内有名的民族学派的社会学家，在《政治起源的经济因子》一文中，他用崭新的见地，批判了各种学派的政治观，充实而且丰富地证明了他的见解。这种新的学理，是最值得读者用批判的眼光去接受的，我希望每个读者都细细地去咀嚼。李崇伸先生的《报酬律与企业》，用许多宝贵的企业上的实例，去证明经济学上最难懂的报酬律，对于初学经济学的人是有很大的帮助的。其他各篇，都是同学们写的，好坏请读者自己去评尝吧。不过有两篇似乎应当特别地提一提：第一，在这个年头的学生，尤其是高中生，未毕业的总虑着"会考"，已毕业而想升学的又苦恼着"实科"，毕业而望就业的更担心着"出路"；"会考"、"实科"和"出路"，本来都是大的社会问题，不容易解决的，但是萦绕着这些问题的人们，你们读了本期的《关于会考、实科和出路》一文，至少总可以得到一点解决问题的启示。第二，《新都外北镇的土地调查》，是本社脚踏实地研究现实社会的初步贡献，希望关心本省农村经济的人士细细阅读，如果有意见，并请赐函本社，公开地讨论！

本期特大号，篇幅增加，价格稍高；以下时一卷一号起，绝照原定篇幅及价格按期出版。

《政治经济月刊》社简章

（一）名称　本社定名为"《政治经济月刊》社"。

（二）宗旨　本社以社员研究调查政治经济学理事实所得，作为论文，或记载，公表于世，用收观摩讨论之效。

（三）社务　本社本第二条之旨趣，发行《政治经济月刊》。

（四）图记　本社制一木质图记，文曰"《政治经济月刊》社之图记"。

（五）社址　本社社址设川大法学院内。

（六）社员　1. 凡川大法学院同学，有研究政治经济兴趣，及写作能力者，经本社社员介绍，提请社员大会通过，完清入社手续，即得为本社社员。

2. 凡川大法学院教授，有赞同本社宗旨，且愿指导及帮助本社者，得由社员大会通过，聘请为本社导师。

3. 本社设名誉社长一席，负责督促指导本社工作，由本社聘请川大法学院院长担任之。

（七）入社手续　社员入社须填入社表，并缴纳会金一元。

（八）组织　本社设编辑委员会，由每学期社员大会推选七人组织之，办理本社一切事宜。内设主任一人，负责出版本社刊物，及一切对外接洽事宜；其余六人，分掌下列事务。

1. 时事论文股　撰述及评阅时事论文。

2. 政治论文股　撰述及评阅政治学术论文。

3. 经济论文股　撰述及评阅经济学术论文。

4. 研究股　办理本社调查，统计及管理书报等事宜。

5. 事务股　办理本社文书、会计等工作。

6. 发行股　办理本社刊物之发行报效等工作。

（九）会议　每学期开始须开社员大会一次；于必要时，得开临时社员大会。均由编辑委【员】会召集之。

（十）经费　社员入社时须缴纳会金外，每月尚须负担常金，其数额由社员大会酌定之。如于必要时，本社亦得向外募捐。

（十一）附则　本简章由社员大会通过，呈经学校核准施行。如有未尽事宜，得由社员三分之一以上的人数，提请社员大会修正之。

第一卷第二期

民国二十六年一月二十八日出版

目录

时论：

一九三六年世界大事纪要

评《修正四川省各县自费留学贷费规程》

专论：

柏拉图政治学说与法西斯蒂政治理论之比较论……张宗元

沙衣底货物销路说述评……黄宪章

四川农村建设的金融组织问题……宋咸熙

调查：

南川笋子调查……田茫轩

第一卷第三期
民国二十六年二月二十八日出版
目录

时论：
四川当前的三大难题——春荒、钱荒跟匪患
怎样运用"政治能力"解决？
专论：
英国政府缔结密约之检讨……凌均吉
中国战时应有的财政政策……陈绍武
建设声中的人材问题……田茂轩
国民经济与县政建设……李培荣
四川农家人口之形态……蓝家纯
评张植土地经济学……李春泉
编后……编委会

编　后

　　本期是本刊的第三期了。过去两期因为种种关系有许多缺点未能克服，我们对于读者们十分的抱歉。尤其是关于本刊的版式跟时论两点，更引起了许多的责难：有的作者因为版式坏甚至不愿投稿，也有人感觉时论空泛拉杂竟要求取消那一栏。

　　我们惶恫之余，努力改善本刊，这一期便是我们革新的第一号。对于版式，我们经一周余之设计，改成目前的形式，自己虽然觉得比前两期美观得多，但是因为印刷局的英文字钉陈旧残缺，文中所附原文多有错误；其次因为最初校稿稍不留意，未能察觉每页两边留白过多，以致本文排列较密而无法改正，这是我们最引为遗憾的。不过关于时论栏，我们却未便接受上面那种要求。因为本刊专论栏的文章多偏于学理或一般问题的讨论，对于当前发生的事象不能即时加以解剖。如果取消时论，无异只谈学理不重实际，那与本社的宗旨便大相径庭。过去两期的时论文章空泛拉杂没有尽到时论应尽的作用，这只能作为我们改善的鞭策而不能作为废除时论的理由。这一点，本期也有一种改变的尝试，就是本期所登的四篇时论，除了所谈者都系四川当前的天字第一号重要的事实问题而外，而且文字先后连贯可以合而成一篇文章，这也许是一个写作技术上的错误，但是从前空泛拉杂的缺点总可以一扫而空了。

　　此外本期凌、陈两位先生的文章也各有独特的见解，凌先生的《英国政府缔结密约之检讨》一文，可以把一般人所抱英国国会万能的误解打破；陈先生的《我【中】国战时应有的财政政策》一文，对于关心我国战时财政的人们也有许多补益。其余各篇都是同学的写作，好坏让读者去鉴别罢。

第一卷第四、五期

民国二十六年五月十五日出版

目录

法币政策之成功与展望……杨佑之

西班牙战争内幕的面面观……王嗣鸿 译

整理四川屠宰税之管见……赵大昌

四川农家之土地关系……蓝家纯

四川今日之地理形势及其政治责任……张建福

太平洋均势论……吕平章 译

四川财政的症结……朱咸熙

论近世民法上三大原则……顾永

编后……编委会

编 后

本社根据简章，每学期开始时须开社员大会一次，讨论社务，及改选职员。本期的社员大会，已于三月五日举行，改选的结果，虽仍为张惠昌任主任，李春泉负时事论文股，李培荣负政治论文股，朱咸熙负经济论文股，田茂轩负研究股，蓝家纯负发行股，而事务股改由古基祥继任外，余无变动；不过政治论文股与经济论文股，职务繁重，加选两人，即由吕平章、蒋汇泽分掌政治、经济论文股，韩朴文、马桦、黄景星为候补，于是七人组织的编辑委员会，扩为九人了。

几月来的经验，我们深觉得呱呱出生的婴儿——本社月刊，甚得各方的爱护与同情，尤其是国内有名的学术机关及团体，纷纷交换或□阅，校中先生和同学们的指导帮助，使本社于延续生长之中，不能不力求改善，一方面努力【提升】刊物的质量，一方面增加研究的工作，除聘请名人为学术讲演外，每月举行座谈会一次，讨论一切现实问题。第一次的座谈会，已于四月廿七日举行，到会师生数十余人，并蒙国内有名的政治学者、历任清华大学教授、此次来川讲学的张奚若先生莅临参加，关于我国应有之外交政策，讨论极详。

因为有上述职员的选举，及社务的整顿，本社刊物，不免略受稽延，这期便是四、五两期合刊。原有几篇很切要的时论，亦因时间问题，已成过去黄花，割爱取消，此本社应向作者及读者特别抱歉。

杨佑之先生为本院政经系教授，有名的会计学家，他这篇《法币政策之成功与展望》，从理论及事实阐明其成功之来由及冀其将来之改进，实是法币政策实施后，最有价值之作品，凡我国民俱应细嚼。西班牙的战争，虽为各种杂志及报章【所】记载，时入吾人之眼帘，可是，时至今日，仍在混战中，而未减却它的国际爆炸性，译者王君曾任本院政经系助教，现供职省府设计委员会，百忙中译出此文，使吾人对于西班牙战争更多一番认识矣。赵大昌君为财训所学员，他这篇《整理四川屠宰税之管见》一文，实是目前整顿税收有价值之材料，尤其是要增加教育经费，而不可不整理的屠宰税，这篇著作，更有他的贡献。至于《四川今日之地理形势及其政治责任》及《四川农家之土地关系》、《四川财政的症结》诸作者，已与读者见面多次，用不着再为介绍，不过《太平洋的现势》【编者按：查该期刊原文所录，确为"太平洋均势论"，故此处"现势"有误】译者吕平章君，为本社新任的政治论文股编辑，他将来的撰作尚多，希望读者给他一个新的认识。另外，《论近世民法上三大原则》的作者顾永为本院法律系行将毕业的高材生，这篇著作，对近世民法上三大原则，探原穷【穷】委，实有其学术价值。这期时论取消，我们在论著方面的努力，读者也许有种原谅罢?!

四川今年来的旱灾严重，亘古未闻，本社同人，救灾有心，赈济无力。拟下期发行川灾专号，研究川灾的成因，川灾的现况，及救济的办法。尚望国内救灾的机关，及关心川灾的人们，多供材料，多撰鸿文，使川灾情形，明达海内，因而促起救灾的同情，则本社幸正！川民幸甚！

一九三七年五月八日

第一卷第六期
民国二十六年七月十五日出版
目录

四川灾荒底面面观……李春泉

论川灾的防救办法……朱咸熙

四川救灾问题……李培荣

我们更当积极地去消灭灾荒……胡德恕

稳定货币与物价诸学说之批判……李光煦

编后……编者

编　后

本省今年的灾荒是百余年来所仅见的浩劫，灾区之广达一百四十县，占全省地域百分之九十三，灾民之多至四千六百余万人，几占全省人口百分之九十。这样严重的灾荒，不单是川人的大不幸，而且也是全民族的大不幸；不但使本省当局手忙足乱，而且也使中央政府穷于应付了。

诚如省振【赈】会郭逸樵先生所说，川灾是"自远非自近，自人非自天"。帝国主义不断的侵略，封建残余惨【残】酷的迫压，四川农村经济早已频【濒】于破产。尤其自"九一八"以后，我们的"芳邻"采取最卑鄙的侵略手段，进攻中国，深入四川；同时，本省穷途末路的封建余孽更以最酷烈的形式摧毁农村，一般农民更进一步地迫于死亡线上，对于自然力的控制已如原始人的无能为力了。如此，灾荒怎么不会频年爆发，而且愈演愈烈呢?!

在这样的客观条件下，四川的救灾问题直接联系着四川的生产建设问题，而且直接地也联系着四川和中国的政治问题。这正如一个千疮百病的人，头痛医头，足痛医足，只不过是临时的救济，最后得救，必须等到整个健康问题的解决。

本社同人全是一批知识未充足的学生，对于这样重大而繁难的川灾问题，实在不敢妄加议论。不过既是四川人，既是四川一个小小学术团体，对于这个有切身关系的川灾问题，却也不容加以忽视。本期川灾特辑仅四篇文章，对于本问题自然不能有周到而且精彻的论述，但是把我们要说而且能说的话却大概都说了。

李春泉君对农村经济学的兴味素浓，灾荒问题是此学中之一范畴，故本期他的《川灾面面观》【即前文之"《四川灾荒底面面观》"】一文中，对于灾荒的理论，川灾的原因及其影响，都有深刻而独到的见解。朱咸熙、李培荣二君之文，对于救灾都各提出若干具体而有效的办法。胡德恕君之文，将救灾与救国联系地论列，亦可发人深省。

最末，李光煦君之货币论文，内容极其丰富精审，是他历年研究此问题的结晶，尤为不可多得之作。

第二卷第一期
民国二十六年十二月一日出版
目录

本刊周年纪念感言……惠昌
时事评论：
对四川抽调壮丁进一言
川军之光荣
德意日防共协定与世界大战
九国公约会议之总检讨
谁是我们的与国【"盟国""友邦"】……加贝
非常时期的保甲制度……陈亨如
灾荒、外患与中国经济结构……韩崇白
长期抗战与教育问题……龚靖农
对日抗战必胜之理由……陈毅夫
四川农家之土地关系……蓝家纯
世界政治经济译述

本刊周年纪念感言

基于实践的学术探讨，想把研究现社会的心得供献【今作"贡献"】给社会，同时将现社会的事象拿来纠正我们的研究。因为是学政治经济的人，于是去年十一月十日便组织了《政治经济月刊》社，而发行《政治经济月刊》。当时组织虽具热忱，成效确无把握，何幸她竟能成长一年！而且获得社会人士的维助，各地读者的爱护，本年秋季大会又参加了许多学识宏深的新社员，这确是很可引为庆幸的一件事！

可是，一年以来，许多师友和读者所给予我们的指示，期许，督责，批评，处处都足令我们感激无已；同时又自恨材力不济，经济不充，物质环境的拘牵，时间空间的限制，每欲努力改进，辄觉有愿莫遂！今值周年纪念，又系二卷一期之始，谨以十二万分的诚恳向爱护本刊的各位，敬致谢意与歉忱！并略述感怀，以为再见之礼。

忆本刊之始，适日德同盟蕴【酝】酿正盛，中日八次谈判延开，刘主席兼任川康绥靖主任之际，本刊曾为专文叙述，乃时仅一年，而日德同盟，进而为日德意防共协定了；中日问题，更由日方无厌的侵略造成巨大的战祸；刘主席亦以前方军事吃紧，抱病出征。这一年来演变，即国际方面，侵略阵线（日德意）与和平阵线（法苏英美）愈益尖锐化，而日本侵略中国，由经济政治的手段，已入于军事侵略的最后阶段，挟其陆海空军的威力，在我们华北、华南展开了极尽残酷的厮杀。这厮杀，使我们每个国民为争民族的生存与解放，国家的独立和自由，不能不起而抗战；这抗战，使我们整个民族不分党派与阶级，不分男女及老幼，咸已一致团结，在政府领导之下，共赴国难，消灭了一切的内在矛盾。这次的精诚团结，上下一心，不但可以把握抗日的最后胜利，如能因应得法，还可树立长治久安的基础。

所以，这次抗战，一方面是中日问题的总结算，中华民族生死存亡的最后关头，他方面又是社会的改变，中国历史的转换。此不是预言，而确有先例。我们回顾第一次世界大战的陈迹，是不是德国穷兵黩武者的惩创，整个欧洲或世界的巨大变化？如说此是事实，则我们对于目前的抗战，似不能完全注重军事，自然军事是抗战的外能，我们要中国不亡，民族不灭，必须在军事方面首先能够制胜敌人；但是军事的外能，又须着许多的位【外】能，为之配合，如政治的充实，社会根基的稳固，这都与抗战的胜败，有绵密繁复的关系。因此，我们于军事之外，还须注意政治经济的盈虚，社会制度的演变，我们要将此次的对日抗战，在国际局势中把握着有利的变化，在国内社会上调整着一切有序的进步；我们绝不能只图目前，不顾将来，为着目的，不择手段，或者竟来一些渴止饮鸩【饮鸩止渴】的办法，使中国对日抗战结束之后，或又来一翻的革命，这不但不是中国应走的途径，而是国人已经尝过的创伤。这种认识，自不能说每个国民都能具备，可是号称社会领导的大学生，尤其是学政治经济的学士们，对于这个认识是最低限度的要求，值得深加考虑。我们对于一切事象的观察都须具热心冷脑的态度，当然对于这次民族存亡的抗战问题，更应该绞着脑汁，慎思审虑，在人家想不到的要仔细想到，人家看不清的要分析清楚。笔者不敏，且略贡竟见如次：老实说来，这次抗战，一是日本帝国主义者，横施侵略，使我们为争生存不能不起而抗战。一是国民革命未能彻底，三民主义未能实行，积年内政外交瘫痪的溃发，所以共产党要参加抗日阵线，发出宣言，便首先提出中山先生的三民主义，为中国今日的必需，而取消一切推翻中国国民党政权的暴动，及苏维埃政府与红军名义等，这足足证明三民主义是救国主义，三民主义的理论，是真确的理论，并未因日本侵略而稍减杀其固有价值。凡因国难日亟，给予了国民一种新的认识，新的路线，因此要把握抗战的胜利，必须彻底实行三民主义，即在抗战中，要求民族的解放，民权的伸张，民生的改善，方能由民族的厄运中，变为现实的独立自由平等的新中国。

民族解放，诚为一般的目标，至于民权伸张与民生改善，在此抗战期中，提出这种主张，或不免托为惊异，而恐影响抗战前途。诚然，民族解放，高于一切，但要求民族解放，必须在民权伸张，民生改善的基础上，方能有利进行，这正是胡汉民先生所说的三民主义的连环性：民族主义，需要民权主义、民生主义来充实他的力量，成为一种对于世界负担责任的民族；民权主义，需要民族主义来牵系他的责任心，同时需要民生主义来推进他的实在性；民生主义，需要民族主义来冲破他的前途障碍，同时亦需要民权主义来保障他们的敏活的实施。兹再以实例言之，此次的抗战，一般都叫着"全民抗战"、"长期抗战"，但长期抗战，必须全民动员，人尽其才，才能维持长期抗战获得最后胜利，如此一来，这非民权伸张而何？又如抗战所需生产建设，及因战争所受的伤亡抚恤问题、难民救济问题等，这又是民生问题。所以三民主义的民族、民权、民生问题，仍是客观的事实，而总理所提出的解决办法，也是合理的办法，并须不着其他的花头。因此，我们在抗战期中不能丝毫怀疑三民主义，应以三民主义为中心思想，不过在此抗战期中的民权、民生问题，都以民族能否解放为依端，而以民族为民权、民生之始，在民族的解放战争中，应牺牲阶级的利益、小我的所得，同时也要相当调整民权、民生问题，以坚固民族的解放的抗战阵营；溶化一切革命的因素，而达多难兴邦之至境。此是笔者的愚见，愿就正于社会人士之前。

末了，本刊在过去一年既赖师友之扶持，读者之爱护，得以逐渐发表。际兹民族抗战业已开始，全国民众为求民族解放而对于国内外政治经济情况的认识，要求益切，而京沪平津等地的文化机关，又被敌人摧残殆尽，遂形成本大学为国内最高文化领导之重要性，因之本刊所负的责任益重，尚望维助本刊的师友，及爱护本刊的读者，更予以更大的指示和督责，俾于国难期内，稍尽一分职责；在救亡呼声弥漫全国之中稍得一效棉【绵】薄，是为幸甚！

民国二十六年十一月十五日于皇城法学院

编　后

时间是这样的过去，曾几何时，它竟生长一周年了！自然他的生命在随岁月延长，可是，它的内容未尽能与时俱进，这确是他本身的一种恨事！但非它自甘如此，实在是环境与营养不能使它充沛发育而发展。四川这个地方，谁也知道交通不便，文化落后，许多问题，人家或已实行了，而这个地方还在研讨进行中，如此情形，怎能有前进的思想与新奇的著作？况属本社同人，都是正在求学的未能成熟的青年，即或毕业就算成熟的话，而毕业又将使所谓成熟的人为生活而离开本社，所以本社社员毕竟是一些正在求知的大学生，当然说不上有好大的成绩。但因为如此，这些未能成熟的大学生，便由斯而养成他的坚忍耐劳性。刊物的本质上，虽对社会没有特殊的贡献，而他本身——办刊物的人，却借此得了许多保【宝】贵的训练与在课堂上所得不到的智识，达到了原始的目的。"事非经过不知难"，真是不朽的铭言。

它是定期刊物，谁不想按时按期出刊，可是，它是寄生在学校，学校有假期，它也因学校假期中社员离开，而有【又】随之休假，说来，不应如此。然处在四川，新奇的材料，既不可多得，而人家说了的话，又不愿说，于是每次出刊在这种倨促的条件中斟酌材料，殊费考虑，加上稿子写好后，还须经系主任、院长相当的审察，方能付印，而印刷的时间，又最低限度要历十日，这样一来，刊物的出世，常不于预期的时间与读者见面。至"时论"一栏，且于写的时候问题非常重要，阅的时候便成过去，因为如此，上年曾把它去【取】消，这也是无可奈何的办法。

　　现在，是它的二卷一期了，它也有一种新的努力。时论方面，加以扩充，因为国难日亟，世人注意时事的演变，或较研究学术为切。这期几篇时论，都是目前比较重要的问题。至于专论方面，《谁是我们的与国》与《非常时期的保甲制度》、《长期抗战与教育问题》作者以客观的态度，抓着问题的核心给予读者以正确的见解，实在是抗战期中，文化破碎不可多得的作品。他如《外患、天灾【灾荒、外患】与中国经济结构》及《四川农家之土地关系》两文，是对经济学富有研究的韩、蓝二君所作，蓝君不但对农村经济研究有素，而且现正从事稻麦改良，读者如对此感有兴趣，彼亦愿从详讨论。《对日抗战必胜之理由》为本校讲述国际关系的陈毅夫先生所作，他已在此间各报发表宏论很多，早给读者以一种认识，不另介绍。惟"世界政治经济译述"一栏，是本刊二卷的新贡献，此期虽译述无多，以后将愿多加努力，希细味之！

民国二十六年十一月二十日

《政经学报》

编辑：国立四川大学政治经济学会
发行：国立四川大学政治经济学会
地址：成都皇城四川大学法学院

创刊号

中华民国二十七年七月一日出版

目录

创刊辞……曾天宇

青海的撒拉族……庄学本

青海的撒拉族附考……胡鉴民

如何活用都市社会学……邱致中

美国对远东之政策……刘天一　译

德意轴心转变与欧洲政局……周畅富

抗战与建国……王国华

商鞅政治思想及其实施……何守仁

一九三七年之白银活动……邱正爵　译

战时我国之粮食统制问题……李培荣

平均地权与土地国有……江子蕚

资本主义与合作主义……夏德功　译

创刊辞

今春川大法学院诚同学，将从前所组织的《政经月刊》社，改组为政经学会，时常举行学术上的讲演讨论。复将从前所发行之的《政经月刊》易名为《政经学报》，其第一期之集稿编辑今已竣事，属余叙言于首。余尝告大学诸学生：在大学听讲，为大学生之权利。换言之，大学生不可不以教室功课作为自己所学的真心基础，但是以外则当作独立研究的功夫，基础愈固，则研究之结果愈大；以外对于既经研究之问题，发挥意见，指陈事实，亦为求学的切要方法。余则前在柏林大学时，见读社会科学的德国同学高材生，皆时时有文字发表，尔时读之，觉趣味激励，获益实多。今撷阅此次发刊之《政经学报》中，见其有学说研究，有应用论说，有译述重要文字，且有教授学者的珍贵叙述之材料，范围宏富，条理饬然，与欧洲大学生作研究功夫的途径，相为符合。国难严重时期中，学社会科学的同学诸君，尚有如是研究的精神和勇气表著于外，实为学界上最可欣喜奖励的事件。特述数言于卷首，用当祝辞。

曾天宇

二七．六一．五，川大法学院

国立四川大学政治经济学会第一届职员名录

名誉会长：曾天宇

总务部

    主任委员：何守仁

    文书：林宏仁

    财务：陈志远

研究部

    主任委员：陈怀容

    政治股：张惠昌

    经济股：邱汉生

出版部

    主任委员：王国华

    编辑股：邱正觉　周畅富　陈开燧　刘天一　陈亭如　曾令恒　方权

    发行股：万骥

编　后

这册《政治经济学报》的创刊号编竣，"《政经月刊》社"一变而为"政经学会"，《政经月刊》一变而为《政经学报》，这个意义在后面的会务报告里，已经说得很明白。根据这个意义，本刊的编辑，自然应有它新的精神与内容，负编辑责任的我们，虽然在这方面尽了最大的努力，可是因为环境的限制与能力的缺乏，究未能达到我们的希冀，这一点我们【是】不能不引以为抱歉的。

这个创刊号里，共有十二篇文章，里面有几篇东西，确实值得我们与读者略为介绍：《青海的撒拉族》一篇，是庄学本先生在本会作学术讲演的讲演稿。庄先生是国内有名的社会学家，他新近从青海考察归来，在这篇讲演中，对青海的撒拉族描写叙述中研究异常的精到，这种有价值的材料，诚属不可多得，在这中华民族团结融铸锻炼的大时代，对于国内少数民族的研究，更有其特殊重大的意义存在啊！胡鉴民先生是本校的社会学教授，胡先生不但是有名的社会学家，而且更是有名的民族学家。他于《青海的撒拉族附考》一【篇】中，对撒拉族之血统、来历……作一种严正客观的考证，并得出确定的结论来。这篇东西，在民族学上诚有无上的价值。《如何活用都市社会学》一篇，是邱致中先生在本会作学术讲演的笔录。邱先生以一种简括、扼要、系统的词句，说明了整个都市社会学的运用。在这都市文化的二十世纪，力谋改造建设都市的声中，这篇东西对都市的改进建设，当有莫大的帮助。《美国对远东之政策》、《德意轴心转变与欧洲政局》等篇，或为论说，或为译述；或谈国内、国际政治，或谈政治思想，或谈经济金融等问题。要之，皆为本会会员之初期作品，曾费去相当的心血，它的价值，任凭我们的读者去估量吧！

附录：

国立四川大学政治经济学会会务记【纪】要

本会缘起略历：法学院师生于民国二十五年秋合组《政经月刊》社，月出《政经月刊》。由学校当局之维护，各教师之指导，及各参加同学之努力，《政经月刊》在社会上多能获得良好之评价。今年春，《政经月刊》同仁感觉抗战日趋严重，知识分子当尽量贡献其智力，尤其政治上之设施，经济上之调整，苟能裨益于万一，其结果不下于效命疆场。因此，《政经月刊》社有扩大其组织之必要，使局于出版一部门之工作得利于研究；限于在校同学之少数者，更得网罗已毕业同学之多数。四月，本期会员大会决议改"国立四川大学《政经月刊》社"为"国立四川大学政治经济学会"。

本会工作，总务方面：向学校立案，敦聘各教授指导，办理各项文书及财务收支，协同研究部、出版部共策各该部进行并各项交涉。

研究方面，讲演会共举行五次：第一次马寅初先生讲演，题目为"抗战期中的财政问题"；第二次萧公权先生讲演，题目为"民生政治之基本条件"；第三次高兴亚先生讲演，题目为"如何做一个革命党员"；第四次庄学本先生讲演，题目为"青海的撒拉族"；第五次由邱致中先生讲演，题目为"如何活用都市社会学"。讲座会共举行两次，由本院院长曾天宇先生主持。第一次题目为"德、意轴心前途预测"、"中国法币政策之前途"、"四川县政问题之检讨"，承本院政经系主任徐敦璋先生，教授李德嘉先生指示批判；第二次题目为"苏联新宪法与民主"、"重论中国法币政策之前途"，承本院教授胡恭先先生、高兴亚先生指示批判。其他拟办之辩论会、讲演竞赛会以本期时间不许，暂缓举行。

出版方面，本会出版《政治经济学报》，创刊号于六月十日出版，综其内容，约丰于《政经月刊》一倍以上，当按期刊行。

计划事项：登记新会员，制铸会章，印制会员通讯录，特辟研究室；社会调查统计（近市府拟办成都市人口调查，期本会与之合作）以经费及时间关系未能尽如理想，有负本会之属望。今后尚望学校当局各教授先生及各会员本爱护政经学会之精神，在各方面予以便利及披助，则本会今后之前途，实深荣幸。

通　讯

编辑先生：

我自信对于贵刊是一个热心的读者，所以我竟冒失地写了这封信。贵刊出版以来，差不多每期我都曾经详细地阅读，对于内容的充实，论著的精深，使我不能不钦佩与赞叹。四川过去的文化，无可讳言，是比较落伍，一般研究学术的精神确实太差，而今开发领导西南文化的最高学府的四川大学的贵刊，不但做了广播文化的工作，而且提高了政治经济等社会科学学术的研究。基于这点认识，贵刊的存在，的确有其特殊的意义。同时四川的政治，尚未完全纳入正轨；四川的经济，正待着多方面的建设，这些实际工作，正希望得到学术方面的参考与指导。因此推动四川政治经济的发展，贵刊也不能说没有一些贡献。在这国难严重、时局紧急万分的今天，抗战建国的工作，都必得西南数省负荷，尤其是得天独厚的四川，更是抗战建国的支撑点。四川所负的使命，既随时代的演变而加重，贵刊的使命，当然也随着地理环境而增加。我爱护贵刊，因之对于贵刊抱着无限的希望，我希望它能继续努力，而且能光大发扬，以完成其文化上的使命。我具体的意见是：

A. 发行方面

按期出版，以满足读者的愿智。

B. 内容方面

1. 建立有权职【威】的讨论。贵刊过去的讨论，虽然题目都很现实，文章都很漂亮，可是尚未能完全代表大众的呼声，我希望以后能道出人所欲言的话，人所欲知的事，这样才是有权威的讨论。

2. 多谈直接有关抗战建国的问题。无时代精神的纯学理的探讨与译述，最好少刊。

3. 多谈四川政治经济方面的实际问题。因为这些实际问题的探讨，对于政府的设施有很大的帮助。

以上是我个人的一点管见，因为期望贵刊之切，所以敢出诸户。区区献曝之忱，倘蒙酌量采取，则个人当为无上之荣幸。

自从开读贵刊二卷一期后，迄未得阅此期，或因次期未出，抑或阅读无缘。

敬祈

编辑先生，明以告我。

政力　上

政力先生：

接读你的来信，知道你是一个热心爱护本刊的读者，我们对于你的意见，十分感谢，十分兴奋。你对我们的称赞，我们实觉惭愧；你给我们的勉励与指示，我们当敬谨的接受。我们也很明白，目前时代的艰危，与乎本刊使命的重大，但因为种种复杂的原因，迄已数月，未与读者见面，这我们不能不向读者诸君表示歉意。可是我们并不退缩，并不停顿，在这数月当中，我们正在积极地调整我们内部的机构与营垒，以便从事于文化事业艰苦的奋斗，出版本刊的《政治经济月刊》社已扩大为政治经济学会，范围加广，人才加多，这是一点可以告慰读者的。内容方面，借此也作一个简章的说明。

1. 关于时论。时论在刊物中之重要，大家都很知道，一般读者对时论的兴趣特别浓厚；本刊对于时论，自然也很重视，不过时事问题变化太快，明日黄花，真是不容易抓住现实，尤其是在一个月刊里，要切合时间与读者，确是一件难事。固【故】此本刊的时论，大都是谈较大、较有持久性的问题，以此类引起读者对事更深切的探讨；时论的正确与权威，自然也是我们所希冀。

2. 面对论述。本刊是一个纯粹的学术刊物，凡是关于社会科学方面，尤其是政治经济的一切有学术价值的论述，都是我们刊登的对象。直接有关抗战建国的问题，固是我们所要迫切探讨的；就是间接有关我们抗战建国的问题，甚至政治经济者纯理论的问题，也是我们所要研究的。因为还是文化，文化是人类的百年大计，我们那能把它放松呢？

3. 四川政治经济实际问题探讨。这个部分，我们老早就注意到，以前各期，差不多每期都有谈四川实际问题的文章。我们感觉到的是实际材料太缺乏，我们希望我们的读者给我们一些帮助。政力君的意见，我们当然是很同意的。

本刊二卷一期出版后，本期最近始与读者见面，还是我们再三要向读者抱歉的。编者愿以此信答政力君，同时也愿意以此信答一切爱护本刊的读者。

第二期

民国二八年三月一日出版

目录

世界生产原料之分配与世界之和平……曾天宇先生

西江流区的战时生产之探讨……黄干因

西南交通建设的探讨……余戾林

如何开发乐犍煤矿……许廷星

物价腾贵与通货膨胀……任崇实

中国金融业的新生……韩崇白

协同组合论……宽译

殖民地与资源重分配问题……萌黍

中国农业经济诸问题……嵁农

人口问题与战时移民……光锐

编辑后记

编辑后记

编辑室

《政经学报》拖延复拖延，直到今天才与读者见面，这一方面由于学会改组，调整内部机构，浪费去了一部分时间，而同人等力薄能鲜，也是不能辞其咎的，于此谨向读者及本会会员深致歉意之忱。

顾名思义，《政经学报》，是一个纯学术的刊物，是本校同学研究社会科学的公开园地。不过在抗战期间，我们似乎不能而且不应该尽弄些学院式的东西来塞责，因此决定编辑原则，内容力求与现实发生联系，特别着重于战时经济的建设与政治的改造，本期好几篇文章差不多都是专论现阶段的经济问题的。不过我们都尚在求知过程中，能力自然说不上充实，结果事实与理想仍有相当大的差距，这不能不深深引以为自勉自励的。

《政经学报》原是不定期刊物，今后我们决定按月出版一期，计划每期着重某一特别专题的讨论，并且提倡集体创作。这样一方面可使内容更加充实，更有系统，同时可收集思广益之效。这一点我想读者及本会会员，一定会表赞同，而且愿意帮助我们促其实现的。

本会封面承蒙黄干因君设计，谨此致谢。

第三期
民国二十八年七月十日出版
目录

卷头语

法律在战时的重要性……傅况麟

自然现象与世界资源的关系……王绍成

动乱欧局的基本认识……蒋学模

当前的计划经济问题……韩崇白

抗战期中之金融统制问题……周畅富

论遗产税并评遗产税暂行条例……王沛南

节约建国储备金与开发内地之关系……郑道谦

踏上征程（通讯）……李庭开

卷头语

《政经学报》从出版到现在，虽然只有微末的三期，然而这中间已不知经历了几许的艰难和困苦！

很久以前，政经学会的同人就决定把《政经学报》弄成一个一月一次的定期刊物，然而惭愧得很，差不多一年多的时光，竟不能使这一个理想实现。这诚然一方面是环境的限制；可是另一方面政经学会的同人未能尽最大的努力以推动此艰巨工作，亦实在不能辞咎。好在我们都是青年学生，来日方长，正有不少机会许我们把这一个漏疵补正。不过对不住《政经学报》的读者，政经学会的全体会员，此地应该深深地表示歉意！

《政经学报》本来是一种纯学术的刊物，是本校同学对社会、政治、经济研究的公开园地，不过在抗战期中，我们所持的宗旨则大多偏重在战时政治、战时经济之检讨和改进，前两期的内容是如此，本期也是如此。不过我们的力量究竟微末得很，对于这两点俱未能充分加以发挥和充实，但我们愿始终对准者两个目标去努力不懈。同时本期在编辑上承本校秘书长傅况麟先生格外加以指导和援助，此地应该深致谢意的。

《政经学报》本期与读者见面的时候，川大已在开始迁离成都了，在敌寇飞机的威胁下，古老的皇城，西南文化的最高学府中心，我们不得不黯然地离开了她。本期是在搬迁声中仓卒出版，下期呢，纵能与读者很快见面，恐怕也许换上了一种流离的姿态。不过我们坚决地相信，我们力量虽然薄弱，然而我们的欲望却非常豪奢，《政经学报》在抗战中的西南半壁山河，尤其在民族复兴与根据地的四川，至少应该担负起一部分抗战建国的责任，奠定建设内地文化，提倡学术的基础。鲁迅先生曾经说过："办刊物如推重车上竣板【峻坡】。"我们明知前途荆棘满道，但我们自始至终存着推重车越秦岭，渡黄河，收复失地的雄心！

编　后

因了成都惨遭敌机轰炸，印刷局大多停止，本刊不得不又延迟了一个月出版。这是敌人的赐予，我们应当深深地记着。

本期所载各文，此地应得特别提出、略为介绍者为：傅况麟先生的《法律在战时的重要性》一文。傅先生专攻法律有年，现任本校法律系教授兼本校秘书长；该文系在贵阳讲演稿，曾经贵阳各报登载，惟因当时速记者错落殊多，兹经傅先生加以修正充实，理论新颖，内容丰富，谨再刊于此，以享【飨】读者。王绍成先生之《自然现象与世界资源的关系》一文，理论精辟，见解独到；虽王先生仓卒间为本刊写成，但一字一行俱值读者咀嚼玩味。王先生早年留学德国，著作颇多，现任本校财政学教授。李庭开君之《踏上征程》，乃其任军校特为本刊所撰，虽不适合本刊性质，但正表示兹抗战期中，大学青年正有不少如李君者已踏上征程，为祖国在枪林弹云【雨】中努力奋斗，绝不如一般神经过敏的人，只感到大学生多陶醉在粉红色的梦里。李君为本校政治系二年级同学，去秋投笔从戎，考入军校甲级生肄业。计自抗战发生以后，本校同学先后入航校、军校，及从事于前线与沦陷区域之政治工作者，几近百人。其余各文，俱为本校现在校同学所作，好坏如何，读者自有公论，此地无容多赘。

其他尚有本校校长程天放先生讲演稿一篇，因付印在即，整理不及，本拟移刊下期，但因所讨论者为时事问题，受时间性限制，只好割爱。又张中立同学《西南经济建设总检讨》一文，彼因为疾病缠绕，未能结束，只好移刊下期。又黄学慎君《英苏关系检讨》一文，因空袭关系，原稿移【佚】失，致不能在此期刊出，特此致歉。

（编者）

第四期

民国二十九年一月出版

目录

思想与统一……萧公权

法币与外汇问题……王绍成

欧洲二次大战纵横谈……蒋学模

四川的银行业……韩崇白

非常时期我国的所得税……林文聪

战时财政与公债……周畅富

原始社会及其歪曲理论的批判……万骥

第五期

民国二十九年五月一日出版

目录

中国之结婚年龄与民族生存……胡鉴民

我国法币之汇价问题……赵人俊

费休公式之检讨……梅远谋

方孝孺的政治思想……何守仁

游击区之资源问题……张锡九

劳动节认识与努力……邓明聪

关于人事行政问题的几句话……蔡启仕

一九三九年我国之对外贸易……黄维海

《经济季刊》

主编者　国立四川大学经济系
发行者　国立四川大学经济系

第一卷第一期
民国三十年十一月出版
创刊号要目

发刊词······金孔章
专载：
保育政治与统制经济······程天放
论著：
马克斯之重要经济学说及其批评······金孔章
凯因斯学说之介绍······梅远谋
介绍一位唯实主义经济思想家：布鲁加尔······胡自翔
平均地权在近代土地租税学说上之地位······刘觉民
吾国工商企业应用自然营业年度之刍议······何士芳
美国农业之因素及其农业区之分布······王文元
我国战时公债的消化问题······柯瑞琪
国防经济之体系······曹茂良
我国实施遗产税当前诸问题之研讨······潘启元
论计划经济与统制经济······汪熙
庞巴卫克利息学说之研究······李家骥
译述：
卡尔孟格的经济学······张秀杰
调查：
峨眉县境之白蜡业······尉迟定一

发刊词

四川大学经济系全系师生，谋创《经济季刊》且一年矣。今于创刊号行将问世之时，不能无言，以明其志，兹就同人朝夕所切盼于斯刊者缕述于后：

（一）冀于学术之检讨与介绍有所贡献。学海无涯，永无止境。我国自科甲废除以后，迄今三十余年，对于社会科学之重视，亦仅三十余年。夫以社会为研究对象，其入门固不若以自然为研究对象者之艰巨，其成功则较以自然为研究对象者或更为困难，常人所谓"治社会科学易，治社会科学而有成就者则不易"，盖即指此。我国重视社会科学即仅三十余年，则国人对于社会科学之造诣，若与欧美专家相较，其深浅可知，此非妄自菲薄之论也。虽然，中西人士对于社会科学造诣之悬殊，不若对于自然科学之甚，已为一般公认之事。此固由于社会科学之本质与自然科学不同，国人对于社会科学之努力，实为重要原因。坊间流行之杂志与书籍，属于自然科学者十不一二，属于社会科学者则十常八九，乃其明证。国人对于社会科学之重视，诚为一种好现象。大学为最高研究学术机关，同人对于教学之尽职虽亦自问无愧，然同人果为学识丰富之士耶？则深海之金与绝岩之木而不为人所发觉；揆诸经济学之基本原理，直无价值可言，同人纵为愚者耶？则愚者千虑必有一得，千古传为美谈。本斯二旨，同人对于学术之检讨与介绍，载之季刊，公之同好，实责无旁贷矣。此本刊发行之目的一。

（二）冀于建国大业克尽绵薄，底【同"抵"】于最后胜利之域，三分军事，七分经济。此总裁昭示于吾人者。二十世纪战争之胜负，实以经济支持力之久暂为断，即处于和平时期，舍经济复兴，无以立国。就吾人之最后目的而言如何实现民生主义，为经济研究之范畴，盖节制资本与平均地权之付诸施行，皆经济问题也。中国积弱久矣，然自总理致力革命以来，凡五十余年，缘于封建时代之种种遗毒，固未可一朝致富图强；然鸦片之战所引起之一切不平等条约，确为致命伤，即就关税不能自主一端而言，已能永使中国不易踏入经济复兴之途。盖以产业落后之国家无法避免产业发达之国家之竞争，则一切壮志宏猷，皆付流水。民国十七年以后关税虽渐能自主，然所谓最高关税壁垒赖以维护本国幼稚工业者，仍未能运用自如。换言之，外国资本之竞争仍难完全杜绝。以是之故，国府奠都南京以后，诸赖总裁之高览远瞩，大政之得具体而言者，如关税自主、厘金裁撤、中央与地方财政之划分、铁路与公路交通之迈进、仓库制度之施行、货币政策之实现等，不一而足，然中国经济之演进仍未能由农业时代一跃而为工商业发达之时代。此无他，盖外国资本之竞争，未能扫数以去，则一切自呈事倍功半之象。今者中国海口均被倭寇封锁，益以外汇供给之来源有限，与军事用品之迫切需要，一切资本发达之国家，无由推销其商品于中国市场，此正外国资本无法与本国资本竞争千载不可得之时会也。吾人倘能把握时机，埋头迈进，则苏俄经济复兴之速，未可独美于前。所谓建国与抗战并重者，绝非空谈，盖于抗战期间而言建国，外国资本之竞争顿少，一切自能事半功倍矣。夫建国大业，千头万绪，至为艰巨，同人不敏，窃思对于建国诸端，有所论列，或拟种种具体方案，以供政府参考。此本刊发行之目的二。

（三）冀于青年思想能收潜移默化之功，思想究能统制乎？此实当前之一大问题。就极权国家论，思想之统一无问题也。凡德国人民而敢反对国社党，凡义大利【今译"意大利"】人民而敢反对法西斯主义，世人均知必无其事，纵有之，亦必不为该国政府所容。中国人民固应笃信三民主义，然就实际情形言之，三民主义已为全国人民所笃信乎？此实一问题。纵不笃信之，即为中国政府所不容乎？此亦一问题。然吾人所应知者，思想之能影响于一民族之发轫与一国家之繁荣，关系至大且巨，未可一日忽视之。

根据民生主义之真谛，中国复兴之路固非英美复兴之路，亦非苏联复兴之路也；尚思想发生问题，则吾人应择之路亦必发生问题，非偏即颇，未可至当，所谓思想问题与生产有关者乃以此，与分配有关者亦如此。准是以论，中国民族复兴，其重心固在思想问题矣。然中国政府对于思想之统制，未若德义之甚！或竟不仿效之，其将如之何？此无伤也，《学记》有云："化民成俗，其在士乎？"民生主义之为救国主义，凡治经济学者，知之甚熟，倘能根据经济理论，对于民生主义加以分析，而表扬之，而发挥之；治历史学者与治政治学者对于民族主义与民权主义亦本斯意而表扬之，而发挥之，则三民主义之必益为人笃信也无疑。夫一国之风尚，每因一大学为转移于斯时也，对于思想纵不加以统制，国人自能恪守，总理遗教，以纳正轨，此皆潜移默化之功也。教育部颁布大学课程，未将西洋政治思想史列为必选，而本系列入之，盖因经济思想史之讲授，非仅使读经济者了然于经济学说之源流趋势而为其入门之学，且能增加青年学子对于思想之判别力，而知何去何从。剩余价值，马克斯主义之理论根据也，凡读经济思想史者，皆可一一指其非，能如是，邪说之来，难为所动矣。尚此一意志，彼亦一意志，则前途隐忧，宁堪设想？际此国难严重时机，欲求力量集中，以争最后之胜利，必于思想问题，多加注意。此本刊发行之目的三。

（四）冀于经济调查次第发表，具体工作之重要，已为国人所感觉。益凡事徒托空言，无补实际，同人有怀及此，颇欲对于四川大学附近各区，以及雷、马、峨、屏诸地，逐渐加以经济调查，峨眉诸县特产甚多，乐西路一带之经济状况尤为国人所未悉，凡此均为同人愿推动之工作。他如物价指数之变动，农民生活之真象，在在关心。惟上所述种种工作，缘于经费之困难，举办自形不易，然本系每津贴数十元与一学生而能得一差堪人意之调查报告者实亦不乏其例，来日如能获得各方资助，利用暑假或寒假期间，师生共同出动以从事于各种经济调查，其结果必更可观。此本刊发行之目的四。

综合上述目的四种，则本刊之发行，当非偶然。程校长对于本系一切发展虽极端赞助与指导，惟同人之学力有限，刊印经费尤属困难，至希海内贤达有以教之。

第一卷第二期

民国三十一年二月出版

要目

专载：

第二次世界大战之经济观……金孔章

论著：

凯因斯通论所异于传统学说者安在……梅远谋

凯因斯货币学说评价……刘觉民

介绍一个新的价值论……柯瑞麒

巴尼斯著《西洋经济史》评述……曹茂良

门结尔之界限效用论……金孔章

近世各国遗产税制度之比较研究……潘启元

价值理论之各种解释……蒋泽耀

重农学派之货币数量说……廖达

论专卖制度……张国彦

译述：

布鲁加尔之经济行为论……胡自翔

峨眉龙池特种经济调查……王文元

附录：

国立四川大学经济学系教学概况……编者

编辑后记……编者

国立四川大学经济系教学概况

一、概况

川大之经济系，原属政治经济系，自二十七年度上学期起，政治经济系取消，分设政治学系与经济学系，本系始有今名。现任系主任金孔章先生，曾任金陵大学教育部经济学讲座有年，对于经济理论极有研究。本系自金主任主办以来，对于教学研究极为注重，目前工作正集中于教学及研究工作二项。本系计有专任教授七人，庚款合聘教授一人，兼任教授三人，助教二人。所开课程理论、实用兼顾，计开必修学【课】程共十四门，选修学【课】程共二十门，完全依照部令《新颁发大学经济系必、选修课程标准》而设。至于研究工作，刻已正式成立者，有经济学会、经济研究室及已出版之《经济季刊》；在进行中者，有筹设经济研究所及乐西公路经济考察团，四川各县特种经济调查，物价编制，发行大学经济丛书等工作。

二、课程

第一学年

（甲）

必修课程	每周时数	期间	学分	担任教授	备考
1. 国文	3	一学年	6	文学院	
2. 英文	4	一学年	8	文学院	
3. 中国通史	3	一学年	6	文学院	
4. 论理学	2	一学年	6	文学院	
5. 经济学	3	一学年	6	金孔章	
6. 军事学	1	一学年		军事教官	
7. 军事训练	2	一学年		军事教官	
8. 军事看护	2	一学年		军事教官	
9. 三民主义	1	一学年		程天放	
10. 体育	2	一学年		体育组	

（乙）

选修学程	每周时数	期间	学分	担任教授	备考
1. 微积分	3	一学年	6	理学院	
2. 物理	3	一学年	6	理学院	
3. 化学	3	一学年	6	理学院	
4. 生物学	3	一学年	6	理学院	
5. 生理学	3	一学年	6	理学院	
6. 地质学	3	一学年	6	理学院	
7. 政治学	3	一学年	6	文学院	
8. 社会学	3	一学年	6	胡鉴民	

以上选修课程任选一门。

第二学年

（甲）

必修课程	每周时数	期间	学分	担任教授	备考
1. 货币学	3	一学年	6	梅远谋	
2. 初级会计学	3	一学年	6	何士芳	
3. 经济地理	3	一学年	6	王文元	
4. 西洋通史	3	一学年	6	楼公凯	
5. 哲学概论	3	一学年	6	汪奠基	
6. 体育	3	一学年			

（乙）

选修课程	每周时数	期间	学分	担任教授	备考
1. 合作经济	3	一学年	6	邹念鲁	
2. 农业经济	3	一学年	6	邹念鲁	
3. 民法概要	3	一学年	6	朱显桢	
4. 日文（一）	3	一学年	6	张雨耕	
5. 法文（一）	3	一学年	6	荣襟纬	
6. 德文（一）	3	一学年	6	郑寿麟	
7. 英文（一）	3	一学年	6	外文系	

以上选修课程任选二门，如欲多选，须经系主任及院长之许可。

第三学年

（甲）

必修课程	每周时数	期间	学分	担任教授	备考
1. 财政学	3	一学年	6	胡自翔	
2. 统计学	3	一学年	6	田克明	本期因请病假
3. 银行学	3	一学年	6	梅远谋	
4. 西洋经济史	3	一学年	6	梅远谋	
5. 中国经济史	3	一学年	6	束世澄	
6. 体育	3	一学年			

（乙）

选修课程	每周时数	期间	分数	担任教授	备考
1. 高等经济学	3	一学年	6	柯瑞麒	
2. 农业经济	3	一学年	6	邹念鲁	
3. 合作经济	3	一学年	6	邹念鲁	
4. 人口问题	3	一学年	6	胡鉴民	
5. 成本会计	3	一学年	3	何士芳	上学期开成本会计，下学期开政府会计
6. 高级会计	3	一学年	6	何士芳	
7. 日文（二）	3	一学年	6	张雨耕	
8. 法文（二）	3	一学年	6	荣襟纬	
9. 德文（二）	3	一学年	6	郑寿麟	
10. 比较银行	3	一学年	6	梅远谋	

以上选修课程任选二门，如欲多选，须经系主任及院长之许可。

第四学年

（甲）

必修课程	每周时数	期间	学分	担任教授	备考
1. 国际贸易与金融	3	一学年	6	金孔章	
2. 公债税租	3	一学年	6	梅远谋	
3. 经济政策	3	一学年	6	刘觉民	
4. 经济思想史	3	一学年	6	胡自翔	
5. 体育	2	一学年	2	体育组	

（乙）

选修课程	每周时数	期间	学分	担任教授	备考
1. 战时经济	3	一学年	6	柯瑞麒	
2. 高级统计	3	一学年	6	田克明	本期因病请假
3. 经济调查	3	一学年	6	田克明	同

以上选修课程任选一门。

（丙）

毕业论文

三、课外研究

本系近年以来，对于系务之推动与调整，悉心筹划，极为努力，如经济研究室之创设，经济学会之成立，《经济季刊》之发行，经济调查之推动，经济研究所之筹划，经济丛书之编印等工作，莫不积极进行。本系同学近三百人，为全校各系人数最多而前途最有希望之一系，近年来本系所抱定之教学原则，在求质之提高，不求量之增加，故对转系标准限制极严。本系师生情感极洽，对于课外研究，尤为努力，近拟发动大规模之经济调查工作，以期于国防经济及学术界有所供献焉。

四、经济研究室

经济研究室创设之初，多从事于搜藏书、报、杂志等工作，凡有关经济名著、必要参考书籍及中外经济杂志等皆分类陈列室内以供参考。惟该室初创，因限于人力、物力及其他关系，工作表现尚未达吾人理想。至于该室将来计划，拟分设各组推动工作，兹择述纲如下：

（甲）目的

（一）搜藏经济书报及中外杂志，藉以供应师生课外参考研究。

（二）剪辑报纸搜集经济资料，藉以供应毕业论文之参考。

（三）编印刊物，发行经济丛书，调查物价进行特种经济调查，藉以与社会接触，以期于学术界有所供献。

（四）敦聘名人讲演，召开学术座谈会及集体研究，藉以了解社会经济之动态。

（乙）组织

经济研究室拟设下列五组：

（一）调查组

（二）统计组

（三）编辑组

（四）研讨组

（五）图书组

（丙）工作

（一）调查组工作如左：

1. 编制《峨眉物价调查表》

2. 举行峨【眉】山特种经济调查

3. 编制《四川各县特产调查》

4. 乐西公路经济调查

5. 其他有关经济调查之工作

（二）统计组工作如左：

1. 编号保管

2. 整理分析

3. 制造编表

4. 其他有关经济统计之工作

（三）编辑组工作如左：

1. 编辑《经济季刊》

2. 编制《峨眉物价指数》

3. 编译《中外经济资料》

4. 编印各种经济调查小丛书

5. 发行《大学经济丛刊》

6. 其他有关编辑之工作。

（四）研究【讨】组工作如左：

1. 专题研究

2. 专家讲演

3. 举行座谈

（五）图书组工作如左：

1. 图书、报纸、杂志、资料之购买、管理、流通与保存

2. 剪报及其他有关经济资料之搜集与供应

五、《经济季刊》

(The Quarterly Journal of Economies)

《经济季刊》为本系师生课外研究心得而设之刊物，内容多注重经济理论之探讨、学说之批评、制度之研究、新书之介绍、经济之调查等著述。该刊由系主任金孔章先生主编，潘启元先生任编辑。创刊号业已问世，其内容要目如下：

《经济季刊》创刊号要目

发刊词……金孔章

专载：

保育政治与统制经济……程天放

论著：

马克斯之重要经济学说及其批评……金孔章

凯因斯学说之介绍……梅远谋

介绍一位唯实主义经济思想家：布鲁加尔……胡自翔

平均地权在近代土地租税学说上之地位……刘觉民

吾国工商企业应用自然营业年度之刍议……何士芳

美国农业之因素及其农业区之分布……王文元

我国战时公债的消化问题……柯瑞琪

国防经济之体系……曹茂良

我国实施遗产税当前诸问题之研讨……潘启元

论计划经济与统制经济……汪熙

庞巴卫克利息学说之研究……李家骥

译述：

卡尔孟格的经济学……张秀杰

调查：

峨眉县境之白蜡业……尉迟定一

六、经济学会

经济学会为本大学学术团体之一，所有经济系学生都是当然会员，因为经济系学生特别多，所以该会会员近三百人，在全校各学术团体中，要算会员最多的一个。

该会主任指导系系主任金孔章先生，系内各教授为当然指导。其组织分总务、学术、出版三大部门：总务部专办文书、财务、交际事宜，学术部专办名人讲演、座谈会等事宜，出版部专办理出版壁报及刊物等事宜。

七、筹设经济研究所

经济研究室之设立，即为筹设经济研究所之初步工作，凡有关经济书籍、杂志及各种资料均在广事搜罗中，庶经济研究所一旦成立时，不至有书籍缺乏、材料无着之感。至于增聘教授，发行大学经济丛书，充实他项设备，亦均为待举之工作也。

（启元）

编者后记

本刊第一、第二期作者全为本校教授与同学，此后欢迎校外专家、学者以及本系毕业同学惠赐鸿文，以光篇幅。

第一、第二两期之文多侧重于经济理论之介绍与检讨，第三期拟出一战时经济专号，以抒对于现实问题之意见。

本刊经费有限，对于作者，除以本刊数册致酬外，概无稿费，此应向本刊作者特别表示谢忱。

第一卷第三期

民国三十二年二月出版

要目

讲演：

经济学体系的整理……李炳焕

论著：

自由货币与十足货币……刘觉民

抗战期间经济调查之重要性及其着手点······陈强

近代战争应具之经济基础······金孔章

从生活必需品定量分售论到管制物资分配问题······蔡润岚

遗产税理论之评议······潘启元

稳定币值与调整分配······张秀杰

战争之由来与归宿······詹靖寰

我国现行所得税制度及商人逃税方法······汪熙

合作计划与战时物价······梁诚信

我国战时财政问题······严昭俭

译述：

战时财政问题······徐志明

调查：

什邡烟调查······刘俭

后　记

　　该史料选编得以出版，首先得益于四川省哲学社会科学重点研究基地四川大学商学院"系统科学与企业发展研究中心"项目——"近代商学在四川：以四川大学为中心"所提供的资金支持。在史料搜集、选编过程中，四川大学商学院、四川大学档案馆、四川大学校史展览馆、四川大学图书馆、四川大学历史文化学院等单位均给予大力支持，在此谨向上述单位表示诚挚的感谢！四川大学商学院院长徐玖平院士、副院长顾新教授等均对本书的编纂工作提出了宝贵的意见与建议，在此亦由衷致谢！

编　者

2017 年 9 月于濯锦江畔